神ってるゼ！

日刊コンピ王

「競馬最強の法則」日刊コンピ研究チーム

KKベストセラーズ

・巻頭企画「王様判定ボード＆女王様シート」に現れるコンピ順位はあくまで買い目の候補であり、本書の他企画と同様、馬券は自己責任において購入お願いいたします。
・永井透氏の「コンピ10位以下馬御用達11コースの狙い方」以外の企画は、本書スタッフ「競馬最強の法則」日刊コンピ研究チームの製作によるものです。
・成績、配当等は必ず主催者発行のものと照合してください。
・本書は年度版として刊行している日刊コンピ馬券術のアンソロジー集です。本書は2017年度版としてご活用ください。
・名称、所属等は一部を除いて、2017年1月20日時点のものです（データは16年12月25日締め）。
◎馬柱＆コンピ表・日刊スポーツ
◎撮影・野呂英成
◎装丁＆本文ＤＴＰ・オフィスモコナ

神ってる！買い目再び

最新データで贈る

「競馬場」「枠順」王様判定ボード&女王様シート

本書「日刊コンピ王」シリーズの定番企画となったコンピボード攻略術。巻頭に添付した「王様判定ボード」と、それに対応する「女王様シート」（P 28 ～ 57）は、手軽に日刊コンピ馬券術の威力を体感してもらうためのアイテムだ。

ただ手軽とはいっても、各種データを検証して製作されているものなので、けっしてお遊び企画で終わるものではない。それは、2013 年刊の『日刊コンピ王！』から今回で５回連続、本企画が巻頭を飾っていることからも明らかだろう。

そして今回のテーマは「競馬場別」（ＪＲＡ全 10 場）と「枠順別」（１～８枠）。そう、14 年度版『進撃！日刊コンピ王』で取り上げたものと同じ。実は、16 年までの４回で一番反響があったのが、この２テーマだったのだ。

もちろん、コンピ・ファンの読者の皆さんの「最新データで、もう一度この２つを！」という熱烈なアピールもあっての、再登板である。直近１年（16 年１月５日～ 12 月 25 日）のデータで絞り込んだ「神ってる買い目」がここにある！（ボード＆シート製作・本書編集部）

競馬場ごとに1位の信頼度が異なる――この事実を再認識しておこう！

まず恒例ではあるが、「王様判定ボード」（以下、ボードとも略称）と「女王様シート」（以下、シートとも略称）の全般的な解説からスタートしよう。

今回はボード、シートとも、「競馬場別」「枠番別」の2種類がそれぞれある。競馬場別のボードとシート、枠番別のボードとシートを対《つい》にして使用すればいいという単純なものだ。

当企画の基本的なコンセプトは、日刊コンピを身近に感じて使用してもらうため。本書にはさまざまな馬券術が掲載されているが、日刊コンピのメリットは、誰もが手軽に指標として使用しやすいことにある。

この利便性をしっかりと認識して、データを積み重ねていったのが、故・飯田雅夫氏が開発したハイパーナビゲーションだった。飯田氏の手法をベースにした「新生ハイパー」については、本書後半の企画として取り上げているので、是非そちらを参照してもらいたいが、当企画でもハイパー的手法から買い目を導いている。

故・飯田氏は本書シリーズのアドバイザー的存在であり、氏のモットーだった「コンピ順位&指数配列による買い目の再現性」は、他企画でも少なからず受け継いでいる。

日刊コンピはその名の通り、日刊スポーツ紙競馬面やネットで見ることができる指数である。しかし、コンピ馬券術を多少でもかじったことのある人なら理解してもらえるだろうが、コンピ・データを蓄積していくのは、普通のファンにとっては恐ろしく手間がかかる作業（飯田氏は当初、それをひとり手作業で行なっていた！）。

そこで、本企画では編集部が長年蓄積しているデータをもとに、王様判定ボード及び女王様シートを作成している。

ひと口に「コンピ1位」といっても、指数値はもちろんだが、競馬場ごとにおいても、信頼

表1●コンピ1位【競馬場別】成績

場所	着別度数	勝率	連対率	複勝率	単回値	複回値
札幌	38- 30- 24- 52/ 144	26.4%	47.2%	63.9%	65	83
函館	58- 25- 18- 43/ 144	40.3%	57.6%	70.1%	101	91
福島	56- 48- 25- 90/ 219	25.6%	47.5%	58.9%	71	81
新潟	87- 51- 46- 99/ 283	30.7%	48.8%	65.0%	79	88
東京	187- 96- 75- 169/ 527	35.5%	53.7%	67.9%	88	89
中山	149- 93- 66- 170/ 478	31.2%	50.6%	64.4%	74	84
中京	80- 41- 49- 117/ 287	27.9%	42.2%	59.2%	70	80
京都	164- 100- 70- 195/ 529	31.0%	49.9%	63.1%	75	83
阪神	161- 84- 56- 176/ 477	33.8%	51.4%	63.1%	81	81
小倉	75- 44- 24- 89/ 232	32.3%	51.3%	61.6%	79	84
東開催	479- 288- 212- 528/1507	31.8%	50.9%	65.0%	80	86
西開催	480- 269- 199- 577/1525	31.5%	49.1%	62.2%	76	82
中央開催	661- 373- 267- 710/2011	32.9%	51.4%	64.7%	80	84
ローカル	394- 239- 186- 490/1309	30.1%	48.4%	62.6%	76	84

※データはいずれも2016年1月5日～12月25日

度は大きく異なっている。

表1は各競馬場の1位馬の成績をまとめたものだ。例えば、指数値、芝・ダートを問わず、函館では1位馬の複勝率は70・1%あった。ところが、福島や中京の1位は複勝率は60%を割り込み50%台に低迷している。

このように、1位の指数に関わらず、競馬場ごとで大きな差が発生する。フルゲートの頭数や出走頭数の違いも大きな理由なのかもしれないが、1位といっても場によって信頼度が異なる事実は、頭に入れて置いて損はないだろう。

例えば1位90という値では、複勝率は毎年約80%を示し堅い軸となりやすい。当然、函館ではそのまま信用できるが、中京、福島ではそこまで堅軸とはいえないということがわかる。少なくとも、1位70台となるような馬では、中京、福島で軸に据えるのは危険である。

一方、コンピ指数通りに決まりやすい東京競馬場のようなコースもある。函館に比べて出走頭数や開催日数も断然に多い東京で、1位の複勝率が約67％というのは極めて高い値といっていい。それだけ堅実に駆けているという証拠でもある。

また東京以外では、新潟も複勝率は65％を記録。データからは、「直線の長いコースは1位馬が安定している」という推測も成り立つ。

本来であれば、さらに細かく各場の各コースまで分類すれば完璧なのだが、ボード＆シートはあくまでも読者の皆さんに楽しみつつ役立ててもらうためのもの。そのため、競馬場による分類までに留めることにした。

女王様シートに組み込まれた〝コンピの論理〟とは……

競馬場別のボード＆シートからは、例えば次のような的中が期待できる。

2016年12月4日中山4R（2歳未勝利。馬柱などはP12〜13）。1位86の⑩アルーフクライは、単勝オッズも1・9倍。この馬には逆らえないと、誰もが思ったのではないか。

しかし、表2の中山競馬場における1位指数ごとの成績を見てもらいたい。1位86の複勝率は70％を割り込み65・9％しかない。このレースの結果を含めない値でも、約68％しかなかった。

1位86といえば、90、88に次ぐナンバー3の順位だと考えていい（89はほぼ出現なし、87は母数が極端に少ない）。単勝オッズが示すように、1倍台の馬になることが少なくないのだ。

そうした馬が複勝率で70％を切っているのは異例の一語に尽きる。一般的に単勝1倍台の馬の複勝率は約80％といわれている。実際、16年の単勝1倍台の馬の複勝率は78・9％だった。年による違いは多少あるものの、4レースに3レース以上は3着以内に来る計算だ。

ところが、ご覧のように中山における1位86では、複勝率が約65％程度というもの。この値は一般的な1番人気馬と変わらず、指数86にしては信頼度が低すぎる。少なくとも軸にする必要はないといっていい。やはり、1位86という

表2●中山競馬場【1位指数別】成績

指数	着別度数	勝率	連対率	複勝率	単回値	複回値
90	14- 2- 3- 4/23	60.9%	69.6%	82.6%	90	90
88	13- 2- 2- 8/25	52.0%	60.0%	68.0%	91	76
87	2- 2- 0- 1/ 5	40.0%	80.0%	80.0%	74	88
86	9-12- 6-14/41	22.0%	51.2%	65.9%	40	78
85	4- 5- 2- 4/15	26.7%	60.0%	73.3%	55	90
84	12- 9- 3- 6/30	40.0%	70.0%	80.0%	83	95
83	8- 1- 4- 7/20	40.0%	45.0%	65.0%	84	80
82	16-10- 5-14/45	35.6%	57.8%	68.9%	77	83
81	14- 6- 3- 8/31	45.2%	64.5%	74.2%	107	99
80	12- 5- 4-16/37	32.4%	45.9%	56.8%	78	75
79	6- 6- 8-11/31	19.4%	38.7%	64.5%	43	82
78	6- 6- 6- 9/27	22.2%	44.4%	66.7%	55	88
77	11- 6- 2- 8/27	40.7%	63.0%	70.4%	120	100
76	4- 4- 8- 9/25	16.0%	32.0%	64.0%	48	98
75	4- 5- 3- 5/17	23.5%	52.9%	70.6%	82	111
74	4- 3- 2-10/19	21.1%	36.8%	47.4%	68	71
73	1- 3- 2- 4/10	10.0%	40.0%	60.0%	76	106
72	2- 1- 1- 7/11	18.2%	27.3%	36.4%	71	68
71	1- 2- 0- 5/ 8	12.5%	37.5%	37.5%	81	61
70	2- 2- 2- 5/11	18.2%	36.4%	54.5%	50	86
69	3- 1- 0- 5/ 9	33.3%	44.4%	44.4%	168	74
68	1- 0- 0- 6/ 7	14.3%	14.3%	14.3%	51	24
67	0- 0- 0- 2/ 2	0.0%	0.0%	0.0%	0	0
66	0- 0- 0- 1/ 1	0.0%	0.0%	0.0%	0	0
64	0- 0- 0- 1/ 1	0.0%	0.0%	0.0%	0	0

表3●全10競馬場【コンピ順位別】成績

順位	着別度数	勝率	連対率	複勝率	単回値	複回値
1位	1055- 612- 453- 1200/ 3320	31.8%	50.2%	63.9%	78	84
2位	580- 607- 459- 1676/ 3322	17.5%	35.7%	49.5%	77	82
3位	421- 472- 426- 2001/ 3320	12.7%	26.9%	39.7%	77	78
4位	312- 361- 370- 2277/ 3320	9.4%	20.3%	31.4%	76	75
5位	241- 291- 317- 2467/ 3316	7.3%	16.0%	25.6%	78	75
6位	186- 221- 266- 2645/ 3318	5.6%	12.3%	20.3%	82	71
7位	137- 197- 245- 2738/ 3317	4.1%	10.1%	17.5%	70	78
8位	116- 148- 185- 2857/ 3306	3.5%	8.0%	13.6%	86	75
9位	87- 124- 158- 2887/ 3256	2.7%	6.5%	11.3%	89	79
10位	61- 88- 129- 2874/ 3152	1.9%	4.7%	8.8%	89	76
11位	52- 64- 94- 2815/ 3025	1.7%	3.8%	6.9%	84	73
12位	29- 55- 74- 2715/ 2873	1.0%	2.9%	5.5%	55	66
13位	22- 20- 53- 2527/ 2622	0.8%	1.6%	3.6%	53	51
14位	11- 36- 38- 2259/ 2344	0.5%	2.0%	3.6%	51	64
15位	11- 17- 28- 2047/ 2103	0.5%	1.3%	2.7%	37	58
16位	7- 9- 27- 1675/ 1718	0.4%	0.9%	2.5%	61	51
17位	2- 4- 2- 374/ 382	0.5%	1.6%	2.1%	83	55
18位	1- 4- 3- 309/ 317	0.3%	1.6%	2.5%	91	65

指数、単勝1倍台ということを考えると、普通なら連対、悪くても3着以内は、と考えるはずだが……。

では、1位馬を軸に据えないのであれば、何位を軸にすればいいのか。もちろん、ここでもコンピ・データの蓄積が役に立つ。

今度は表3、4をご覧いただきたい。表3は全10場トータルのコンピ順位別成績、表4は中山単独の順位別成績だ。

一見して、中山における4位の複勝率が全体より3％程度アップしているのがわかるだろう。またわずかだが3位を逆転するほど調子がいい。つまり中山では、4位は積極的に狙えるということだ。

一方で、中山での3位は全体に比べても5％程度低い。こちらは、大数の法則（ある程度回数を重ねると、

表4●中山競馬場【コンピ順位別】成績

順位	着別度数	勝率	連対率	複勝率	単回値	複回値
1位	149- 93- 66- 170/ 478	31.2%	50.6%	64.4%	74	84
2位	84- 86- 68- 239/ 477	17.6%	35.6%	49.9%	76	82
3位	52- 55- 58- 313/ 478	10.9%	22.4%	34.5%	66	69
4位	53- 55- 58- 311/ 477	11.1%	22.6%	34.8%	87	83
5位	41- 42- 41- 354/ 478	8.6%	17.4%	25.9%	95	84
6位	19- 40- 33- 384/ 476	4.0%	12.4%	19.3%	49	66
7位	23- 32- 47- 374/ 476	4.8%	11.6%	21.4%	90	96
8位	19- 23- 23- 412/ 477	4.0%	8.8%	13.6%	93	74
9位	14- 17- 18- 421/ 470	3.0%	6.6%	10.4%	101	71
10位	5- 13- 19- 421/ 458	1.1%	3.9%	8.1%	38	70
11位	11- 7- 14- 417/ 449	2.4%	4.0%	7.1%	126	71
12位	1- 4- 10- 429/ 444	0.2%	1.1%	3.4%	53	42
13位	3- 2- 13- 401/ 419	0.7%	1.2%	4.3%	39	63
14位	1- 5- 5- 378/ 389	0.3%	1.5%	2.8%	44	49
15位	1- 3- 2- 351/ 357	0.3%	1.1%	1.7%	5	31
16位	2- 2- 3- 316/ 323	0.6%	1.2%	2.2%	30	31
17位	0- 0- 0- 17/ 17	0.0%	0.0%	0.0%	0	0
18位	0- 0- 0- 11/ 11	0.0%	0.0%	0.0%	0	0

理論上の確率に限りなく近づいていく数理上の法則）に則れば、巻き返す可能性もあるだろう。

この中山4Rの結果は後述するように、1位⑩アルーフクライは4着と圏外に。4位②サンティールが見事1着。以下、3位⑮エスティーム、2位③スペリオルシチーの順で入線し、3連単は3万馬券となっている。

女王様シートは、こうした〝強く出現している順位〟と〝低調な順位〟を組み合わせ作成している。ここでは解説を省略するが、「枠順別」でも考え方は同じで、基本的に、次の2つのポイントがベースとなっている。

①安定して出現している順位（出現数、出現率、単複回収率を考慮）が軸

②極端に出現回数が少ない順位の馬の反撃に期待して、2頭目などの相

3連単3万馬券的中への軌跡「競馬場別」の手順を解説すると——

では実際に、王様判定ボードと女王様シートを重ね合わせてみることにしよう。

最初に触れたように、ボードとシートは対になっている。競馬場別のボードとシート、枠順別のボードとシートを、きちんと重ね合わせよう。くれぐれも互い違いを合わせたりしないように（例えば枠番別のボードに競馬場別のシートを重ねるなど）。そうなるとデータは異なるし、買い目が作成されないので要注意だ。

ここでは、前項で紹介した16年12月4日中山4Rを例に、「競馬場別」の手順を解説する。

まず、競馬場別の王様判定ボードと女王様シートを用意する。

1位86なので、シートはP32の87・86・85が対応する。このシートの上部の（競馬が行なわれる）中山の欄に、ボード一番上のブランチ（穴の開いているマス）を合わせてほしい。すると、ボード下部のブランチには次のような買い目候補（コンピ順位）が出るはずだ（写真解説はP14～15）。

・1番手（軸候補）…4位（②サンティール）
・2番手（軸候補）…3位（⑮エスティーム）
・3番手（相手候補）5位（⑤ウインクバック）

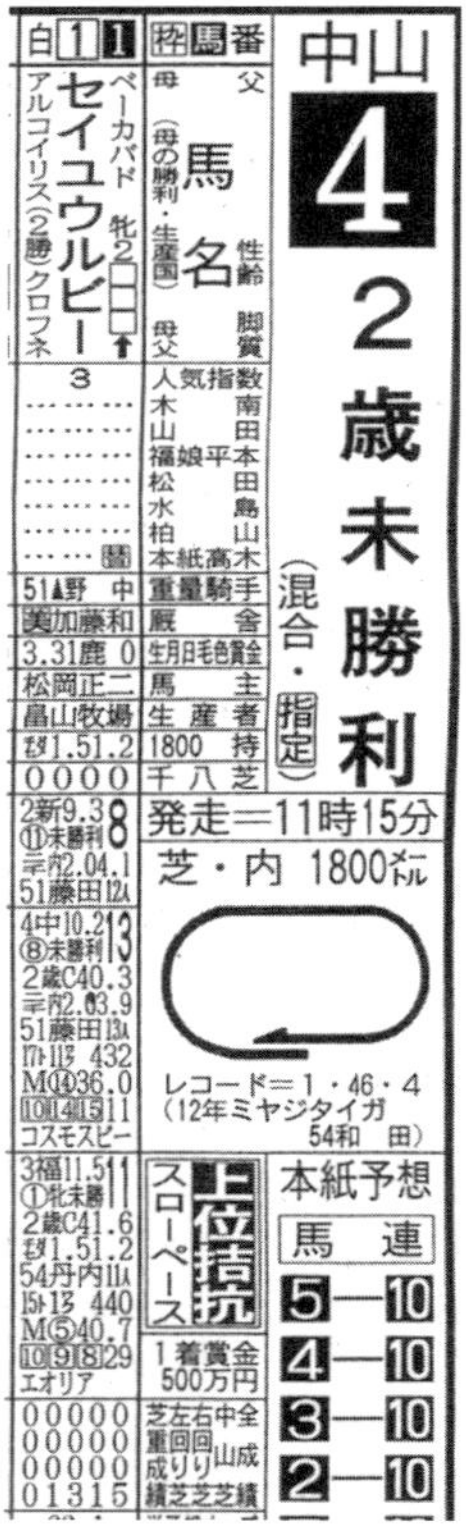

単②610円
複②200円　⑮220円
③200円
馬連②－⑮2650円
馬単②→⑮5010円
3連複②③⑮5860円
3連単②→⑮→③
36860円

●2016年12月４日・中山４Ｒ（２歳未勝利、芝1800ｍ）

馬番	枠	馬名	父・性齢	母（成績）母父	指数	印	斤量・騎手	厩舎	生月日・毛色	馬主	生産者	持時計	成績	前走3	前走2（または母の産駒）	前走1	条件別成績	大数字
2	黒2	サンティール	ハービンジャー牝2	サンティクトワール(2勝)サンデーサイレンス	35	△☆▲☆▲△△	54シュミノー	美鹿戸	3.29鹿0	吉…己	ノー…ンF	中良1…2.8	0010		サンソヴール ゼログラヴィティー サンクロワ ラクロワ	4中9.17 ③新馬 3 2歳C41.6 天内1.52.8 54北村宏3人 12ト8タ 456 S①35.2 5 4 4 07 アルミューテ	00000 00000 00111 00000	1
3	黒2	スペリオルシチー	ルーラーシップ牡2	ハタノボニート(輸入)バーナーディニ	52	☆▲◎○△△☆	54☆石川	美相沢	3.8鹿0	友…	グッ…ク	…3	0000		初子	5東11.12 ③新馬 3 2歳C39.3 〒2.04.3 54石川5人 11ト2タ 456 S②34.7 3 3 3 03 ヴォルフトー	00000 00000 01001 00000	3
4	赤3	ベッキー	ブラックタイド牝2	ネネグース(0勝)クロフネ	25	◎☆△◎▲▲	54柴山	美竹内	4.25青鹿0	由井健太郎	新冠橋本牧場	天1.37.7	0000		ロノ アウアウ マカワオクイーン	5東11.13 ④新馬 2 2歳坂54.0 天1.37.7 54柴山6人 12ト7タ 438 S⑤35.8 1 1 04 ハーツブライ	00000 01001 00000 00000	
5	赤3	ウインクバック	アイルハヴアナザー牝2	マイネウインク(1勝)スペシャルウィーク	41	△△△△○☆○	54柴田大	美水野	4.26栗0	ビッグレッド	ビッグレッド	新良1.49.4	0222	4東10.10 ③未勝利 6 天1.51.2 54津村7人	4東10.23 ⑦未勝利 2 2歳C41.1 天1.50.5 54柴田大3人 12ト5タ 432 S⑫35.1 5 5 3 00 ムーンザムー	5東11.19 ⑤牝未勝 3 2歳C40.1 天1.50.2 54柴田大2人 18ト11タ 434 M⑱35.4 8 5 5 04 ミッシングリ	00000 01102 01102 02113	
6	青4	モンキーキック	ローエングリン牡2	スプレッドウイング(0勝)サンデーサイレンス	1		52▲菊沢	美田中剛	3.17黒鹿0	落合幸弘	新冠橋本牧場	壬1.14.2	0000		メイショウナナボシ サウンドスプレッド	3福11.12 ③新馬 14 2歳坂54.2 壬1.14.2 54加藤14人 16ト1タ 470 S④36.5 15 15 19 ブリリアント	00000 00000 00000 00101	
7	青4	ベストベット	キングズベスト牡2	ブロードストリート(4勝)アグネスタキオン	12	△△△△	54松岡	美手塚	4.11鹿0	下河辺行雄	下河辺牧場	〒2.06.5	0000		ワンダーラスト	4東10.22 ⑥新馬 5 2歳坂53.5 〒2.06.5 54Mデ台5人 16ト5タ 434 S④34.3 7 6 7 08 コマノインパ	00000 00000 00000 01001	
8	黄5	ルドベキア	トーセンホマレボシ牝2	サンマルフラワー(0勝)パラダイスクリーク	8	B	54宮崎	美武市	5.1栗0	岡田繁幸	中村雅明	新良1.48.6	0012	2新8.13 ⑤未勝利 3 天外1.48.6 54宮崎8人	2新8.27 ⑨未勝利 6 2歳B39.7 天外1.50.0 54宮崎6人 18ト14タ 440 S④34.1 10 10 09 ジュンヴァリ	4中9.18 ④未勝利 9 2歳C40.6 〒内2.05.3 54宮崎8人 18ト6タ 444 S⑰36.4 8 8 9 16 アウトライア	00000 00000 01001 02113	
9	黄5	ワインアンドダイン	ステイゴールド牝2	ピノブラン(2勝)クロフネ	2	△△	54嘉藤	美伊藤大	2.25鹿0	ラフィアン	ビッグレッド	天1.36.2	0000	4中10.2 ⑧未勝利 7 〒内2.03.3 54津村6人	5東11.6 ②牝未勝 10 2歳坂53.2 天1.37.8 54柴田大8人 12ト5タ 420 M⑥37.2 3 3 20 サクレエクス	5東11.20 ⑥未勝利 6 2歳坂60.2 〒2.03.6 54和田9人 16ト12タ 420 S⑪36.0 4 4 4 09 アグニシャイ	00000 00000 00000 05116	
10	緑6	アルーフクライ	ハーツクライ牡2	シダクティヴリー(輸入)サンダーガルチ	95	○○○◎☆◎◎	53△木幡巧	美宗像	4.18鹿0	社…H	社…F	…4	0110	2新8.7 ④新馬 2 天外1.50.1 54Mデ台3人	2新9.3 ⑪未勝利 2 2歳C42.2 〒内2.03.4 54Mデ台1人 16ト9タ 446 M⑯36.3 2 3 4 03 ヴァンクール	5東11.12 ③未勝利 3 2歳C40.3 天1.49.4 55Mデ台1人 13ト3タ 462 S⑩35.1 2 3 2 02 ウインブライ	00000 02002 01001 00000	4
11	緑6	ボウソウノカゼ	バイロ牡2	キャリコローズ(0勝)ネオユニヴァース	1	B	55嶋田	美佐藤吉	3.11青鹿0	江川伸夫	門別敏朗	東良1.51.3	0002	4中9.18 ④未勝利 9 ダ2.00.1 51菊沢13人	4東10.16 ⑤未勝利 11 2歳坂54.6 ダ1.41.3 55江田照14人 16ト15タ 464 H④39.4 8 8 17 ピアノイッチ㉓	5東11.26 ⑦未勝利 12 2歳坂55.7 天1.51.3 52菊沢17人 18ト7タ 470 M⑦36.9 8 9 9 19 ヴェルラヴニ㉓	00000 00000 00000 03006	
12	橙7	マイネルフォーマル	ヴァーミリアン牡2	スターエレガント(1勝)ダンスインザダーク	1		53△木幡初	美武藤	4.10鹿0	ラフィアン	見上牧場	ダ1.42.6	0000		オーマイホース	5東11.5 ①新馬 12 2歳坂54.5 ダ1.42.6 55柴田大9人 13ト11タ 450 S②38.6 5 6 28 リヴェルディ	00000 00000 00000 00001	
13	橙7	ナムラノール	マツリダゴッホ牡2	ナムラマリオン(2勝)ウォーニング	1		55柴田善	美石栗	4.30鹿0	奈村信重	伊藤和明	函1.24.9	0000		ナムラグーテン ナムラエクシード	5東11.20 ⑥新馬 9 2歳C39.7 函1.24.9 52菊沢12人 15ト1タ 430 S⑩35.6 4 4 06 イエローマジ	00000 00000 00000 01001	
14	桃8	グロースアルティヒ	ロードアルティマ牡2	マイネマニフィーク(1勝)アドマイヤベガ	12	△△△	55北村宏	美黒岩	5.4鹿0	白井岳	絵笛牧場	天1.36.8	0000	4中9.25 ⑥未勝利 11 天外1.37.3 54内田8人	4東10.16 ⑤未勝利 3 2歳C40.9 天1.36.8 55田辺5人 14ト1タ 472 M⑤35.0 11 10 04 キュイキュイ	5東11.13 ④未勝利 5 2歳坂54.5 天1.37.6 55田辺4人 15ト12タ 478 S⑫34.3 14 13 10 アルミレーナ	00000 00000 01001 01213	
15	桃8	エスティーム	ロージズインメイ牡2	フラワーハット(0勝)ハーツクライ	56	▲◎△▲△○△	55丹内	美金成	3.18黒鹿0	…	岡…市	…4	0001		4東10.30 ⑨新馬 4 2歳B40.2 天1.52.4 55柴田大7人 11ト3タ 518 S③33.9 7 7 6 06 バルデス	3福11.12 ③未勝利 2 2歳B41.1 〒2.03.4 55丹内3人 15ト9タ 526 H④37.6 5 2 3 05 エンドゲーム	00000 00101 00000 01001	2

馬番能力順位	1	2	3	4	5	6	7	8	9	10	11	12	13	14	15
4 R	⑩ 86	③ 66	⑮ 65	② 58	⑤ 57	④ 54	⑭ 51	⑦ 50	⑧ 49	① 47	⑨ 46	⑬ 43	⑫ 42	⑥ 41	⑪ 40

１着②サンティール

（４位58・２番人気）

２着⑮エスティーム

（３位65・３番人気）

３着③スペリオルシチー

（２位66・４番人気）

競馬場別のボード&シートの使い方
~2016年12月4日・中山4R【1位86】3連単4位→3位→2位的中

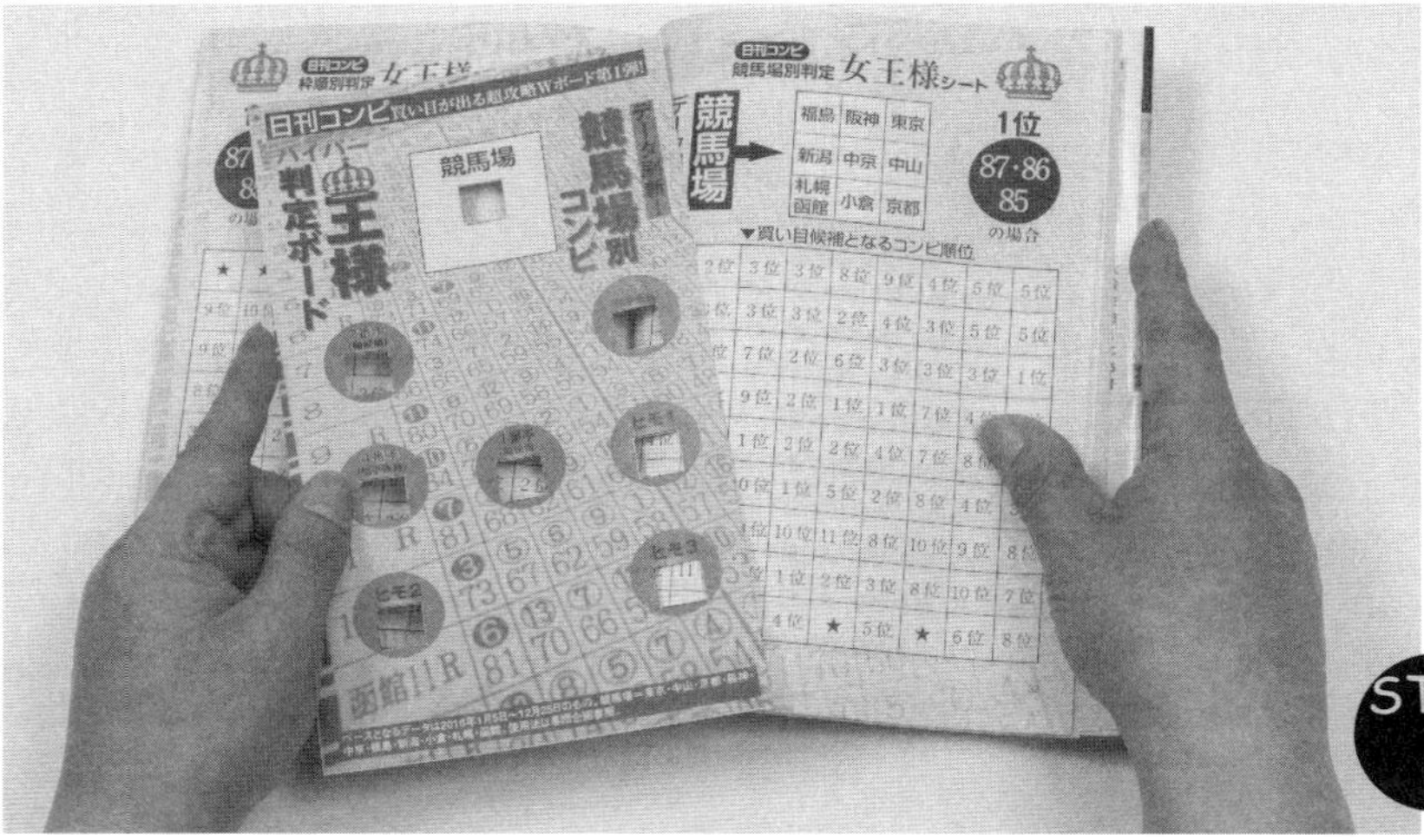

STEP 1

巻頭添付の「競馬場別」王様判定ボードを本書から切り離し、女王様シートの該当ページを開く。この場合、1位86なのでP 32（1位87・86・85）となる。

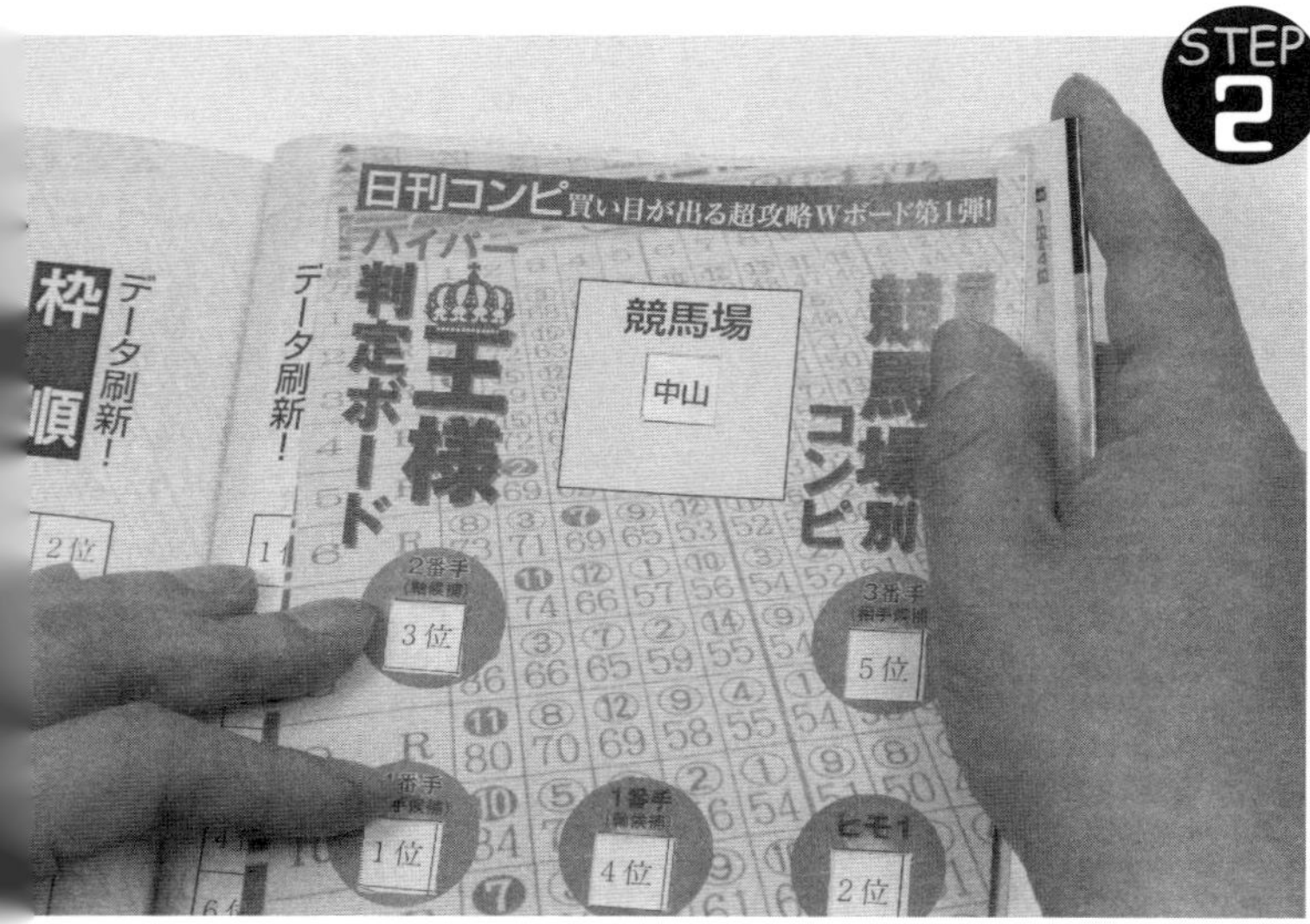

STEP 2

競馬場は中山なので、王様判定ボードの一番上のブランチ（穴の開いているマス）を、女王様シートの「中山」に合わせる。

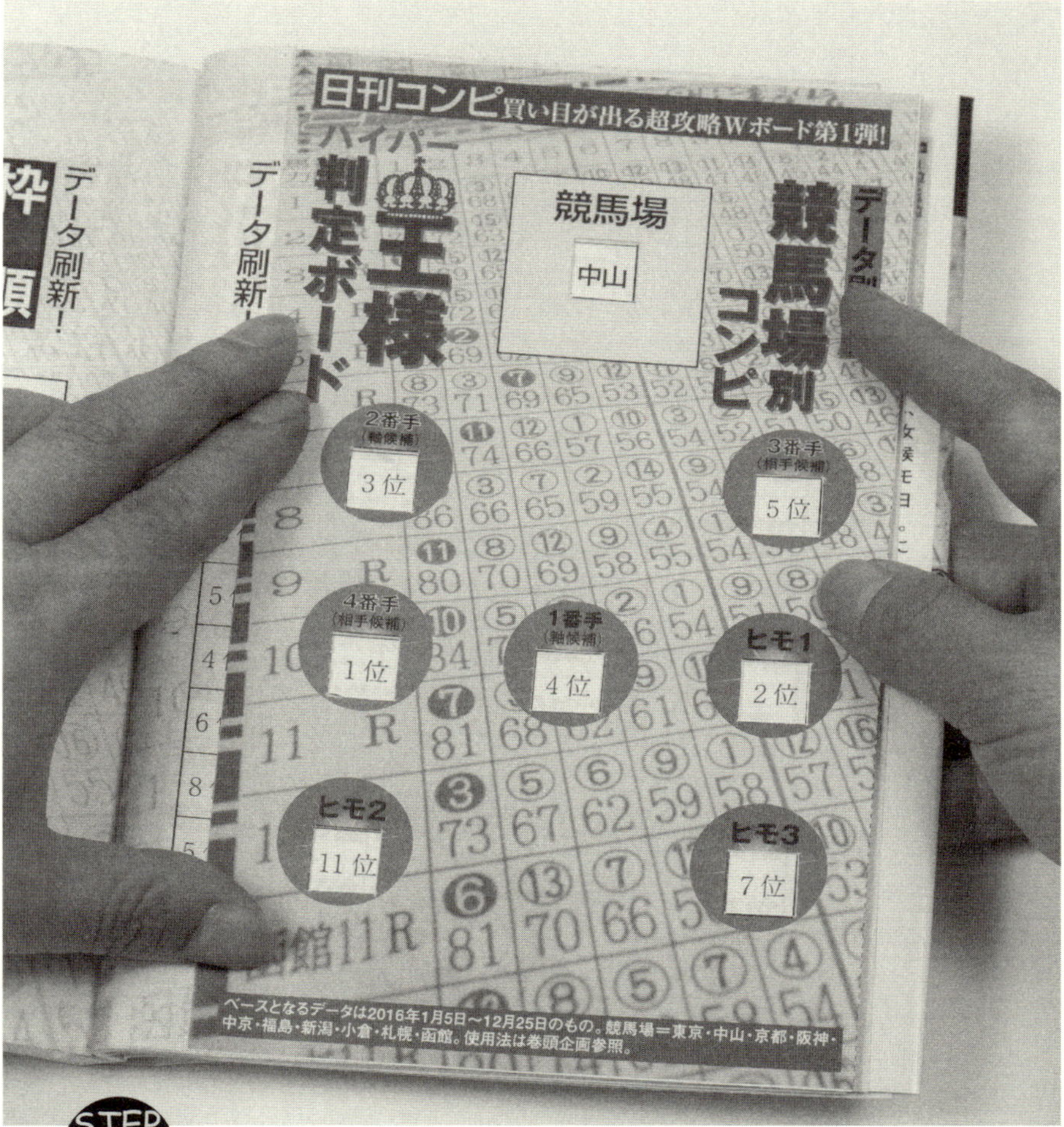

STEP 3

まっすぐ重ね合わせると、下の７つのブランチにコンピの買い目候補（順位）が出る。曲げて重ねたりすると、誤った買い目が出るので注意！　この場合、１番手（４位・②サンティール）→２番手（３位・⑮エスティーム）→ヒモ１（２位・③スペリオルシチー）で決着。３連単配当は３万 6860 円。

・4番手（相手候補）1位（⑩アルーフクライ）
・ヒモ1……………2位（③スペリオルシチー）
・ヒモ2……………11位（⑨ワインアンドダイン）
・ヒモ3……………7位（⑭グロースアルティヒ）

1番手として浮上するのは先ほども説明した通り、中山で16年好調だった4位だ。このレースで4位は②サンティール。4位だが最終的には2番人気（単勝6・1倍）になっていた馬だ。2番人気というと妙味はなさそうだが、1位⑩アルーフクライが単勝1倍台なので、悪い配当ではない。

2番手として浮かび上がったのは3位⑮エスティーム。3番人気（単勝7・2倍）という具合で上位人気だが、1位がコケれば面白い存在。

以下、5位⑤ウインクバック、1位⑩アルーフクライ、2位③スペリオルシチー、11位⑨ワインアンドダイン、7位⑭グロースアルティヒと続く。

それを3連単で組み合わせたのが、掲載した的中馬券だ。1着欄に1番手（4位②サンティール）を、2着欄に2～4番手の3頭（⑤⑩⑮）をマーク。3着欄には2着欄に置いた3頭とヒモをマークした。ヒモの頭数が多いのは、時期的にデータ集計が完了していなかったため、万全を期したから。他に1、2着欄を逆にした3連単馬券も購入している。

結果は前述したように、1着4位②サンティール↓2着3位⑮エスティーム↓3着2位③スペリオルシチーの順で入線。1位⑩アルーフクライは最後差されて4着という具合だった。

リアルオッズでも2～4番人気での決着にも関わらず、3連単は3万6860円というマズマズの結果に。データから1位が危険ということを読み取っての的中だ。

ボードとシートを重ね合わせるだけで、そんなにうまくいくのかと思われる人もいるかもしれないが、コンピ・データを下地として独自の分析結果を加えているだけに、極端に不的中が続くということは少ないはずだ。

また3連単に固執しなくても、軸候補2頭からの馬連、馬単、3連複やワイドといった馬券も有効的なのは説明するまでもない。券種のほうは、皆さんの予算に合わせて考えてみてほしい。

このレースの場合でも、3連単と同じ目を3連複で購入していた場合、18点となる。3連複の配当は５８６０円だったので、悪くはない配当だろう。３位―4位の馬連でも２６５０円というように、３連単に固執しなくてもオイシイ馬券はある。

このように、コンピ入門編として楽しみながら当ててもらえれば幸いだ。

「枠順別」でコンピ最下位馬を拾って3連単14万馬券をビッグヒット！

枠順別王様ボードと女王様シートも基本的な使い方は同じだ。

例えば、故・飯田氏が「1位1枠は危険」と提唱していたように、1位が入った枠で信頼度は異なってくる。芝・ダートを問わずこの格言は、少なくとも16年は正しかった。

表5は1位の枠順別成績。２０１６年1年間という短いスパンでの集計だが、「1位1枠馬」の成績は、8枠中で勝率5位、連対率・複勝率は7位。さらに単勝回収率7位、複勝回収率6位タイという具合で、1位1枠は指数に関わらず冴えない結果に終わっている。

競馬場別王様判定ボードと女王様シートでも解説したように、あとはそれぞれの1位指数との関係を分析した。つまり、1位の指数値と枠がわかれば簡単に買い目が算出されるのだ。もちろん、コンピ・データをベースにしているので、ある程度の的中が期待できるのも同じである。

16年10月23日東京5Rは、「枠順別」にまさに打ってつけのレースだった。

表6は1位の指数ごとによる7枠の成績。1

表5●コンピ1位【枠順別】成績

枠番	着別度数	勝率	連対率	複勝率	単回値	複回値
1枠	97- 48- 43-117/305	31.8%	47.5%	61.6%	77	82
2枠	118- 71- 47-126/362	32.6%	52.2%	65.2%	79	86
3枠	126- 69- 45-138/378	33.3%	51.6%	63.5%	81	82
4枠	116- 80- 54-165/415	28.0%	47.2%	60.2%	69	80
5枠	134- 76- 65-164/439	30.5%	47.8%	62.6%	75	82
6枠	130- 69- 61-139/399	32.6%	49.9%	65.2%	85	86
7枠	163- 99- 73-166/501	32.5%	52.3%	66.9%	80	88
8枠	171-100- 65-185/521	32.8%	52.0%	64.5%	81	85

位90が7枠なら複勝率は92・7%というように、他の枠に入るよりも堅実だということを意味している。

この東京5Rは1位79⑨エグランティエが7枠に入った。そこで、1位79が7枠に入った際の成績を表6で見てみると、複勝率が55・6%と低いのがわかる。このレースを含んだ成績ではあるが、1位80以上と比べて複勝率が低いのは当然としても、1位78や76、75、74といった低い値の馬が7枠に入った際よりも低迷している。

こうした場合は、無理に1位を軸にする必要はない。そこで、枠順別の王様判定ボードと女王様シートの出番だ。

枠順別で1位79のシート（P43）上部の7枠に、ボード一番上のブランチを合わせる。すると、次のような順位が、ボード下部のブランチに現れる（写真解説はP20～21）。

・1番手（軸候補）…2位（⑧サンヘレナ）
・2番手（軸候補）……5位（⑦ピントゥリッキオ）
・3番手（相手候補）…6位（②テンキセキ）
・4番手（相手候補）…1位（⑨エグランティエ）
・ヒモ1……………3位（⑩レッドアルカナ）
・ヒモ2……………9位（⑥レディゴーラウンド）
・ヒモ3……………11位（①ニシノプレシャス）

表6●コンピ1位が7枠時の【指数別】成績

指数	着別度数	勝率	連対率	複勝率	単回値	複回値
90	21- 8- 9- 3/41	51.2%	70.7%	92.7%	77	102
88	18- 5- 3- 4/30	60.0%	76.7%	86.7%	96	96
87	1- 0- 1- 0/ 2	50.0%	50.0%	100.0%	110	120
86	14- 5- 5- 9/33	42.4%	57.6%	72.7%	81	86
85	5- 1- 1- 4/11	45.5%	54.5%	63.6%	84	71
84	11- 8- 7-10/36	30.6%	52.8%	72.2%	70	87
83	6- 4- 2- 6/18	33.3%	55.6%	66.7%	77	87
82	13- 8- 6-11/38	34.2%	55.3%	71.1%	89	91
81	15- 8- 3-10/36	41.7%	63.9%	72.2%	103	93
80	15- 2- 5- 9/31	48.4%	54.8%	71.0%	146	100
79	7- 7- 6-16/36	19.4%	38.9%	55.6%	66	79
78	6-10- 6-14/36	16.7%	44.4%	61.1%	43	85
77	3- 4- 2- 8/17	17.6%	41.2%	52.9%	40	70
76	5- 3- 5- 8/21	23.8%	38.1%	61.9%	74	88
75	5- 7- 4- 7/23	21.7%	52.2%	69.6%	70	103
74	5- 6- 3- 7/21	23.8%	52.4%	66.7%	67	104
73	3- 2- 0-10/15	20.0%	33.3%	33.3%	74	56
72	4- 4- 2-10/20	20.0%	40.0%	50.0%	70	72
71	0- 3- 0- 6/ 9	0.0%	33.3%	33.3%	0	48
70	4- 1- 1- 6/12	33.3%	41.7%	50.0%	139	93
69	1- 2- 0- 2/ 5	20.0%	60.0%	60.0%	134	96
68	0- 1- 2- 3/ 6	0.0%	16.7%	50.0%	0	103
66	1- 0- 0- 2/ 3	33.3%	33.3%	33.3%	173	76
64	0- 0- 0- 1/ 1	0.0%	0.0%	0.0%	0	0

枠順別のボード&シートの使い方
～2015年10月23日・東京5R【1位79】3連単5位→11位→2位的中

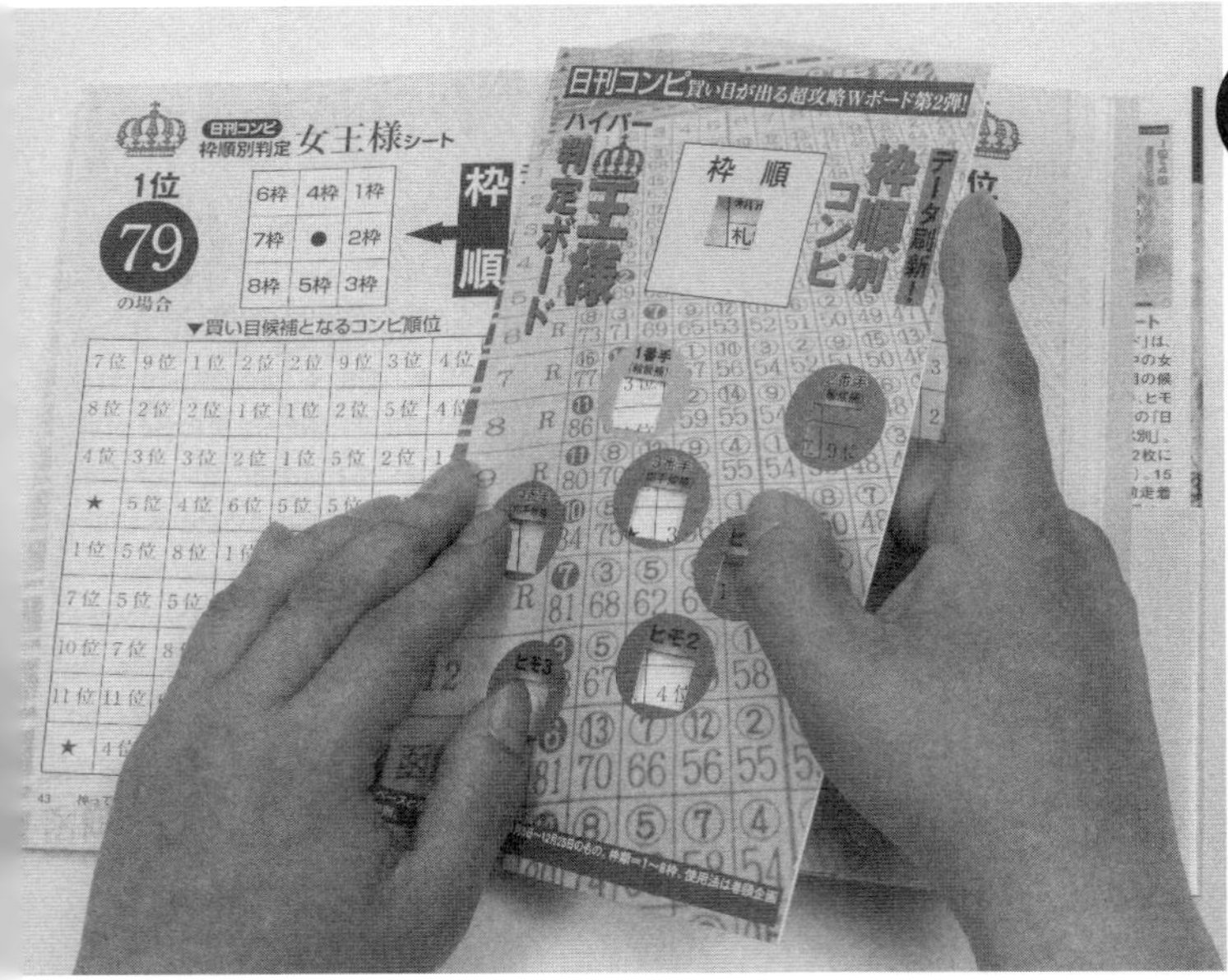

STEP 1

巻頭添付の「枠順別」王様判定ボードを本書から切り離し、女王様シートの該当ページを開く。この場合、1位79なのでP 43となる。

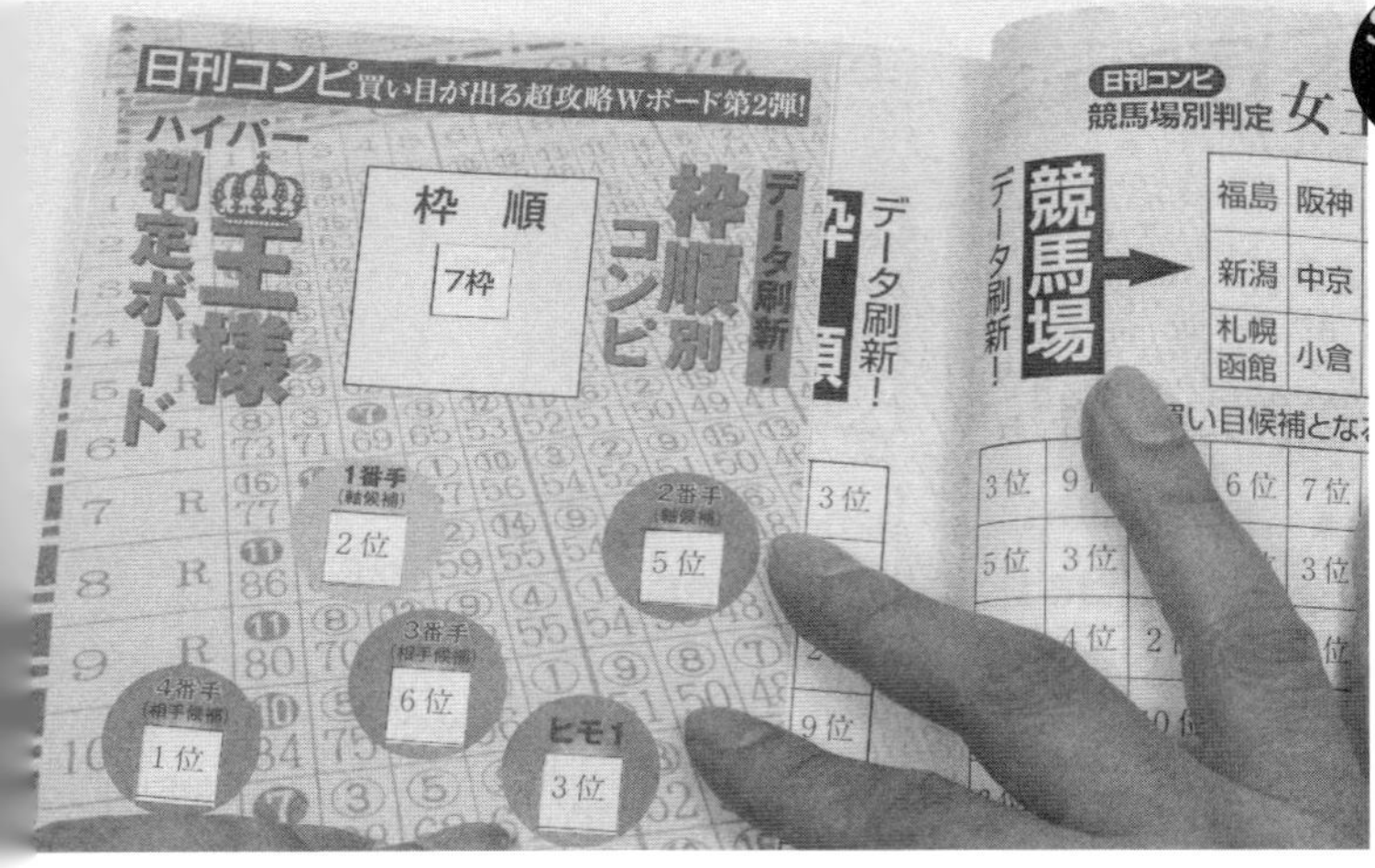

STEP 2

1位馬が「7枠」なので、王様判定ボードの一番上のブランチ（穴の開いているマス）を、女王様シートの「7枠」に合わせる。

神ってるぜ！日刊コンピ王

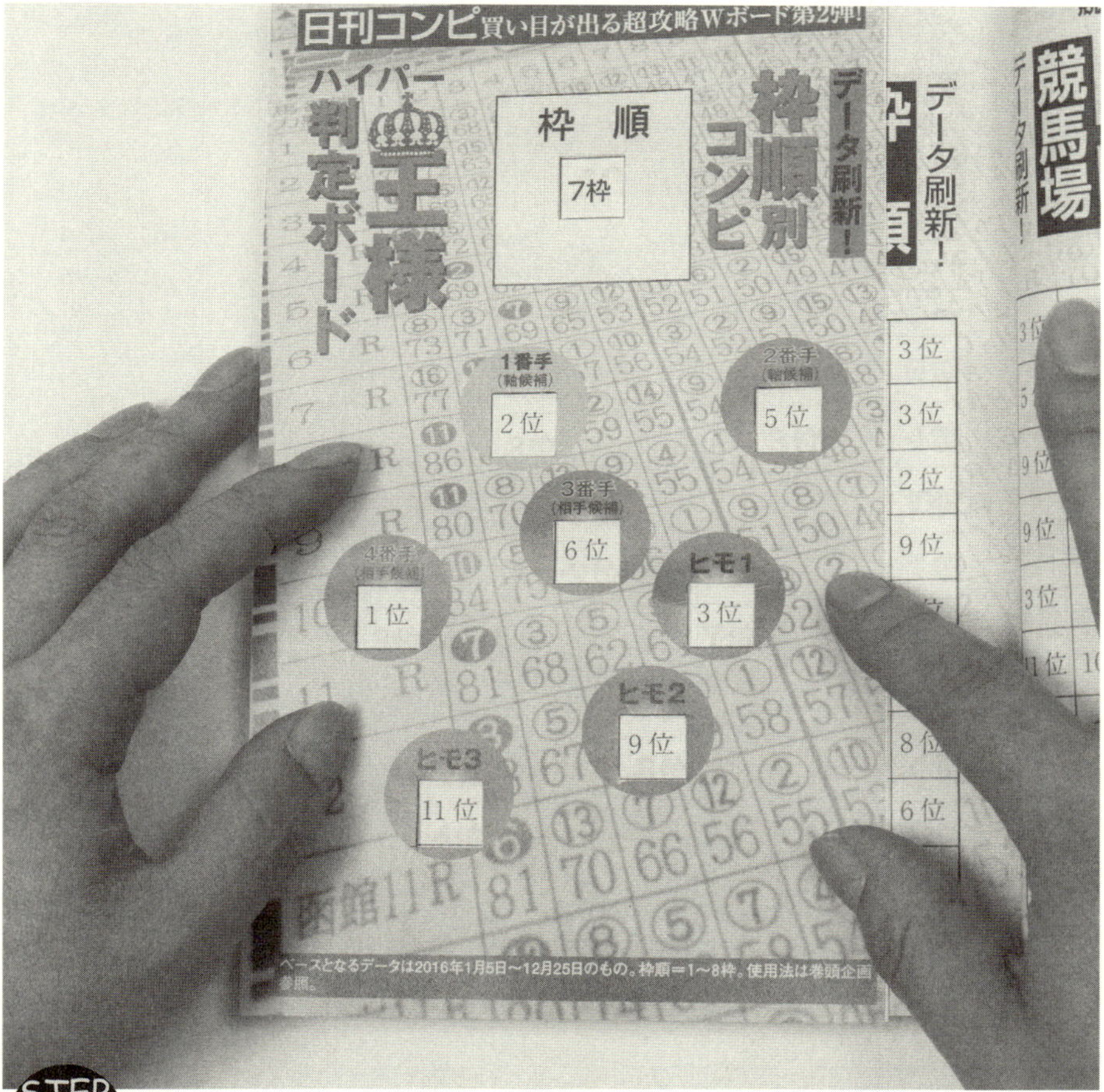

STEP 3

まっすぐ重ね合わせると、下の７つのブランチにコンピの買い目候補（順位）が出る。再三注意しているように、曲げて重ねたりすると、誤った買い目が出るので気をつけてほしい。この場合、２番手（５位・⑦ピントゥリッキオ）→ヒモ３（11位・①ニシノプレシャス）→１番手（２位・⑧サンヘレナ）で決着。３連単配当は 14 万 9470 円。枠順別は、競馬場別と異なり、**１位馬が入っている枠に合わせる。**

●2016年10月23日・東京５Ｒ（３歳上500万下、ダ1600ｍ）

東京 5 3歳上500万下（牝馬・指定・定量）

発走＝12時15分

ダート1600メートル

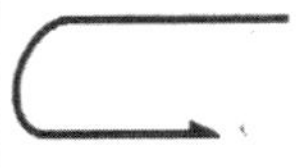

レコード＝1・34・0（16年モーニン 57Mデムーロ）

枠	馬番	馬名	性齢	父	母（母の勝利・生産国）	母父	人気指数	印	重量騎手	厩舎	生月日毛色賞金	馬主	生産者	1600ダ持	千六ダ
白1	1	ニシノプレシャス	牝4	ディープスカイ	ニシノナースコール（6勝）	ブライアンズタイム	1	○	53△井上	美尾形充	3.14栗200	[illegible]	[illegible]	[illegible]	1005
黒2	2	テンキセキ	牝3	アグネスデジタル	ホシノキンカ（1勝）	ラムタラ	24	△☆☆△△△△ B	53柴田大	美牧	4.24鹿400	天白泰司	千代田牧場	函1.24.3	0000
赤3	3	㊞ミュークロール	牝4	ゴールドアリュール	アルウェット（1勝）	エンパイアメーカー	2		55嘉藤	美竹内	2.2黒鹿40	ドラゴンヒルズHC	社台F	東1.41.3	0001
青4	4	ヴァタルサイビーチ	牝3	ゼンノロブロイ	サウンドザビーチ（6勝）	アフリート	4		53江田照	美田村	1.20鹿400	鑓田康志	千代田牧場	東1.37.1	0002
黄5	5	ルノンキュール	牝4	ゼンノロブロイ	アドヴァーシティ（米）	シーキングザゴールド	41	☆▲○☆○☆▲	55戸崎	美藤沢和	1.28黒鹿200	山本剛史	社台F	東1.36.9	0104
緑6	6	レディゴーラウンド	牝4	クロフネ	レディセントガール（3勝）	フォーティナイナー	4		52▲菊沢	美菊沢	1.26芦200	サンデーR	社台C白老F	東1.39.6	0002
緑6	7	ピントゥリッキオ	牝3	カンパニー	リモーネフレイバー（未登録）	クロフネ	34	▲△△…☆◎☆	53内田	美池上和	3.24鹿400	大[illegible]一	松田[illegible]場	東1[illegible]6.7	1013
橙7	8	サンヘレナ	牝3	パイロ	クーニャン（未登録）	ジャングルポケット	82	△◎◎○▲▲◎	53松岡	美天間	5.5栗400	カ[illegible]S	ケ[illegible]て	東[illegible]9	1001
橙7	9	エグランティエ	牝4	アドマイヤジャパン	バアゼルローズ（2勝）	サンダーガルチ	86	△○▲▲◎○○	55吉田豊	美上原	4.13栗450	ターフS	笹地牧場	東1.36.9	0201
桃8	10	レッドアルカナ	牝3	ディープインパクト	シークレットジプシー（米）	シーキングザパール	33	◎…△◎△△…	53大野	美国枝	4.3鹿400	東京ホースR	社台F	天1.56.8	0000
桃8	11	ウインクルミラクル	牝5	アンクルスーパー	ウインクルビーナス（0勝）	ジェイドロバリー	14	……△… B	55柴田善	栗高橋亮	4.21鹿200	有能	隆栄牧場	毛1.45.6	0000

馬番	前3走	前2走	前走	ダ左右東全・重回成り・京成績ダタダ
1	2新8.13 4 ⑤500万 ダ1.53.8 55吉田豊12人	2新9.3 7 ⑪牝500 3歳上坂55.3 ダ1.53.7 55吉田豊6人 15ト2ス 448 M⑭38.0 13 12 11 10 プリンシアコ	4中10.1 9 ⑦牝500 3歳上坂54.1 ダ1.55.1 55吉田豊13人 16ト15ス 450 M②38.6 13 15 14 18 プランシェク	01011 / 00000 / 00000 / 4105619
2	3東6.4 3 ①牝未勝 ダ1.26.4 51木幡巧7人	3東6.26 1 ⑧未勝利 3歳坂54.9 ダ1.26.0 51木幡巧2人 16ト13ス 472 M⑩37.3 4 4 00 3休ラブター㊞	4東10.10 8 ③500万 3歳上坂53.3 ダ1.24.3 51木幡巧7人 16ト16ス 488 H②37.4 4 4 10 ラテラス ㊞	01011 / 00000 / 01011 / 03125
3	園田3.17 1 ⑥牝C1 ダ1.31.0 54川原正2人	地方戦績 中央 0 0 2 9 園田 3 0 1 1 4カ月休	2福7.24 12 ⑧牝500 3歳上C38.6 ダ1.47.7 55嘉藤15人 15ト12ス 504 H⑬38.9 13 14 13 11 3休0011	00000 / 00000 / 11102 / 127210
4	2福7.23 1 ⑦牝未勝 ダ1.48.4 54田辺8人	2新8.7 7 ④牝500 3歳上坂55.5 ダ1.53.9 49木幡初10人 15ト6ス 456 H②37.5 9 11 10 07 イデアオブク	4東10.8 11 ①牝500 3歳上坂55.1 ダ1.37.1 51木幡初13人 16ト5ス 462 M⑫36.0 14 14 08 シークザフュ	00101 / 00000 / 00000 / 25247
5	2函7.23 11 ⑤500万 芝2.02.1 55四位9人	2札9.3 3 ⑤500万 3歳上C41.2 ダ1.44.9 55ルメール3人 13ト5ス 486 M⑫37.3 3 4 4 02 コスモカナデ	4東10.8 9 ①牝500 3歳上C39.7 ダ1.36.9 55ルメール3人 16ト16ス 494 M⑫36.7 7 7 06 シークザフュ	00101 / 01213 / 20303 / 14249
6	3東6.11 14 ③牝500 ダ1.39.6 52菊沢13人	1札8.14 12 ⑥牝500 3歳上C41.6 芝1.29.9 55横山和13人 14ト6ス 458 M⑤35.4 6 7 9 13 ミッキーグッ	4東10.9 8 ②牝500 3歳上坂54.5 ダ1.24.9 52菊沢10人 16ト12ス 454 S⑯35.6 8 9 05 ラミアカーサ	11011 / 12012 / 00000 / 374614
7	3東6.11 11 ③牝500 ダ1.39.5 52横山典8人	2新9.3 8 ⑪牝500 3歳上C41.9 ダ1.53.9 52大野8人 15ト8ス 458 M⑭38.6 12 8 9 12 プリンシアコ	4東10.8 6 ①牝500 3歳上C40.9 ダ1.36.7 53丸田8人 16ト7ス 452 M⑫35.7 14 14 04 シークザフュ	01011 / 01011 / 12123 / 16047
8	2函7.24 3 ⑥500万 ダ1.47.3 52松岡7人	1札8.7 2 ④牝500 3歳上C40.7 ダ1.45.5 52松岡5人 13ト6ス 480 S③36.8 3 3 3 02 ロックキャン	2札9.4 3 ⑥500万 3歳上C39.5 ダ1.46.6 52松岡1人 13ト5ス 482 S②37.2 6 4 5 01 デジタルフラ	01011 / 00101 / 00202 / 23023
9	2福7.24 5 ⑧牝500 ダ1.46.9 55吉田豊4人	2新8.21 2 ⑧牝500 3歳上C39.0 ダ1.54.0 55吉田豊6人 15ト4ス 430 M⑧38.2 11 8 7 02 メリーウィド	2新9.3 6 ⑪牝500 3歳上C41.0 ダ1.53.6 55内田4人 15ト13ス 430 M⑭38.4 9 8 7 09 プリンシアコ	10202 / 23124 / 00000 / 044212
10	3中4.2 1 ③牝未勝 ダ1.57.4 54蛯名1人	2東5.21 7 ⑨カーネーション 牝500坂54.5 天1.48.4 54蛯名4人 10ト2ス 476 S①33.4 5 5 5 06 4休クィーン	4中10.1 15 ⑦牝500 3歳上坂53.6 ダ1.57.1 53蛯名3人 16ト8ス 478 M②41.6 8 8 11 38 プランシェク	00101 / 00101 / 00000 / 00103
11	3阪6.18 5 ⑤500万 ダ1.24.6 55太宰11人	3名7.17 11 ⑥牝500 3歳上C41.2 ダ1.25.9 55太宰9人 16ト4ス 484 H①37.6 15 15 12 トレジャース㊞	4京10.8 9 ①牝500 3歳上C38.8 ダ1.25.1 55太宰15人 16ト16ス 488 H⑪37.0 15 14 08 プライスガウ㊞	00101 / 00000 / 00404 / 2119020

平均ペース 上位拮抗

1着賞金750万円

本紙予想

馬連

8―9

5―8

7―8

2―8

馬番能力順位	1	2	3	4	5	6	7	8	9	10	11
5　R	⑨79	⑧76	⑩59	⑤58	⑦57	②56	⑪52	④48	⑥47	③46	①40

2016年4回7日

東京

5 レース

149,470

TRIFECTA 3連単 TRIFECTA

フォーメーション

7 8 ▶ 1 2 5 6 9 10 11 ▶ 7 8

組合せ数14

各組 ☆☆☆100円

合計 ★★★140枚 ★★★1,400円

JRA 東京

10月23日

0505001452929 2902720720527 60383654 320311

１着⑦ピントゥリッキオ

（５位57・４番人気）

２着①ニシノプレシャス

（11位40・10番人気）

３着⑧サンヘレナ

（２位76・１番人気）

単⑦530円

複⑦190円　①920円　⑧150円

馬連①―⑦18030円

馬単⑦→①32540円

３連複①⑦⑧18120円

３連単⑦→①→⑧149470円

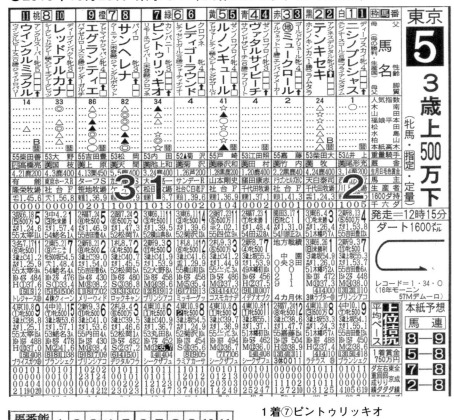

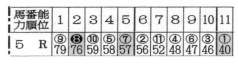

挙がった9頭はリアルオッズでは、次のようになる。

⑧サンヘレナ…………1番人気（3・2倍）
⑦ピントゥリッキオ……4番人気（5・3倍）
②テンキセキ…………5番人気（10・5倍）
⑨エグランティエ………3番人気（4・8倍）
⑩レッドアルカナ………6番人気（13・7倍）
⑥レディゴーラウンド…9番人気（59・0倍）
①ニシノプレシャス……10番人気（75・8倍）

11頭立てという少頭数レースであり、9位や11位の馬を買うかは悩ましいところであるが、少頭数レースは上位馬が飛ぶと意外に荒れるケースもあるので、実験的に購入した。

馬券は3連単フォーメーションを2通り。

まず、1番手2位⑧サンヘレナと2番手5位⑦ピントゥリッキオの2頭を1、2着欄に置き、3着欄に他の5頭をマーク。

2位⑧サンヘレナと2番手5位⑦ピントゥリッキオを1、3着に置き、他の5頭を2着欄にマーク。

このあたりの組み合わせは繰り返しになるが、皆さんのサイフの状況次第の面もある。無理に3連単を購入せず3連複でもいいだろう。

レースは「少頭数は荒れる」を地で行く結果となった。1着⑦ピントゥリッキオ、3着⑧サンヘレナはコンピ順位とリアルオッズからも想定内だが、なんと2着に最下位の11位①ニシノプレシャスが入ったのである。

3連単⑦→①→⑧は14万9470円！

ニシノプレシャスのような、ある意味フツーの競馬常識では拾えない無印馬を拾えるのがコンピ馬券のメリットでもあり、このボード馬券術の凄味だろう。

ちなみに、3連複も1万8120円の万馬券。⑧サンヘレナ、⑦ピントゥリッキオの2軸流しの馬連、馬単でも1万8030円、3万2540円とついたので、3連単以外の券種でもいい結果となった。

低順位（9位以下）が軸候補に出現時は大荒れ警報！

ここまで実際の的中例から、「競馬場別」「枠順別」のボード&シートの成り立ちと手順について解説してきた。1位のコンピ指数がわかれば、あとは手順に沿ってボードとシートを重ね合わせるだけ。極めてシンプルに買い目出しができることは理解してもらえたと思う。

注意とすれば、低順位の馬が軸候補上位に表れた際と★（コンピ12位以下）の取り扱いだろう。★に限らず低順位の馬が、軸候補1番手や2番手に現れているケースは、大波乱になる可能性が示唆されていると思っておいてほしい。

表3（P10）に掲載したように、9位は複勝率11・3％ある。つまり、9レースに1レースは3着以内に入るということを意味している。こうした馬を捕まえられれば、3連複、3連単の高配当馬券を獲ることができる。

当然、1位指数が低い値――例えば、70台の際は、こうした低順位の馬が馬券になりやすい。なかなか低順位の馬を軸にしてもハマる確率はそう高くないが、波乱サインが出ているケースで、わざわざ1、2位を軸にする必要もないだろう。アナタが穴党なら、バットを長めに持って思い切りスイングするのもヨシである。

★印（12位以下）についても注意が必要。18頭フルゲートの場合、★は7頭ということになるが、すべての順位の馬を押さえることはできないだろう。そこでなんらかの基準を設けて押さえるかどうかを決める手もある。

例えば、指数46以上の馬のみ購入するとか、17、18位は切るといったルールを決めておくと点数は減らせるはずだ。単勝万馬券馬を買わないというのもひとつの戦略だろう。

もちろん資金に余裕のある方は念のため、★に該当する馬（12位以下）は、すべて押さえておくと、思わぬ特大配当を手にするシーンもあるかもしれない。12位以下で16年馬券になったのは453頭（4・5％）しかいないが、絡めば高配当になるのは確かだからだ。

以上が「競馬場別」「枠順別」の王様判定ボードと女王様シートの使い方になる。手順と注意事項を、最後に改めてまとめておこう。

基本的な手順や注意は左の別掲を参照してもらうとして、1位の指数と競馬場または枠順がわかれば、それぞれの王様判定ボードと女王様シートを重ねるだけである。あとは導き出された順位の馬をチェックするということだ。

その際に1番手は単複や軸馬として活用しやすい馬、専門紙の記号でいえば◎。2番手は3連複や3連単のフォーメーションを組む際の相手馬、印でいえば○という役どころだろう。3番手が▲、4番手が☆（爆弾馬）で、あとはヒモとなる。

波乱が予想されるレース（9～11位、★印が1番手や2番手に上がるレース）では、ボック

●手順の説明

①「競馬場別」か「枠順別」のどちらかの王様判定ボードを用意しよう（ここでは「競馬場別」を用意したとする）。

↓

②女王様シートを確認する。日刊コンピで買い目を出したいレースの、1位の指数をチェック。1位指数に合致するページの女王様シートを開く。

↓

③王様判定ボードの一番上のブランチを、予想したいレースの競馬場に合わせて女王様シートと重ねる。

注意：この際、ボードとシートはまっすぐ重ね合わせること。また、斜めに置くなどズレてしまうと、正確な順位は反映されない。

もちろん、王様ボードと女王様シートがきちんと対応されていない場合も正確な順位が表れず、ブランチの中に同じ順位が複数出てしまうことがあるので、絶対に間違えないようにしよう。

また、印刷や用紙の問題から、ボードとシートのマスに多少のズレが発生する場合もあることはご了承願いたい。王様判定ボードについては、切り取り線が入っているものの、力任せに引っ張ると破損することもある。カッターを使用するなど、ていねいに切り取ることをオススメする。

手順の詳細については。P 14 ～ 15、20 ～ 21 の的中例で、写真解説しているのでそちらも併せてご覧いただきたい。

スなどを活用するといいかもしれない。または★の馬からチョイスし、他に算出されている馬へのワイドなども有効的だろう。

買い目の工夫は各自の予算や券種などで変わってくると思うので、適宜応用してほしい。もちろん、1、2番手の馬を軸に、馬連、馬単、3連複、3連単を購入する基本的な買い目でも的中するケースは、実践例で示した通りだ。

また、ボードでカットされた馬でも、アナタが気になる馬がいればヒモに加えたりするのもありだろう。

特に3連系の場合、ボードの7頭でしとめるのは、なかなか困難。サイフの中身と相談しながら、自己責任でお願いしたい。ボードの7頭は、コンピ・データから確率的に高いものをチョイスしているが、あくまでも買い目の候補に過ぎないことを忘れないでもらいたい。

もうひとつ、2つのバージョン（今回は「競馬場別」「枠順別」）では、どちらが当たるのかという疑問もあるかもしれない。そうした問いには、優劣はつけられないというのが、本書編集部の回答である。

今回の「競馬場別」「枠順別」という、カテゴリーが違うコンピ・データから導かれる買い目候補は、同じレースであってもまったく異なる。どちらを選択するかは、読者の皆さんに委ねるというのが、ボードを2枚にした13年刊『進撃！日刊コンピ王』時からの、本編集部の方針である。

両方買ってみるという方もいらっしゃるかもしれないが、まずは何日か（何レースか）、レース結果と本書のボード戦略を突き合わせて、どちらが自分に合っているかを見極めたうえで、実際に購入したほうが無難だろう。そのほうが、より失敗の少ない券種選択に近づけるかもしれない。

●注意事項補足

①**障害戦**　今回のコンピボードシリーズでは、障害戦のデータは使用していない。最大で14頭立てということもさることながら、中央4場での開催が減っている

P28より「競馬場別」「枠順別」女王様シート

こともあるからだ。今や障害は3場開催では、ローカルが中心となっている。ただ、コンピ指数は障害も平地も区別されているものではないので、気にならなければ使用しても構わない。

②**少頭数**　特に問題なく使用できるが、やはり荒れるレースは多頭数のケースが多いだろう。紹介したように少頭数レースでも3連複万馬券、3連単10万馬券となるようなレースはあるからだ。少頭数レースのメリットとしては、実践例でも説明した通り、ピックアップされる馬の頭数が少なくなって、点数が絞れる場合がある。また、さすがに10頭未満ともなると、該当する順位の馬がいない場合もあるので、状況に応じて馬券を買うかどうかを見極めてほしい。

③**12位以下（★）の取捨選択**　出走頭数によっては該当馬が多く、どの馬を購入していいのか難しい局面もあるだろう。基本的に★がヒモで出現した場合は、データ上、12位以下の指数の馬が3着以内に入って、高配当を演出していたという意味を表している。前述したように、1番手、2番手に現れた場合は大波乱を、3、4番手に表れた場合は大波乱とはいえないまでも荒れる可能性があるということを示唆しているのだ。資金に余裕がある場合は、原則としてすべての★馬を押さえたほうが無難だが、該当馬を絞りたい際は、多くのコンピ予想家が指摘するように、12位以下の中から指数46以上の馬を取り上げるといったことや単勝50倍未満の馬を購入する（万馬券馬を切る）、自分の予算に合わせて下位から切っていくなどという工夫があってもいいかもしれない。例えばＧⅠなら、今回の特集（Ｐ117～）を見て、過去に★以下の馬が馬券になっているかどうかを確かめるという手もあるだろう。

④**女王様シート**「89・88」「87・86・85」というように、出現数の少ない1位指数はブロックごとにまとめてあることを、あらかじめご了承願いたい。

⑤**その他**　本文で紹介している馬券の買い方は、あくまでも一例。これも前述したように、自分が気になっている馬などを付け加えてもいいだろう。ポイントとしては、1位指数が同じでも枠順や競馬場が違えば、信頼度がそれぞれ違うということ。よくいわれているように、1位1枠の場合、指数によっては大波乱となるレースもある。また同じ1位でも、主場とローカルでは信頼度に差が出る場合も少なくないので、実際に王様判定ボードを使って、その威力を試してみてほしい。3連複、3連単に固執しなくても、軸の順位やヒモの順位によっては、ワイドでも馬連でも、時には単複でもいい配当かもしれないので、どちらにせよ購入する前にオッズを確認しよう。

日刊コンピ
競馬場別判定 女王様シート

データ刷新！

競馬場 →

福島	阪神	東京
新潟	中京	中山
札幌 函館	小倉	京都

1位 90 の場合

▼買い目候補となるコンピ順位

4位	2位	2位	2位	9位	4位	3位	4位	3位
1位	5位	1位	7位	2位	3位	3位	4位	8位
4位	5位	2位	★	10位	11位	3位	4位	5位
7位	5位	5位	1位	1位	1位	8位	★	7位
11位	9位	3位	2位	1位	2位	10位	8位	4位
8位	3位	3位	1位	1位	1位	10位	2位	6位
5位	9位	4位	★	3位	2位	9位	3位	6位
★	10位	9位	6位	5位	4位	5位	2位	10位
5位	11位	7位	7位	8位	9位	9位	★	10位

★はコンピ12位以下を示す

日刊コンピ
枠順別判定 女王様シート

1位 90 の場合

6枠	4枠	1枠
7枠	●	2枠
8枠	5枠	3枠

枠順
データ刷新!

▼買い目候補となるコンピ順位

8位	11位	2位	2位	2位	7位	8位	4位	1位
10位	★	1位	4位	1位	6位	2位	★	2位
3位	9位	1位	1位	1位	5位	3位	8位	3位
4位	7位	7位	5位	★	3位	3位	6位	4位
9位	2位	6位	2位	3位	4位	2位	4位	4位
4位	10位	8位	6位	5位	6位	4位	9位	3位
2位	6位	9位	3位	8位	4位	5位	7位	2位
1位	7位	5位	7位	10位	★	11位	6位	1位
3位	11位	6位	★	11位	9位	10位	5位	10位

日刊コンピ

競馬場別判定 女王様シート

データ刷新！

競馬場

福島	阪神	東京
新潟	中京	中山
札幌 函館	小倉	京都

1位 89 88 の場合

▼買い目候補となるコンピ順位

9位	4位	2位	3位	9位	★	3位	3位	3位
4位	1位	8位	2位	2位	★	3位	4位	3位
5位	1位	3位	6位	5位	4位	7位	5位	4位
7位	9位	9位	1位	1位	1位	6位	2位	10位
5位	2位	4位	1位	3位	1位	10位	9位	6位
4位	3位	6位	1位	2位	1位	6位	7位	8位
4位	10位	7位	7位	8位	4位	5位	8位	5位
8位	5位	2位	9位	2位	3位	11位	10位	5位
8位	10位	5位	4位	5位	1位	10位	11位	7位

日刊コンピ
枠順別判定 女王様シート

1位 89 88 の場合

6枠	4枠	1枠
7枠	●	2枠
8枠	5枠	3枠

枠順

データ刷新!

▼買い目候補となるコンピ順位

1位	7位	2位	1位	2位	10位	3位	5位	1位
2位	5位	1位	9位	1位	11位	7位	4位	3位
3位	4位	1位	1位	2位	5位	2位	2位	1位
7位	6位	9位	5位	9位	8位	7位	3位	2位
10位	3位	4位	6位	4位	3位	6位	5位	9位
4位	8位	9位	8位	10位	9位	7位	4位	7位
5位	9位	★	6位	★	11位	9位	3位	6位
3位	11位	5位	6位	5位	9位	7位	4位	8位
4位	8位	6位	10位	8位	★	★	5位	5位

日刊コンピ

競馬場別判定 女王様シート

データ刷新!

競馬場

福島	阪神	東京
新潟	中京	中山
札幌 函館	小倉	京都

1位 87・86 85 の場合

▼買い目候補となるコンピ順位

1位	2位	3位	3位	8位	9位	4位	5位	5位
1位	3位	3位	3位	2位	4位	3位	5位	5位
5位	2位	7位	2位	6位	3位	3位	3位	1位
5位	3位	9位	2位	1位	1位	7位	4位	4位
4位	7位	1位	2位	2位	4位	7位	8位	2位
6位	1位	10位	1位	5位	2位	8位	4位	3位
8位	★	10位	10位	11位	8位	10位	9位	8位
5位	11位	11位	1位	2位	3位	8位	10位	7位
7位	9位	9位	4位	★	5位	★	6位	8位

日刊コンピ
枠順別判定 女王様シート

1位 87・86 85 の場合

6枠	4枠	1枠
7枠	●	2枠
8枠	5枠	3枠

枠順 データ刷新！

▼買い目候補となるコンピ順位

★	★	2位	1位	1位	2位	5位	3位	2位
9位	10位	1位	2位	1位	2位	5位	10位	4位
9位	9位	3位	1位	2位	4位	2位	3位	3位
8位	6位	5位	4位	2位	3位	8位	6位	1位
3位	10位	2位	1位	2位	7位	8位	8位	1位
6位	10位	8位	3位	9位	9位	7位	1位	2位
9位	7位	★	9位	9位	3位	11位	★	3位
8位	10位	2位	9位	10位	11位	4位	9位	★
7位	5位	9位	★	4位	5位	6位	11位	10位

日刊コンピ
競馬場別判定 女王様シート

データ刷新！

競馬場 →

福島	阪神	東京
新潟	中京	中山
札幌 函館	小倉	京都

1位 84 83 の場合

▼買い目候補となるコンピ順位

5位	6位	5位	5位	4位	3位	6位	5位	1位
2位	1位	9位	★	★	3位	4位	2位	5位
1位	3位	8位	★	3位	★	2位	1位	5位
9位	7位	9位	1位	1位	3位	10位	3位	7位
7位	3位	3位	3位	5位	2位	5位	7位	4位
3位	10位	1位	5位	2位	2位	9位	5位	4位
3位	10位	8位	9位	2位	3位	★	9位	6位
1位	9位	6位	10位	8位	4位	11位	11位	1位
8位	9位	3位	11位	11位	11位	4位	8位	★

日刊コンピ
枠順別判定 女王様シート

1位 84 83 の場合

6枠	4枠	1枠
7枠	●	2枠
8枠	5枠	3枠

枠順 データ刷新！

▼買い目候補となるコンピ順位

4位	7位	2位	1位	2位	4位	1位	5位	5位
3位	7位	9位	3位	2位	5位	1位	6位	1位
2位	6位	2位	5位	3位	6位	1位	3位	5位
7位	7位	9位	3位	7位	3位	9位	7位	4位
8位	5位	7位	9位	2位	2位	2位	6位	3位
7位	4位	9位	2位	9位	10位	1位	4位	2位
1位	10位	11位	★	4位	9位	9位	★	8位
★	6位	1位	8位	6位	10位	1位	10位	9位
11位	5位	9位	★	8位	3位	3位	3位	1位

日刊コンピ
競馬場別判定 **女王様**シート

データ刷新！

競馬場

福島	阪神	東京
新潟	中京	中山
札幌 函館	小倉	京都

1位 82の場合

▼買い目候補となるコンピ順位

2位	5位	5位	5位	3位	2位	5位	1位	1位
9位	3位	4位	7位	3位	9位	7位	2位	5位
2位	5位	5位	6位	8位	4位	1位	6位	3位
7位	9位	3位	3位	2位	2位	4位	6位	7位
6位	8位	6位	1位	5位	3位	5位	7位	1位
5位	3位	4位	3位	1位	1位	10位	9位	8位
8位	3位	4位	4位	2位	3位	9位	★	11位
4位	10位	9位	5位	2位	4位	3位	11位	10位
★	4位	7位	3位	6位	6位	11位	11位	11位

日刊コンピ
枠順別判定 女王様シート

1位 82 の場合

6枠	4枠	1枠
7枠	●	2枠
8枠	5枠	3枠

枠順

データ刷新！

▼買い目候補となるコンピ順位

9位	4位	3位	3位	3位	6位	5位	1位	2位
5位	3位	2位	3位	1位	2位	3位	6位	5位
4位	2位	1位	1位	2位	4位	5位	3位	1位
2位	7位	5位	6位	7位	6位	8位	9位	4位
4位	11位	7位	4位	6位	5位	4位	9位	2位
6位	10位	4位	2位	7位	10位	7位	9位	8位
★	4位	9位	8位	9位	1位	★	3位	3位
★	8位	5位	10位	3位	5位	10位	10位	9位
★	7位	★	11位	9位	8位	2位	11位	7位

日刊コンピ

競馬場別判定 女王様シート

データ刷新！

競馬場

福島	阪神	東京
新潟	中京	中山
札幌 函館	小倉	京都

1位 81 の場合

▼買い目候補となるコンピ順位

1位	7位	5位	3位	1位	2位	3位	6位	2位
1位	2位	5位	5位	9位	4位	4位	3位	1位
5位	5位	5位	10位	★	11位	4位	3位	3位
4位	8位	9位	5位	1位	3位	9位	5位	10位
9位	10位	9位	2位	5位	2位	7位	11位	3位
10位	7位	4位	1位	2位	1位	8位	8位	9位
★	10位	★	9位	2位	3位	7位	11位	7位
10位	9位	10位	5位	6位	2位	11位	★	11位
★	1位	★	4位	8位	3位	3位	6位	11位

日刊コンピ
枠順別判定 女王様シート

1位 81 の場合

6枠	4枠	1枠
7枠	●	2枠
8枠	5枠	3枠

枠順 データ刷新!

▼買い目候補となるコンピ順位

5位	2位	4位	1位	3位	3位	★	3位	2位
7位	8位	3位	1位	3位	1位	5位	11位	1位
9位	4位	2位	2位	9位	9位	1位	1位	5位
1位	6位	5位	6位	2位	5位	2位	4位	10位
2位	7位	7位	3位	5位	1位	★	8位	9位
6位	11位	3位	3位	9位	7位	6位	2位	8位
3位	8位	8位	7位	4位	4位	★	7位	10位
8位	9位	3位	10位	5位	★	4位	6位	9位
9位	10位	10位	6位	5位	9位	6位	10位	8位

日刊コンピ

競馬場別判定 女王様シート

データ刷新！

競馬場

福島	阪神	東京
新潟	中京	中山
札幌 函館	小倉	京都

1位 80 の場合

▼買い目候補となるコンピ順位

7位	4位	2位	4位	3位	5位	5位	2位	1位
7位	5位	2位	2位	2位	6位	2位	3位	5位
9位	3位	4位	3位	4位	7位	10位	2位	5位
★	5位	7位	2位	3位	5位	8位	1位	9位
5位	7位	9位	3位	2位	3位	4位	4位	1位
★	6位	10位	1位	9位	2位	3位	1位	9位
4位	★	6位	11位	★	9位	1位	9位	★
6位	10位	6位	11位	★	3位	1位	8位	★
7位	5位	★	3位	2位	3位	6位	4位	7位

日刊コンピ
枠順別判定 女王様シート

1位80の場合

データ刷新！ 枠順

6枠	4枠	1枠
7枠	●	2枠
8枠	5枠	3枠

▼買い目候補となるコンピ順位

5位	7位	2位	1位	5位	3位	1位	2位	3位
9位	8位	3位	7位	2位	6位	5位	5位	3位
10位	11位	2位	3位	7位	9位	3位	6位	1位
11位	★	7位	4位	1位	5位	5位	6位	9位
7位	5位	6位	1位	5位	6位	10位	7位	4位
4位	7位	4位	6位	7位	10位	1位	5位	8位
2位	9位	11位	4位	★	11位	★	11位	2位
1位	10位	3位	10位	6位	2位	8位	10位	3位
4位	5位	8位	9位	1位	11位	★	9位	7位

日刊コンピ
競馬場別判定 女王様シート

データ刷新！

競馬場

福島	阪神	東京
新潟	中京	中山
札幌 函館	小倉	京都

1位 79 の場合

▼買い目候補となるコンピ順位

3位	9位	5位	6位	7位	5位	5位	3位	2位
5位	3位	2位	2位	3位	4位	1位	2位	1位
9位	4位	2位	1位	2位	9位	10位	5位	1位
9位	4位	10位	7位	1位	3位	1位	5位	7位
3位	★	3位	2位	4位	9位	8位	1位	8位
11位	10位	7位	1位	2位	5位	5位	3位	8位
11位	6位	11位	3位	★	10位	★	7位	1位
6位	7位	4位	11位	11位	11位	9位	6位	★
2位	9位	10位	★	9位	3位	3位	11位	3位

日刊コンピ
枠順別判定 女王様シート

1位 79 の場合

6枠	4枠	1枠
7枠	●	2枠
8枠	5枠	3枠

枠順 データ刷新！

▼買い目候補となるコンピ順位

7位	9位	1位	2位	2位	9位	3位	4位	3位
8位	2位	2位	1位	1位	2位	5位	4位	3位
4位	3位	3位	2位	1位	5位	2位	1位	2位
★	5位	4位	6位	5位	5位	9位	6位	9位
1位	5位	8位	1位	4位	3位	★	9位	9位
7位	5位	5位	8位	6位	10位	8位	7位	7位
10位	7位	8位	★	9位	6位	★	5位	8位
11位	11位	6位	10位	★	10位	★	2位	6位
★	4位	7位	6位	3位	4位	3位	1位	5位

日刊コンピ
競馬場別判定 女王様シート

データ刷新！

競馬場

福島	阪神	東京
新潟	中京	中山
札幌 函館	小倉	京都

1位 78 の場合

▼買い目候補となるコンピ順位

5位	5位	11位	★	2位	3位	2位	6位	9位
1位	9位	9位	8位	★	9位	3位	3位	4位
3位	5位	3位	3位	9位	★	2位	3位	5位
7位	8位	1位	3位	3位	5位	4位	7位	2位
5位	1位	2位	2位	2位	3位	7位	4位	6位
8位	2位	1位	4位	1位	2位	9位	8位	10位
10位	9位	★	10位	★	10位	9位	11位	3位
9位	11位	10位	3位	5位	8位	10位	5位	★
6位	7位	4位	3位	11位	8位	1位	10位	11位

日刊コンピ
枠順別判定 女王様シート

1位 78 の場合

6枠	4枠	1枠
7枠	●	2枠
8枠	5枠	3枠

枠順

データ刷新！

▼買い目候補となるコンピ順位

9位	3位	2位	3位	3位	7位	5位	5位	5位
7位	2位	5位	5位	5位	6位	2位	4位	1位
★	8位	3位	3位	4位	9位	11位	8位	1位
4位	6位	7位	1位	10位	6位	1位	6位	★
★	4位	9位	5位	★	3位	6位	7位	3位
1位	9位	9位	5位	10位	2位	1位	7位	2位
1位	9位	7位	11位	11位	3位	8位	3位	9位
2位	10位	6位	10位	6位	5位	8位	2位	7位
3位	4位	7位	2位	4位	8位	9位	8位	6位

日刊コンピ
競馬場別判定 女王様シート

データ刷新！

競馬場 →

福島	阪神	東京
新潟	中京	中山
札幌 函館	小倉	京都

1位 77 の場合

▼買い目候補となるコンピ順位

4位	10位	5位	5位	4位	3位	6位	9位	2位
1位	5位	5位	3位	9位	2位	5位	4位	4位
7位	9位	2位	8位	2位	9位	6位	5位	3位
2位	4位	7位	3位	2位	3位	9位	5位	★
3位	9位	3位	2位	3位	2位	7位	2位	1位
3位	7位	1位	9位	1位	7位	2位	10位	5位
7位	1位	10位	★	★	★	11位	★	9位
9位	11位	10位	9位	3位	2位	8位	10位	9位
11位	8位	8位	4位	6位	5位	4位	3位	★

日刊コンピ

枠順別判定 女王様シート

1位 77 の場合

6枠	4枠	1枠
7枠	●	2枠
8枠	5枠	3枠

枠順

データ刷新！

▼買い目候補となるコンピ順位

5位	3位	5位	5位	5位	3位	1位	3位	1位
4位	8位	5位	3位	3位	2位	9位	4位	2位
3位	2位	2位	2位	2位	3位	3位	3位	3位
3位	1位	11位	3位	3位	7位	8位	8位	8位
2位	6位	9位	5位	5位	4位	★	5位	9位
7位	10位	8位	4位	4位	9位	9位	9位	10位
2位	★	★	10位	10位	6位	1位	3位	7位
1位	1位	★	4位	4位	8位	10位	★	6位
5位	6位	7位	7位	7位	7位	5位	2位	5位

日刊コンピ

競馬場別判定 女王様シート

データ刷新!

競馬場

福島	阪神	東京
新潟	中京	中山
札幌 函館	小倉	京都

1位 76 の場合

▼買い目候補となるコンピ順位

8位	5位	3位	3位	2位	4位	7位	3位	2位
1位	6位	5位	7位	6位	5位	5位	8位	2位
8位	5位	3位	8位	9位	10位	6位	3位	5位
9位	9位	4位	1位	1位	5位	3位	8位	8位
8位	9位	4位	2位	2位	3位	9位	3位	1位
3位	9位	2位	7位	7位	4位	9位	2位	7位
4位	7位	10位	3位	2位	4位	5位	6位	9位
10位	4位	10位	7位	6位	5位	6位	11位	11位
★	11位	6位	8位	9位	10位	10位	6位	★

日刊コンピ
枠順別判定 女王様シート

1位76の場合

6枠	4枠	1枠
7枠	●	2枠
8枠	5枠	3枠

枠順 データ刷新！

▼買い目候補となるコンピ順位

4位	1位	7位	2位	6位	★	5位	5位	1位
3位	8位	3位	6位	1位	3位	4位	6位	★
9位	2位	6位	2位	7位	5位	★	5位	1位
4位	1位	8位	6位	5位	3位	3位	4位	9位
2位	3位	9位	2位	4位	5位	10位	5位	4位
3位	8位	2位	★	1位	8位	9位	4位	3位
7位	8位	9位	7位	11位	2位	6位	7位	2位
6位	10位	3位	10位	1位	10位	8位	8位	1位
5位	5位	★	3位	2位	★	11位	9位	5位

日刊コンピ
競馬場別判定 女王様シート

データ刷新！

競馬場 →

福島	阪神	東京
新潟	中京	中山
札幌 函館	小倉	京都

1位 75 74 の場合

▼買い目候補となるコンピ順位

9位	5位	8位	3位	6位	3位	5位	7位	9位
4位	3位	6位	2位	4位	8位	3位	4位	5位
3位	3位	5位	7位	★	5位	2位	2位	2位
2位	6位	3位	3位	1位	1位	4位	9位	7位
2位	2位	4位	8位	5位	9位	9位	★	3位
10位	4位	6位	6位	5位	3位	5位	★	1位
★	10位	2位	10位	11位	11位	7位	★	11位
1位	9位	★	3位	★	2位	5位	11位	1位
11位	9位	7位	3位	4位	9位	4位	7位	10位

日刊コンピ
枠順別判定 女王様シート

1位 75 74 の場合

6枠	4枠	1枠
7枠	●	2枠
8枠	5枠	3枠

枠順 データ刷新!

▼買い目候補となるコンピ順位

6位	3位	5位	2位	5位	4位	7位	5位	1位
5位	★	3位	2位	3位	3位	5位	★	5位
4位	11位	2位	2位	9位	7位	5位	5位	1位
8位	6位	6位	1位	5位	4位	★	★	3位
9位	10位	★	1位	1位	10位	10位	7位	4位
4位	3位	4位	6位	10位	10位	9位	3位	6位
9位	11位	8位	8位	4位	★	8位	7位	7位
8位	2位	3位	6位	★	7位	6位	8位	8位
7位	3位	8位	7位	6位	9位	11位	9位	6位

日刊コンピ

競馬場別判定 女王様シート

データ刷新！

競馬場

福島	阪神	東京
新潟	中京	中山
札幌 函館	小倉	京都

1位 73 72 の場合

▼買い目候補となるコンピ順位

11位	2位	3位	8位	9位	8位	10位	10位	2位
7位	5位	5位	10位	★	10位	8位	7位	3位
8位	2位	3位	11位	11位	11位	6位	3位	2位
6位	5位	9位	1位	3位	5位	★	11位	4位
1位	10位	7位	3位	3位	2位	★	9位	6位
9位	8位	5位	3位	5位	4位	★	7位	1位
9位	1位	★	3位	2位	3位	7位	★	1位
4位	11位	4位	★	4位	8位	9位	4位	8位
2位	6位	9位	9位	1位	3位	1位	1位	10位

日刊コンピ
枠順別判定 女王様シート

1位
73
72
の場合

6枠	4枠	1枠
7枠	●	2枠
8枠	5枠	3枠

枠順

データ刷新！

▼買い目候補となるコンピ順位

5位	2位	2位	3位	7位	6位	8位	5位	5位
★	9位	2位	4位	5位	7位	4位	3位	3位
10位	2位	5位	5位	2位	6位	2位	4位	5位
9位	7位	10位	8位	3位	4位	6位	3位	6位
5位	4位	9位	1位	10位	3位	4位	7位	7位
3位	9位	10位	3位	★	9位	2位	7位	8位
11位	1位	11位	9位	10位	8位	10位	2位	9位
★	11位	3位	8位	11位	6位	9位	3位	10位
10位	8位	7位	★	5位	9位	5位	8位	11位

日刊コンピ
競馬場別判定 女王様シート

データ刷新！

競馬場

福島	阪神	東京
新潟	中京	中山
札幌 函館	小倉	京都

1位 71 70 の場合

▼買い目候補となるコンピ順位

8位	5位	2位	3位	2位	7位	9位	7位	5位
8位	3位	7位	3位	6位	8位	7位	5位	6位
3位	4位	4位	3位	8位	4位	2位	3位	1位
6位	10位	9位	3位	3位	3位	10位	6位	6位
10位	1位	3位	1位	★	5位	9位	2位	2位
9位	10位	11位	5位	5位	2位	7位	9位	9位
2位	★	10位	1位	3位	9位	11位	11位	8位
5位	9位	8位	1位	3位	5位	6位	7位	10位
10位	11位	6位	2位	8位	3位	★	7位	8位

日刊コンピ
枠順別判定 女王様シート

1位 71 70 の場合

6枠	4枠	1枠
7枠	●	2枠
8枠	5枠	3枠

枠順 データ刷新！

▼買い目候補となるコンピ順位

3位	★	5位	2位	5位	8位	2位	5位	9位
2位	★	1位	6位	4位	7位	5位	6位	5位
9位	5位	3位	3位	3位	2位	5位	5位	8位
1位	1位	7位	8位	★	8位	8位	3位	5位
10位	4位	6位	11位	1位	2位	★	3位	4位
4位	6位	7位	3位	4位	10位	8位	4位	3位
5位	7位	11位	★	6位	11位	9位	9位	8位
7位	9位	8位	7位	2位	10位	5位	3位	2位
10位	1位	11位	1位	6位	7位	3位	10位	1位

日刊コンピ

競馬場別判定 女王様シート

データ刷新！

競馬場 →

福島	阪神	東京
新潟	中京	中山
札幌 函館	小倉	京都

1位 69以下の場合

▼買い目候補となるコンピ順位

7位	2位	7位	2位	2位	1位	2位	5位	5位
4位	10位	8位	5位	4位	4位	5位	11位	2位
3位	3位	5位	3位	3位	8位	1位	7位	3位
1位	9位	9位	5位	3位	6位	9位	1位	3位
9位	★	4位	3位	1位	3位	10位	9位	1位
8位	8位	10位	6位	4位	9位	4位	6位	2位
10位	7位	10位	3位	2位	9位	11位	10位	11位
8位	5位	10位	6位	3位	3位	7位	4位	11位
9位	9位	11位	11位	★	8位	10位	10位	★

日刊コンピ
枠順別判定 女王様シート

1位 69以下の場合

6枠	4枠	1枠
7枠	●	2枠
8枠	5枠	3枠

枠順 データ刷新！

▼買い目候補となるコンピ順位

1位	6位	4位	2位	3位	★	6位	3位	5位
4位	6位	5位	3位	4位	5位	★	3位	6位
4位	5位	5位	5位	11位	2位	4位	3位	9位
8位	7位	9位	8位	9位	3位	8位	6位	7位
6位	3位	2位	8位	4位	3位	2位	5位	3位
9位	2位	2位	8位	11位	10位	7位	5位	2位
★	10位	6位	8位	1位	4位	10位	6位	2位
2位	2位	7位	11位	1位	9位	8位	8位	2位
2位	3位	10位	1位	2位	3位	1位	4位	2位

●日刊コンピ指数は初めてという方に――

「日刊コンピ指数」とは、レース当日、日刊スポーツ紙に掲載される出走馬の能力指数です。

馬番、枠番コンピとも最高指数は90、最低指数は40。コンピ指数は日刊スポーツ本誌の他、

★パソコン＝激ウマ・プレミアム

http://p.nikkansports.com/goku-uma/

★携帯電話＝日刊スポーツ競馬でも、レース前夜から閲覧できます。

★問い合わせは、TEL03 － 3545 － 8173（平日10時～18時）.

または、

メール　denden@nikkansports.co.jp　までお願いします。

日刊コンピVSリアルオッズ

ズレた馬を狙え!

PG《ポジションギャップ》馬の真相!

日刊コンピ指数は、日刊スポーツ紙面ではレース当日朝の公開となるが、「激ウマ・ニッカンPREMIIUM」などのネット系では通常、前日の夕方に発表される。前日から予想される方など、単勝人気の代替として、コンピを活用されているのではないだろうか。

それだけ、リアルオッズと日刊コンピは合致するケースが多いということだが、そこで登場するのが**ポジションギャップ**という概念だ。コンピ順位と実際の単勝人気順位の〝ズレ〟＝ポジションギャップということである。

このポジションギャップに位置する馬が、馬券のキーポイントになることが多い。過去にも何人かのコンピ予想家が着目してきたテーマでもあり、今回改めて、本書編集部でその活用法をじっくり研究してみた。その結果は――。

ＰＧ馬は買い、裏ＰＧ馬は消し――これは真実なのか!?

本書シリーズでは、ポジションギャップ（以下、ＰＧ）について、次のように分類してきた。

●ＰＧ……コンピ順位よりも、単勝人気が「３」以上、上の場合（例：１番人気↑コンピ４位）

●ＳＰＧ……コンピ順位よりも、単勝人気が「５」以上、上の場合（例：１番人気↑コンピ６位）

※特にズレが激しいＰＧを指す。Ｓはスーパー。

●裏ＰＧ……コンピ順位よりも、単勝人気が「３」以上、下の場合（例：４番人気↑コンピ１位）

●裏ＳＰＧ…コンピ順位よりも、単勝人気が「５」以上、下の場合（例：６番人気↑コンピ１位）

※特にズレが激しい裏ＰＧを指す。

一般的に**ＰＧ、ＳＰＧに該当する馬は買い**となり、**裏ＰＧ、裏ＳＰＧに該当する馬は好走率が低くなる**とされている。

そこで、実際にＰＧ馬たちがどういった成績を残しているのか検証してみた。

例えば、コンピ1位馬が4番人気以下、つまり、裏ＰＧ（裏ＳＰＧ）馬に該当した場合の成

表1●コンピ1位が裏PG（裏SPG）該当時のコンピ順位別成績

順位	着別度数	勝率	連対率	複勝率	単回値	複回値
1位	7- 8- 13- 52/ 80	8.8%	18.8%	35.0%	58	74
2位	14- 14- 12- 40/ 80	17.5%	35.0%	50.0%	79	90
3位	18- 8- 4- 49/ 79	22.8%	32.9%	38.0%	106	68
4位	12- 7- 5- 56/ 80	15.0%	23.8%	30.0%	83	60
5位	8- 10- 9- 53/ 80	10.0%	22.5%	33.8%	71	85
6位	5- 2- 9- 64/ 80	6.3%	8.8%	20.0%	61	64
7位	5- 6- 5- 64/ 80	6.3%	13.8%	20.0%	105	86
8位	2- 9- 6- 63/ 80	2.5%	13.8%	21.3%	47	87
9位	1- 7- 6- 65/ 79	1.3%	10.1%	17.7%	21	102
10位	6- 3- 1- 67/ 77	7.8%	11.7%	13.0%	216	83
11位	1- 3- 2- 69/ 75	1.3%	5.3%	8.0%	34	59
12位	1- 2- 3- 68/ 74	1.4%	4.1%	8.1%	29	102
13位	0- 0- 1- 70/ 71	0.0%	0.0%	1.4%	0	20
14位	0- 0- 2- 64/ 66	0.0%	0.0%	3.0%	0	49
15位	0- 1- 0- 61/ 62	0.0%	1.6%	1.6%	0	25
16位	0- 0- 1- 51/ 52	0.0%	0.0%	1.9%	0	28
17位	0- 0- 0- 19/ 19	0.0%	0.0%	0.0%	0	0
18位	0- 0- 1- 14/ 15	0.0%	0.0%	6.7%	0	62

※いずれも2016年1月5日～12月25日

績は2016年に80レースあり、【7—8—13—52】（勝率8・8％、連対率18・8％、複勝率35・0％、単勝回収率58％、複勝回収率74％）という成績を残している（データはいずれも16年1月5日〜12月25日）。

同期間の1位馬は指数の値に関わらず総合の複勝率は63・9％あった。1位馬が裏PG（SPG）に該当したレースでは、30％近くダウンする。これは、1位が裏PGに該当した際はまったく信用できないことを示している。

ただ、1位が馬券にならない確率が高まっているからといって、大波乱を期待するのは少し待ってほしい。

表1は、1位が4番人気以下に該当した際のコンピ順位別成績

表2●コンピ5位がPG該当時のコンピ順位別成績

順位	着別度数	勝率	連対率	複勝率	単回値	複回値
1位	29- 18- 8- 73/ 128	22.7%	36.7%	43.0%	53	60
2位	15- 24- 15- 75/ 129	11.6%	30.2%	41.9%	82	88
3位	9- 12- 12- 96/ 129	7.0%	16.3%	25.6%	61	68
4位	13- 14- 16- 86/ 129	10.1%	20.9%	33.3%	84	78
5位	24- 18- 19- 68/ 129	18.6%	32.6%	47.3%	86	92
6位	10- 10- 11- 98/ 129	7.8%	15.5%	24.0%	113	89
7位	9- 7- 11- 102/ 129	7.0%	12.4%	20.9%	94	82
8位	7- 8- 5- 109/ 129	5.4%	11.6%	15.5%	108	77
9位	2- 11- 9- 106/ 128	1.6%	10.2%	17.2%	49	114
10位	3- 1- 7- 115/ 126	2.4%	3.2%	8.7%	103	70
11位	2- 1- 4- 115/ 122	1.6%	2.5%	5.7%	71	45
12位	1- 2- 2- 107/ 112	0.9%	2.7%	4.5%	18	44
13位	1- 2- 2- 103/ 108	0.9%	2.8%	4.6%	136	68
14位	1- 2- 3- 95/ 101	1.0%	3.0%	5.9%	10	103
15位	3- 0- 2- 83/ 88	3.4%	3.4%	5.7%	270	82
16位	0- 0- 3- 61/ 64	0.0%	0.0%	4.7%	0	102
17位	0- 0- 0- 16/ 16	0.0%	0.0%	0.0%	0	0
18位	0- 0- 0- 13/ 13	0.0%	0.0%	0.0%	0	0

だ。ご覧のように、1位が裏PGに該当する際は、**2〜4位馬**の好走率が高まっている。この3順位の勝利数を合わせると44勝となり、1位が裏PGに該当した80レースの半数以上のレースで2〜4位が勝利。1位も7勝をしていることを考えると、大波乱とまではならないレースが多いことがわかるだろう。

PG馬に該当する例も見てみよう。例えば、コンピ5位が単勝1、2番人気だった際の成績はどうだったのか。16年、5位が1、2番人気になる、いわゆるPGに該当するレースは129レースあった。

その際における5位の成績は**【24−18−19−68】**（勝率18・6％、連対率32・6％、複勝率47・3％、単勝回収率86％、複勝回収率92％）。

単複をベタ買いして儲かるほどではないが、複勝率ベースで50％近い状態だった。

５位の総合複勝率は25・６％なので、３着以内に入る確率は倍近く高くなっているのだ。つまり、ＰＧ（ＳＰＧ）馬に該当する馬は買っておいたほうがいいということ。

ちなみに、５位がＰＧ状態だったレースにおけるコンピ順位別成績は表２の通り。5位が1、2番人気になるようなレースでは、１位の信頼度も下がっていることが予想される。それでも29勝を挙げ、複勝率も43％程度とまずまずの結果だが、複勝率ベースでは、5位が1位を上回っているのがわかるだろう。

少なくとも3着以内という意味では、ＰＧ状態にある5位を軸にしたほうが的中に近づくはずである。

ＰＧ馬の実践例～
「8番人気・11位馬」が2着激走！

ＰＧ、裏ＰＧ馬について、ひとつ実践例を元に紹介することとしよう（裏ＰＧ馬は走らないケースが高いこともあり、事実上、軸にはできないため、ＰＧ馬の好走例を取り上げる）。

２０１６年11月5日京都８Ｒ（３歳上５００万下、ダート１９００ｍ）が対象レースだ。

注意事項として、単勝人気は確定後のものを使用している。馬券購入段階ではＰＧ、裏ＰＧに該当していた馬でも、最終的に該当しない場合もあることは頭に入れて置いてほしい。

実際に購入する場合は、締め切り○分前というように自己基準を設けて、その時点におけるＰＧ、裏ＰＧについて判断するという方法がベストだろう。

なるべく直前のオッズのほうが精度も高まるとは思うが、チェックの手間や馬券を購入する環境によって、それぞれが見極めてほしい。

このレースで、ＰＧ馬に該当したのは②ストライクイーグル。コンピでは11位だが、最終人気では８番人気になっていた。「３」以上順位よりも人気が上ということになり、ＰＧ馬に該

●2016年11月5日・京都8R（3歳上500万下、ダ1900m）

京都 8 3歳上500万下（指定・定量）

枠馬番	桃8 ⑫	桃8 ⑪	橙7 ⑩	橙7 ⑨	緑6 ⑧	緑6 ⑦	黄5 ⑥	黄5 ⑤	青4 ④	赤3 ③	黒2 ②	白1 ①
父	ゼンノロブロイ	ナカヤマフェスタ	マルカシェンク	エンパイアメーカー	シンボリクリスエス	キングカメハメハ	メイショウサムソン	ヴィクトワールピサ	ダンスインザダーク	キングカメハメハ	キンシャサノキセキ	バトルプラン
馬名	アドマイヤロケット	ガンコ	㊞ワイドワーグナー	ワンダーアビルマン	メイショウカマクラ	グランジャー	キングサムソン	ディアスプマンテ	ドンアルフォンス	オルナ	ストライクイーグル	スマイルフォース
性齢	牡4	牡3	牡4	牡3	牡3	牡3	牡4	牝3	牡4	牡4	牡3	牡4
母（母の勝利・生産国）母父	リッチアフェアー(輸入)マキャヴェリアン	シングアップロック(0勝)シングスピール	タブロイドニュース(未登録)ザグレブ	ワンダーパーサトル(1勝)ダンシングブレーヴ	カイロローズ(輸入)サドラーズウェルズ	プレシャスフラワー(0勝)サンデーサイレンス	ダイイチサザン(1勝)サンデーサイレンス	クィーンズプマンテ(6勝)ジャングルポケット	ドナプレミア(2勝)スキャターザゴールド	ショウナンテクト(4勝)フレンチデピュティ	ミスエアクラフト(輸入)マーケトリー	ジョイフルスマイル(1勝)マヤノトップガン
人気指数	12	19	1	39	74	24	54	11	2	93	3	4
木南		◎		☆	○	△	▲	△		△		
山田				☆	▲		◎			○	△	
福娘平本	△	△		▲	○	△	☆		△	◎		
柏山		◎		△	☆	△	▲			○		
水島				△		◎	▲	☆		○		△
高木		△		☆	○	△	▲			◎		
本紙伊嶋		△		☆	◎	△	▲	△		○	B	
重量騎手	57藤岡康	55岩田	54▲荻野極	55和田	55幸	55シュタルケ	57小牧	53バルザローナ	57松若	57川田	55岡田	57松山
騎手相性	1105	0000	0000	1112	1201	0000	1128	0000	0001	0002	0003	0106
厩舎	栗友道	栗松元	栗庄野	栗佐藤正	栗沖	栗石坂	栗大橋	栗荒川	栗庄野	栗岡田	栗杉山	栗森田
生月日毛色賞金	2.2[illegible]200	3.12青鹿400	3.26青鹿55	4.15黒鹿400	4.26青鹿400	1.17栗400	3.6鹿450	4.11栗400	4.24黒鹿200	1.[illegible]50	4.[illegible]00	3.13鹿200
馬主	近[illegible]一	杉沢光雄	幅田昌伸	山本信行	松本好雄	水上行雄	伊藤正男	グリーンF	山田貢一	ノー[illegible]ズ	キャ[illegible]F	上茶谷一
生産者	ノー[illegible]ンF	前谷武志	法理牧場	フクダF	大島牧場	笠松牧場	コスモヴュー	社台F	日西牧場	桑[illegible]場	前[illegible]	ヒダカF
1700ダ持 1800ダ時 1900ダ計	名良1.54.9 芝2.03.2	函重1.44.7 芝良1.50.7 2.42.5	函1.31.1 新良1.56.6	阪重1.51.6	阪不1.50.9	京良1.55.1 京稍1.59.2	阪重1.52.4 京稍1.59.1	小稍1.47.1 阪良1.53.6 芝1.58.7	芝2.00.7	小良1.44.8 京重1.50.4 京良2.00.0	芝1.43.2 阪不1.51.8 芝2.15.3	福良1.49.9 京重1.51.8 京良2.01.6
千九ダ 千八ダ 千七ダ 重成績	0000 0000 0000 0100	0000 0000 0010 0022	0000 0000 0000 0100	0101 0100 0100 0301	0101 0300 0000 0100	0100 0000 1000 0501	0201 1000 0200 2602	0100 0111 0000 0210	0000 0000 0000 0000	0200 0302 0010 1401	0100 0000 0000 0302	0100 0100 0000 1914
前走3	2札9.5 11 ⑤500万 3歳上C39.7 芝2.04.9 54藤岡康10人 16ト3番 478 S⑦36.3 16 16 15 14 4休ペンタト	2函7.16 5 ③500万 3歳上C41.6 ダ1.46.6 54三浦3人 11ト11番 486 H①38.6 4 5 4 07 3休タマモア	園田6.22 1 ①C2 4歳上 ダ1.31.3 57笹田知1人 10ト7番 524 M⑩38.9 6 3 1 03 サクラカレン	1阪3.6 2 ④500万 3歳坂52.4 ダ1.53.0 56和田2人 8ト2番 490 M⑥38.0 4 3 4 00 ドライバーズ	3京5.15 2 ⑧未勝利 3歳坂56.6 ダ1.54.7 56幸1人 15ト10番 520 M①39.4 7 3 3 09 ディープオー	3京5.29 11 ⑫500万 3歳坂53.2 芝内2.01.7 55小崎10人 11ト7番 522 S①35.4 11 10 11 16 3休メイショ	4阪9.24 10 ⑤500万 3歳上C39.0 ダ2.07.0 57小牧8人 16ト1番 478 H③38.9 12 12 13 23 ウインユニフ	4阪9.10 11 ①500万 3歳上C42.2 ダ1.53.6 52秋山5人 15ト5番 450 H⑤39.5 8 7 7 21 カフジナイサ	3名7.9 4 ③500万 3歳上坂53.1 芝2.20.5 57松若7人 10ト1番 458 M⑩38.0 2 2 2 04 サラトガスピ	1阪2.27 2 ①1000万 4歳上坂53.2 ダ2.05.9 56小牧3人 13ト3番 514 S①36.8 1 1 1 00 エンキンドル	3阪6.19 9 ⑥500万 3歳上坂53.2 ダ1.51.8 54岡田6人 16ト14番 506 H⑯37.9 14 15 15 15 ステイチュー	3名7.10 7 ④500万 3歳上坂52.7 ダ1.54.0 57高倉12人 15ト3番 452 H③39.4 11 10 8 19 レッドサバス
前走2	1京1.9 12 ②500万 4歳上C39.4 芝外2.13.7 56藤岡康11人 16ト12番 484 S②36.0 12 6 6 16 ヴァフラーム	3新10.15 2 ①500万 3歳上坂53.7 ダ2.42.5 53加藤3人 10ト5番 486 H④40.1 9 6 4 03 ケイブルグラ	地方戦績 園田 3 0 0 0 4カ月休	1阪3.19 7 ⑦500万 3歳坂55.2 ダ1.51.6 56和田4人 16ト2番 494 M③38.6 3 3 3 17 マインシャッ	3阪6.5 1 ②未勝利 3歳坂55.5 ダ1.50.9 56幸1人 16ト3番 520 M⑫36.4 2 2 2 00 4休リリーシ	4阪9.18 8 ④500万 3歳上坂55.2 ダ1.56.1 54浜中13人 16ト16番 524 M①38.5 15 16 16 16 キタサンコン	4京10.10 2 ③500万 3歳上B38.7 ダ1.59.1 57小牧5人 13ト10番 478 H⑬37.8 4 6 5 06 グレイトバー	4京10.8 9 ①500万 3歳上C37.4 芝内1.58.7 53太宰12人 17ト5番 452 M②35.3 3 2 4 08 サンデーウィ	2小7.31 8 ②国東 500万坂55.2 芝2.02.0 57和田9人 11ト9番 468 H⑪39.1 3 5 7 26 ジャズファン	1阪3.20 9 ⑧吹田 1000万坂54.1 ダ1.52.0 56川田2人 16ト8番 508 M④38.3 3 3 3 11 7休エアカミ	2小8.6 ③指宿 500万坂55.9 ダ 除外 54岡田 15ト10番 498 M④ 疝痛 3休タニノマ	4阪10.1 8 ⑦500万 3歳上坂54.2 ダ1.53.3 57松山14人 16ト9番 454 S①36.9 11 11 9 07 オーバーカム
前走	2名3.26 6 ⑤500万 4歳上B37.9 ダ1.54.9 57藤岡康4人 11ト1番 486 H③38.8 11 9 8 09 7休0201	3新10.29 9 ⑤500万 3歳上坂53.6 ダ2.45.2 53加藤1人 14ト7番 492 H①41.3 8 7 7 20 キングルアウ	3新10.22 10 ③500万 3歳上C39.3 ダ1.56.6 56加藤9人 10ト3番 524 M①39.5 10 10 10 25 タマモセナタ	3京4.23 7 ①500万 3歳坂57.6 ダ1.53.1 56和田1人 11ト9番 498 H⑤39.2 3 2 2 21 6休クリノリ	4京10.15 5 ④500万 3歳上C41.3 ダ1.52.4 55幸2人 12ト3番 522 M⑥37.6 12 11 10 07 テイエムテツ	4京10.10 3 ③500万 3歳上坂53.1 ダ1.59.2 55[illegible]9人 13ト7番 518 H⑬37.6 12 9 7 07 グレイトバー	4京10.23 4 ⑦500万 3歳上坂56.7 ダ1.59.8 57小牧5人 9ト5番 474 M⑤37.4 2 5 5 01 ウェーブキン	3新10.22 6 ③500万 3歳上B39.1 ダ1.54.9 53北村友7人 10ト5番 446 M①38.4 7 5 6 08 タマモセナタ	3新10.16 10 ②500万 3歳上坂54.9 芝外2.01.2 56加藤13人 16ト5番 456 S①34.4 8 7 16 トーアライジ	4京10.23 5 ⑦500万 3歳上坂53.9 ダ2.00.0 57川田3人 9ト9番 512 M③38.3 1 1 1 03 ウェーブキン	4阪9.18 6 ④500万 3歳上坂55.2 ダ1.56.0 54岡田11人 16ト5番 506 M①39.3 11 10 8 15 キタサンコン	4京10.23 7 ⑦500万 3歳上坂53.1 ダ2.01.6 57松山7人 9ト4番 460 M⑤39.1 7 7 7 19 ウェーブキン

発走＝14時05分

ダート1900メートル

レコード＝1・53・7（11年ワンダーアキュート 57和田）

混戦 スローペース

本紙予想

馬連
3—8
6—8
8—9
5—8
7—8
8—11

3連単
⑧

賞金
1着 750万円
2着 300万円
3着 190万円
4着 110万円
5着 75万円

指数	1	2	3	4	5	6	7	8	9	10	11	12
8R	❸ 86	⑧ 71	⑥ 62	⑨ 59	⑦ 54	⑪ 53	⑫ 51	⑤ 49	① 48	④ 47	② 46	⑩ 40

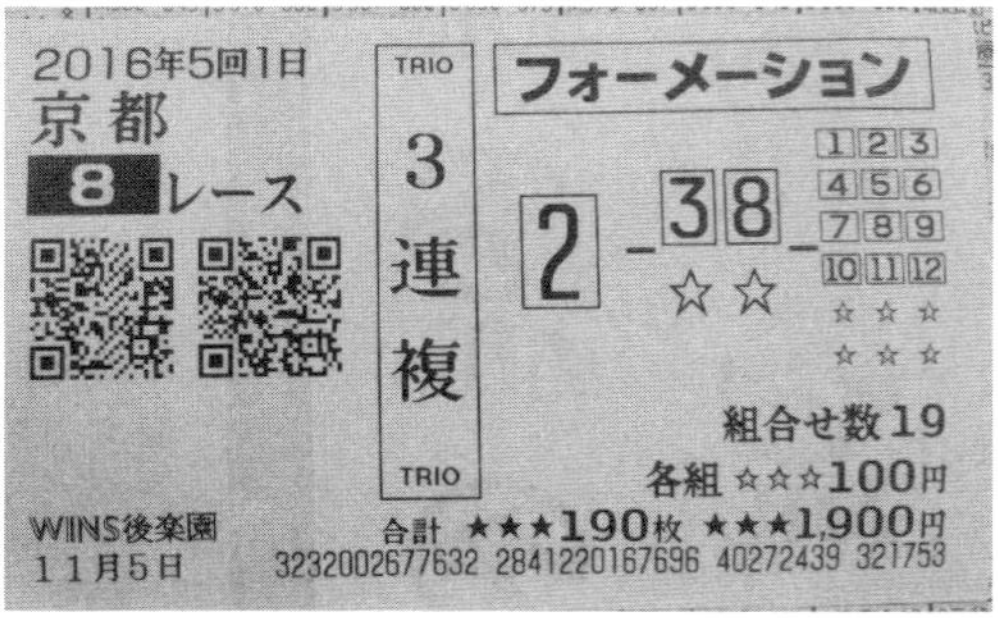

1着⑫アドマイヤロケット

（7位51・7番人気）

2着②ストライクイーグル

（11位46・8番人気）

3着③オルナ

（1位86・1番人気）

単⑫2380円

複⑫460円　②670円　③140円

馬連②−⑫38190円

馬単⑫→②67240円

3連複②③⑫20360円

3連単⑫→②→③235860円

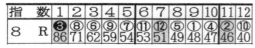

表3●コンピ11位②ストライクイーグルの時系列・単勝人気

時刻	馬番および最終単勝オッズ											
	①	②	③	④	⑤	⑥	⑦	⑧	⑨	⑩	⑪	⑫
確14:11	132	33.7	2.3	58.4	50.5	4.6	13.7	4.6	7.9	219	14.5	23.8
14:00～	11	8	1	10	9	2	5	3	4	12	6	7
13:54～	11	8	1	10	9	3	6	2	4	12	5	7
13:50～	12	7	3	10	8	2	5	1	4	11	6	9
13:45～	12	8	1	10	9	3	6	2	4	11	5	7
13:39～	11	8	1	10	9	3	6	2	5	12	4	7
13:34～	10	8	2	11	7	1	6	4	5	12	3	9
13:28～	11	6	1	9	10	2	8	3	5	12	4	7
13:19～	12	7	1	10	8	4	5	2	6	11	3	9
13:10～	11	9	1	10	7	2	8	5	3	12	3	6
13:01～	11	8	1	7	10	3	9	6	2	12	4	5
12:55～	10	3	--	8	5	2	7	1	6	11	4	9
12:50～	12	4	1	5	10	6	9	2	3	11	7	8
12:44～	9	5	1	10	6	4	8	2	12	11	3	7
12:39～	8	6	1	11	10	3	8	4	7	12	2	5
12:33～	9	7	1	9	8	2	3	--	5	11	4	6
12:28～	8	7	2	11	9	5	6	4	--	10	3	1
12:21～	10	6	1	9	11	2	8	3	5	11	4	7
12:15～	9	6	1	9	8	2	5	3	4	--	7	11
12:08～	6	4	1	--	9	5	7	2	--	--	3	8
12:02～	2	9	--	7	5	3	6	8	4	10	1	--

当する。

表３は、この京都８Ｒの時系列オッズによる単勝人気の変遷を示したもの。ストライクイーグルは、12時55分～13時の間には３番人気（ＳＰＧ）に該当するほどの人気だった。13時28分～33分の間でも６番人気という状況。

この表からわかる通り、最終オッズ直前でＰＧ馬に該当したのではない。レース開始の１時間以上前からＰＧ状態になっていたことを示している。12頭立ての11位がＰＧ状態とはいっても、８番人気（単勝33・７倍）

なら馬券的妙味もある。

他にPG、裏PGに該当している馬はナシ。そこで、②ストライクイーグルが軸、1位③オルナ、2位⑧メイショウカマクラを相手に、ヒモは12頭立てということもあり、総流しを敢行することにした。

相手馬に1、2位馬を取り上げたのは、1位オルナの値が86というように、かなり高い指数だったこと。また頭数を考えれば、1位86が馬券圏外になった際に、浮上するのは2位だろうという読みからである。

結果は7位⑫アドマイヤロケット（7番人気、単勝23・7倍）が逃げ切り。2着に直線で差を詰めたPG馬ストライクイーグル、やや離された3着に相手馬の1頭に指名した1位オルナで決着。オルナがなんとか3着をキープしてくれたおかげで、目論見通り、3連複が的中した。

相手馬の選定やヒモをどこまで買うのかというのは、人それぞれだとは思うが、ストライクイーグルのようにPGといっても、単勝オッズが30倍を超えるような馬を軸にするのであれば、手広く流すことをオススメする（3連複、3連単で点数が広がりすぎる際は、ワイドもありだろう）。

3連複の配当は2万360円だった。レースが終わった後に見直すと、3連単の23万5860円も工夫次第では獲れたと思われるが、19点で3連複2万馬券なら悪いはずがない。

比較的頭数が少なかった（12頭立て）ということを考えれば、PG馬ストライクイーグルが好走しただけで2万馬券なら、上出来ともいえる。

反省材料としては、馬連3万8190円は購入しておく価値はあったかもしれない。このレースのように、1、2着に比較的人気薄が入ると、3連複よりも配当がハネるケースがあるからだ。PG馬から人気馬を相手に3連複、人気薄を相手に馬連、ワイドという買い方はありかもしれない。

このようにPG、SPG馬が激走しているレースというのは少なくない。また、裏PG、裏ＳＰＧ馬が凡走するケースが多いのは確かだが、実は順位によって一概にはいえないケースもある。

紙幅の関係もあるので、全順位におけるＰＧ、ＳＰＧ、裏ＰＧ、裏ＳＰＧは検証できないが、目立つものを中心に次項で紹介することにしよう。

コンピ上位馬が裏ＰＧだった場合のオイシイ買い方とは

まず、コンピ順位の上位馬たちが、裏ＰＧ（裏ＳＰＧ）に該当した際の成績を見てみることにしよう。

●コンピ1位が裏ＰＧ（裏ＳＰＧ）該当の場合

コンピ1位が裏ＰＧに該当するということは、4番人気以下になってしまったケースである。1位が4番人気以下ということだけでもわかるように、大混戦模様のレースなのは間違いないだろう。

２０１６年は該当例が80レースあった。1位の指数で80以上は1レースのみで、他は79以下だった。1位指数が70台ということは、そもそもの信用度が高くないという定説を裏付ける結果となっている。

ただ前項でも触れたように、1位が不安定なだけであって、レースが大波乱になるとは限ら

●コンピ1位が裏ＰＧ（裏ＳＰＧ）
該当レース平均配当

平均単勝配当……902.4円（80件）
平均複勝配当……352.3円（240件）
平均枠連配当……2108.6円（158件）
平均馬連配当……5263.5円（160件）
平均馬単配当……9363.0円（160件）
平均３連複配当…23879.6円（240件）
平均３連単配当…116744.5円（240件）

ない。1位が裏PG（裏SPG）に該当する際の平均配当は別掲の通りだ。

一般的な単勝の平均配当は毎年、1000～1100円の間で推移している。3連単も15～16万円台というのがオーソドックスな値だ。3連単100万円超となるようなレースもたった1レースのみ。

つまり、1位が裏PG、裏SPGに該当しているようなレースでは、〝上位混戦〟というだけであって、大波乱とはあまりならない。

ならば、上位人気馬を軸に馬券を買いたいところ。ただ、混戦模様のレースであることには変わりなく、穴目の**コンピ9、10位**を絡めて馬券を買ったほうがいいだろう。

具体的には2位または3位を軸にして、9、10位へワイドや3連複を購入するという手がある。前項で提示したデータを見れば明らかな通り、1位が複勝率35％でも、2、3位は勝利数や複勝率で上回っている。特に3位は単勝回収率が100％を超えている状況だ。

9位は勝利数こそ1勝のみだが、複勝回収率が100％を超えているように、2、3着で穴を出す。10位も複勝率が13％あり、当該条件で8レースに1回は3着以内に入っていることを示している。

●コンピ2位が裏PG（裏SPG）該当の場合

この条件にあてはまるということは、2位が5番人気以下だったことを示している。

表4は当該条件時におけるコンピの順位別成績だ。1位は勝利数、勝率でこそ圧倒しているが、複勝率は54・5％に留まり、堅軸とはいえない状況。

当然、2位も裏PGに該当するため、複勝率では低いものの、単勝回収率は100％を超えている。

また、表4を見ればわかるように、6位まで勝利数が二ケタを超えている。1位が裏PG（裏SPG）に該当していた際と同じく、基本は〝上位混戦〟のレースと判断することができる。

表4●コンピ2位が裏PG（裏SPG）該当時のコンピ順位別成績

順位	着別度数	勝率	連対率	複勝率	単回値	複回値
1位	41- 22- 15- 65/ 143	28.7%	44.1%	54.5%	79	79
2位	18- 17- 14- 94/ 143	12.6%	24.5%	34.3%	118	90
3位	16- 23- 22- 82/ 143	11.2%	27.3%	42.7%	78	99
4位	15- 9- 13- 106/ 143	10.5%	16.8%	25.9%	59	53
5位	16- 13- 16- 98/ 143	11.2%	20.3%	31.5%	93	90
6位	12- 15- 10- 105/ 142	8.5%	19.0%	26.1%	79	93
7位	7- 12- 12- 112/ 143	4.9%	13.3%	21.7%	45	83
8位	7- 7- 10- 119/ 143	4.9%	9.8%	16.8%	74	82
9位	4- 7- 8- 123/ 142	2.8%	7.7%	13.4%	55	80
10位	3- 5- 4- 128/ 140	2.1%	5.7%	8.6%	41	56
11位	3- 6- 6- 124/ 139	2.2%	6.5%	10.8%	81	98
12位	2- 2- 5- 127/ 136	1.5%	2.9%	6.6%	41	57
13位	0- 1- 5- 128/ 134	0.0%	0.7%	4.5%	0	82
14位	1- 2- 3- 122/ 128	0.8%	2.3%	4.7%	8	99
15位	0- 0- 1- 109/ 110	0.0%	0.0%	0.9%	0	43
16位	0- 0- 1- 86/ 87	0.0%	0.0%	1.1%	0	12
17位	0- 0- 0- 24/ 24	0.0%	0.0%	0.0%	0	0
18位	0- 0- 0- 20/ 20	0.0%	0.0%	0.0%	0	0

2位も裏ＰＧ、裏ＳＰＧに該当していたからといって、1着という意味では無視できない。ただ1、2位が同時に馬券となることは少ない。

16年に該当した143レース中、1位と2位が同時に3着以内に入ったのは19レース（13・3％）しかなかった。

●コンピ２位が裏ＰＧ（裏ＳＰＧ）該当レース平均配当

平均単勝配当……838.6 円 (145 件)
平均複勝配当……386.6 円 (431 件)
平均枠連配当……2222.2 円 (284 件)
平均馬連配当……5821.6 円 (286 件)
平均馬単配当……10681.0 円 (286 件)
平均３連複配当…23429.8 円 (431 件)
平均３連単配当…125446.1 円 (431 件)

どちらを軸にするにしても、ヒモでは蹴飛ばしほうがいいというのは間違いなさそうだ。

別掲の平均配当を見てみると、単勝は1位が裏PGのケースよりも低い値になっている。

これは143戦中、1番人気馬39勝、2番人気馬25勝というように、1、2番人気馬の勝ち上がりが高いことが影響しているようだ（1、2番人気の勝率44・8％）。

馬連、馬単、3連単などの平均配当は上がっているものの、それでも年間を通じての全体成績よりは劣る。そう、意外にも1、2位が裏PG（裏SPG）に該当しているようなレースは、大きくは荒れないのだ。

また、2位が裏PG（裏SPG）に該当する際は、1位の指数値にも注目したい。

同条件で1位が80以上の指数であれば、【25―6―6―14】（勝率49・0％、連対率60・8％、複勝率72・5％、単勝回収率110％、複勝回収率92％）を示し、勝ち切るケースが目立つ。

一方、1位が79以下の際は、1位自体も不安定になる。当該条件での成績は【16―16―9―51】（勝率17・4％、連対率34・8％、複勝率44・6％、単勝回収率61％、複勝回収率72％）と激減する。

つまり、**2位が裏PG、裏SPGに該当する際は、まず1位の指数を確認すること**。1位80以上であれば1着付けが買いとなるし、79以下であれば、1位も信用ならないということがいえるのだ。

●コンピ3位が裏PG（裏SPG）該当の場合

3位が6番人気以下になっているケースは意外と多く、16年は215レースあった。驚くのは平均配当だ。

ご覧のように、1、2位が裏PG、裏SPGに該当するレースとは異なり、平均配当は軒並み上昇する。

これは、16年4月10日阪神3Rにおいてタガノインペーロが単勝4万3390円という超ド人気薄で勝利したことや、5月21日京都7Rに

●コンピ３位が裏ＰＧ（裏ＳＰＧ）該当レース平均配当

平均単勝配当……	1361.3 円（215 件）
平均複勝配当……	442.9 円（647 件）
平均枠連配当……	2287.1 円（428 件）
平均馬連配当……	9415.1 円（430 件）
平均馬単配当……	19681.9 円（430 件）
平均３連複配当…	44053.7 円（647 件）
平均３連単配当…	287677.7 円（647 件）

おいて3連単873万5480円で勝利したことも影響しているだろう。該当レースが215レースあるとはいえ、超特大万馬券が出れば、一気に配当を押し上げる効果があるのは間違いないからだ。

ただ、それ以外にも、16年7月31日新潟5Rでは馬連15万660円という超特大配当も飛び出している。つまり、3位が裏ＰＧ、裏ＳＰＧに該当する際は、いわゆる「波乱サイン」が点灯しているといっていい。

他の章で検証しているが、コンピにはさまざまな法則がある。例えば、1位が1枠時にいる際は波乱になりやすいとか、コンピ10位50の際は大万馬券がよく飛び出す、「1減並び」（指数の1ポイント落ちが連続すること）が長く続いている際は下位の馬が走るといったような類の法則だ。

それらに加えて、本書編集部はここに**「3位が裏ＰＧ（裏ＳＰＧ）は波乱サイン」**と提唱する。3位が裏ＰＧ（裏ＳＰＧ）に該当した215レースのうち、75レース（34・9％）で3連単10万円以上の配当が飛び出しているのだ。

その際の順位別成績は表5の通り。なんと7位の複勝率が唯一30％を超えるなど、9位までどこを選んでもいいような状態にある。

少なくとも3位が裏ＰＧ以上に人気を落としているのであれば、一発逆転を狙うチャンスは

表5●コンピ3位が裏PG（裏SPG）該当時の3連単10万円超レースのコンピ順位別成績

順位	着別度数	勝率	連対率	複勝率	単回値	複回値
1位	7- 4- 6- 58/ 75	9%	15%	23%	29	35
2位	8- 6- 6- 55/ 75	11%	19%	27%	59	62
3位	3- 5- 1- 66/ 75	4%	11%	12%	56	47
4位	8- 5- 5- 57/ 75	11%	17%	24%	93	81
5位	8- 3- 4- 59/ 74	11%	15%	20%	87	62
6位	7- 8- 6- 54/ 75	9%	20%	28%	93	104
7位	9- 7- 8- 51/ 75	12%	21%	32%	207	158
8位	3- 7- 8- 57/ 75	4%	13%	24%	85	165
9位	6- 10- 5- 53/ 74	8%	22%	28%	440	266
10位	3- 2- 6- 63/ 74	4%	7%	15%	106	109
11位	6- 5- 4- 58/ 73	8%	15%	21%	380	206
12位	1- 2- 5- 62/ 70	1%	4%	11%	59	128
13位	3- 1- 2- 63/ 69	4%	6%	9%	342	132
14位	1- 5- 1- 62/ 69	1%	9%	10%	117	267
15位	0- 3- 2- 59/ 64	0%	5%	8%	0	135
16位	2- 1- 5- 47/ 55	4%	6%	15%	957	464
17位	0- 0- 1- 12/ 13	0%	0%	8%	0	220
18位	0- 1- 0- 10/ 11	0%	9%	9%	0	280

大いにあるだろう。

堅軸、穴狙い、どっちでも来い！PG（SPG）馬の狙い方上級編

では、続いては買いパターンとされるPG（SPG）についても考察していくことにしよう。

【コンピ10位は波乱のサインか】

コンピ10位が7番人気以内だったレースについて検証する。10位という順位を見れば明らかな通り、コンピ的にはヒモに入ればオイシイ馬という扱いだろう。

ただ、コンピ10位というのは、あらゆる局面でキーになることも多い。本書でも扱っている「飯田ハイパーのセオリー」的には、

「10位50は波乱のサイン」とされてきた、注目度の高い順位&指数だ。

日刊スポーツ紙でも、5位と6位、10位と11位の間にはカラー面であれば赤線が、モノクロページであれば太い線が引かれており、境界線ともいうべき順位である。

実際、10位がPG（SPG）に該当する際は**【19―20―16―246】**（勝率6・3％、連対率13・0％、複勝率18・3％、単勝回収率119％、複勝回収率82％）という成績で、狙い目になるということがわかった。

10位の総合成績は、2016年1年間で**【61―88―129―2874】**（勝率1・9％、連対率4・7％、複勝率8・8％、単勝回収率89％、複勝回収率76％）というもの。つまり、**61勝中19勝（31・1％）で、PGまたはSPGに該当していた**のだ。

通常はなかなか10位を1着付けに置く馬券は買いづらいが、PG（SPG）においては、積極的に1着付けの馬券を購入していいということ

★コンピ5位以下のPG（SPG）馬成績
（2016年1月5日～12月25日）

・5位	【24－18－19－68】	（勝率18.6%	連対率32.6%	複勝率47.3%）
・6位	【24－19－22－127】	（勝率12.5%	連対率22.4%	複勝率33.9%）
・7位	【24－25－26－167】	（勝率9.9%	連対率20.2%	複勝率31.0%）
・8位	【24－21－20－185】	（勝率9.6%	連対率18.0%	複勝率26.0%）
・9位	【13－23－18－216】	（勝率4.8%	連対率13.3%	複勝率20.0%）
・10位	【19－20－16－246】	（勝率6.3%	連対率13.0%	複勝率18.3%）
・11位	【9－12－18－246】	（勝率3.2%	連対率7.4%	複勝率13.7%）
・12位	【12－17－17－279】	（勝率3.7%	連対率8.9%	複勝率14.2%）
・13位	【11－4－10－307】	（勝率3.3%	連対率4.5%	複勝率7.5%）
・14位	【3－10－16－320】	（勝率0.9%、	連対率3.7%、	複勝率8.3%）
・15位	【6－7－13－377】	（勝率1.5%	連対率3.2%	複勝率6.5%）
・16位	【5－6－16－353】	（勝率1.3%	連対率2.9%	複勝率7.1%）

※17、18位は省略

とになる。

ＰＧ、ＳＰＧ該当馬はこのように、基本的には、1年間のトータル成績よりも走っているケースが目立つ。

そこで、ＰＧ（ＳＰＧ）該当馬の成績をまとめてみた（Ｐ73別掲参照）。

このように、基本的にはＰＧ、ＳＰＧに該当するような馬はヒモには入れて置いたほうがいいのは間違いないが、順位によって狙い方も変わってくる。

例えば、13位以下はＰＧ（ＳＰＧ）状態でも複勝率が10％未満。10頭に1頭も馬券になっていない。

単勝下位人気の馬はちょっとしたことで、人気が上下動しやすい側面がある。14位の馬が11番人気になることは珍しくないのだ。少なくともＰＧだからといって、積極的に買いとはならない。気になったら押さえておくというスタンスでよさそうだ。

では、再びＰＧ（ＳＰＧ）で買いとなる順位について検証することにしよう。


【コンピ5位がＰＧ該当の場合】


コンピ5位の場合、ＳＰＧは存在せず、1～2番人気のＰＧに支持された状態のみが該当する。

さすがに上位人気に支持されるだけあって、複勝率は50％に迫っている。5位がＰＧ状態にある中の順位別成績では、トップとなる複勝率だ。
1、2番人気馬の複勝率として考えると、物足りなく映るかもしれないが、実は5位がＰＧ状態になっている際、堅実に走る馬の法則がある。それは、**5位が指数61～59でＰＧ状態にあれば、複勝率は急上昇する**のだ。
表6は5位がＰＧ状態における際の指数別成績。最高値が63、最低値が54となっているのがわかるだろう。比較的高い値である62は1戦し凡走しているが、表を見れば明らかな通り、59以上と58以下でははハッキリ差が出ている。

表6●コンピ5位がPG（SPG）該当時の指数別成績

指数	着別度数	勝率	連対率	複勝率	単回値	複回値
63	0- 0- 1- 0/ 1	0.0%	0.0%	100.0%	0	180
62	0- 0- 0- 1/ 1	0.0%	0.0%	0.0%	0	0
61	2- 0- 0- 0/ 2	100.0%	100.0%	100.0%	415	185
60	5- 2- 4- 6/17	29.4%	41.2%	64.7%	121	110
59	10- 5- 1- 8/24	41.7%	62.5%	66.7%	196	124
58	4- 2- 7-20/33	12.1%	18.2%	39.4%	58	76
57	2- 5- 1-17/25	8.0%	28.0%	32.0%	43	74
56	1- 4- 5-12/22	4.5%	22.7%	45.5%	26	99
55	0- 0- 0- 1/ 1	0.0%	0.0%	0.0%	0	0
54	0- 0- 0- 3/ 3	0.0%	0.0%	0.0%	0	0

5位が59以上でPG状態であれば、【17—6—4—15】（勝率37・8％、連対率53・3％、複勝率66・7％、単勝回収率169％、複勝回収率120％）という成績。ベタ買いしても儲かるほどなのだ。

一転して、58以下だった際の成績は【7—11—13—53】（勝率8・3％、連対率21・4％、複勝率36・9％、単勝回収率42％、複勝回収率78％）まで低下する。

残念ながら馬券は外してしまったが、5位がPG状態なのにも圏外に飛ぶのが、ある程度予測できたレースがある。16年12月4日中京11RチャンピオンズC（GⅠ、ダート1800m）だ。

このレースでは、1位90②アウォーディーが単勝2・2倍の1番人気に推されていた。少なくとも複軸ベースでは堅い印象を受けることだろう。

他が混戦模様だったこともあり、2番人気（5・7倍）になったのが、5位58⑫ゴールドドリーム。これまで3着以内を1回も外したことがないということや、大レースで勝負強いM・

●2016年12月4日・中京11Rチャンピオンズ C（GⅠ、ダ1800m）

中京 11 第17回 チャンピオンズC GⅠ ジャパン・オータムインターナショナル（3歳上 指定・オープン・国際・定量）

馬番	馬名	父	母	母父	性齢	騎手	厩舎	馬主	生産者
1	カフジテイク	プリサイスエンド	テイクザケイク	スキャン	牡4	57津村	湯窪	加藤守	ヒダカF
2	(外)アウォーディー	ジャングルポケット	ヘヴンリーロマンス	サンデーサイレンス	牡6	57武豊	松永幹	前田幸治	アメリカ
3	ブライトライン	フジキセキ	シーズアン		牡7	57田辺	鮫島	ノースヒルズ	ノースヒルズ
4	アスカノロマン	アグネスデジタル	アスカノヒミコ	タバスコキャット	牡5	57和田	川村	豊田智郎	新冠タガノF
5	ロワジャルダン	キングカメハメハ	アグネスショコラ	サンデーサイレンス	牡5	57横山典	戸田	社台RH	社台F
6	モンドクラッセ	アグネスデジタル	クッキーキティ		牡5	57丸山	清水英	サンコウ牧場	サンコウ牧場
7	(外)ラニ	タピット	ヘヴンリーロマンス	サンデーサイレンス	牡3	56内田	松永幹	前田幸治	アメリカ
8	サウンドトゥルー	フレンチデピュティ	キョウエイトルース	フジキセキ	騸6	57大野	高木	山田弘	岡田S
9	ノンコノユメ	トワイニング	ノンコ	アグネスタキオン	騸4	57ムーア	加藤征	山田和正	社台F
10	メイショウスミトモ	ゴールドアリュール	ムゲン		牡5	57古川	南井	松本好雄	フジワラF
11	コパノリッキー	ゴールドアリュール	コパノニキータ	ティンバーカントリー	牡6	57ルメール	村山	小林祥晃	ヤナガワ牧場
12	ゴールドドリーム	ゴールドアリュール	モンヴェール	フレンチデピュティ	牡3	56Mデムーロ	平田	吉田勝己	ノーザンF
13	ブライトアイディア	ゴールドアリュール	マイティーカラー	トニービン	牡6	57幸	宮	小川勲	社台C白老F
14	(外)アポロケンタッキー	ラングフール			牡4	57松若	山内	アポロ	アメリカ
15	(外)モーニン	ヘニーヒューズ	ギグリー	ディストーテッドヒューマー	牡4	57戸崎	石坂	馬場幸夫	アメリカ

本紙予想 馬連 2—11 2—9 2—8 2—6 2—12 2—14

賞金 1着 9700万円 2着 3900万円 3着 2400万円 4着 1500万円 5着 970万円

馬番能力順位	1	2	3	4	5	6	7	8	9	10	11	12	13	14	15
中京11R	②90	⑨63	⑪60	⑧59	⑫58	⑮55	⑭52	⑦51	⑤50	④47	①46	③43	⑬42	⑥41	⑩40

1着⑧サウンドトゥルー（4位59・6番人気）
2着②アウォーディー　（1位90・1番人気）
3着④アスカノロマン　（10位47・10番人気）
…………………
12着⑫ゴールドドリーム（5位58・2番人気）

単⑧1590円
複⑧250円　②130円　④650円
馬連②－⑧1390円
馬単⑧→②4800円
3連複②④⑧11180円
3連単⑧→②→④85980円

デムーロ騎手が騎乗していたことなどが評価されたのだろう。

ただ、指摘したように5位はＰＧ状態だが、指数58では心もとない。少なくともアウォーディーの相手にする必要がないということはわかるはず。まったく馬券にならないというわけではないものの、明らかに危険な人気馬だったのだ。

実際、ゴールドドリームは12着に大敗。コンピスト（日刊コンピの研究家、ファン）たちはＰＧを確認して、同馬の馬券を買った人も少ないだろう。しかし、過去のデータからはＰＧ状態でも危険な人気馬だったのは間違いない。

【コンピ8位がＰＧ（ＳＰＧ）該当の場合】

ＰＧ（ＳＰＧ状態）で一番注目してもいい、と断言してもいいのが8位（ＰＧで5番人気以内）だ。

複勝率は30％を下回っているものの、26％であれば4レースに一度は3着以内に入る計算。16年の8位総合の複勝率は13・6％ということを考えると、3着以内に入る確率はほぼ倍といっていい。

表7●コンピ8位がPG（SPG）該当時の指数別成績

指数	着別度数	勝率	連対率	複勝率	単回値	複回値
55	0- 0- 0- 1/ 1	0.0%	0.0%	0.0%	0	0
54	3- 0- 0- 5/ 8	37.5%	37.5%	37.5%	341	92
53	3- 4- 4-20/31	9.7%	22.6%	35.5%	97	93
52	7- 6- 6-53/72	9.7%	18.1%	26.4%	106	85
51	4- 8- 3-53/68	5.9%	17.6%	22.1%	53	65
50	6- 3- 4-41/54	11.1%	16.7%	24.1%	106	72
49	1- 0- 1-10/12	8.3%	8.3%	16.7%	161	64
48	0- 0- 1- 2/ 3	0.0%	0.0%	33.3%	0	96
47	0- 0- 1- 0/ 1	0.0%	0.0%	100.0%	0	320

表7は8位がPG（SPG）状態にある際の指数別成績。指数が高いからといって、確実に走るわけではないというのが、まず理解できるだろう。

一方で、指数49以下の際はPG状態にあっても苦戦している。また、故・飯田雅夫氏が8位52や8位50だった際は要注意と指摘していたが、表7を見れば明らかな通り、52、50の際にPG状態になると成績はいい。少なくとも単勝回収率は100％を超えている。

また、SPG状態にある際、つまり8位が1〜3番人気になった場合の成績は【4―5―2―23】（勝率11・8％、連対率26・5％、複勝率32・4％）しかなく、馬券的妙味はナシ。率ベースではまずまずに思えるかもしれないが、単複回収率は伸び悩む。むしろ、〝過剰人気で危険な状態〟といっていいのだ。

8位がPG（SPG）状態にあるからといって、すべてが買いというわけではなく、PG状態を重視、SPGなら軽視することも視野に入れておきたい。

コンピ二ケタ下位馬がPG（SPG）の場合の買い消しセオリー

PG（SPG）馬の醍醐味といえば、やはり、10位以下の低順位の馬の取捨選択だろう。紹介したように、それほど複勝率は高くないのだが、破壊力があるのは確かだ。というのも、もともとの順位が低いうえ、PG（SPG）状態でも、人気というほどではない。

【コンピ10位がPG（SPG）該当の場合】

コンピ10位がPG（SPG）該当した場合（7番人気以内）は、前述したように、馬券的妙味も期待できるし、チャンスだといっていい。

9位がPG状態にある際と好走率はほぼ変わらない。それでいて、複勝率18・3％が示すように、該当馬はほぼ5レースに1回3着以内に入っている。

表8は10位がPG（SPG）状態における順

表8●コンピ10位がPG（SPG）該当時の順位別成績

順位	着別度数	勝率	連対率	複勝率	単回値	複回値
1位	88- 48- 36- 127/ 299	29.4%	45.5%	57.5%	69	76
2位	50- 55- 34- 161/ 300	16.7%	35.0%	46.3%	69	79
3位	36- 36- 50- 179/ 301	12.0%	23.9%	40.5%	83	85
4位	29- 25- 30- 216/ 300	9.7%	18.0%	28.0%	80	67
5位	21- 30- 26- 221/ 298	7.0%	17.1%	25.8%	72	82
6位	10- 23- 24- 244/ 301	3.3%	11.0%	18.9%	46	66
7位	14- 16- 22- 249/ 301	4.7%	10.0%	17.3%	100	84
8位	8- 13- 12- 268/ 301	2.7%	7.0%	11.0%	66	51
9位	7- 8- 17- 268/ 300	2.3%	5.0%	10.7%	55	66
10位	19- 20- 16- 246/ 301	6.3%	13.0%	18.3%	119	82
11位	11- 10- 12- 265/ 298	3.7%	7.0%	11.1%	162	108
12位	2- 7- 8- 270/ 287	0.7%	3.1%	5.9%	42	61
13位	4- 2- 6- 257/ 269	1.5%	2.2%	4.5%	87	56
14位	0- 3- 4- 245/ 252	0.0%	1.2%	2.8%	0	56
15位	1- 3- 5- 225/ 234	0.4%	1.7%	3.8%	49	76
16位	1- 2- 0- 191/ 194	0.5%	1.5%	1.5%	25	15
17位	0- 0- 0- 50/ 50	0.0%	0.0%	0.0%	0	0
18位	0- 1- 0- 43/ 44	0.0%	2.3%	2.3%	0	38

位別成績一覧。1位の複勝率は低いものの、2、3位は40％を超えている。

つまり、10位がPG状態にある際は、10位を軸にして1～3位に流すワイドや3連複は狙い目だ。

2016年、10位がPG状態で3着以内に入った回数は55回あった。そのうち、49レースでは1～3位の馬が1頭は3着以内に入っている。つまり、10位がPG状態にあれば、5回に1回程度の確率で3着に入るし、1～3位馬にワイドを買えば、90％の確率で的中するというものだ。

確率からは1～3位馬を重視しなければならないが、穴を狙いたいという人もいることだろう。本来であれば、PG状態にある順位の馬を狙うのが王道だ。

ただ、表8を見ればわかるように、10位がPG状態にある際の11位の穴度の高さは見逃せない。唯一、単複回収率がともに100％を超えているし、複勝率の11・1％は8、9位あたりとも遜色がない。

年間を通しての11位のトータル複勝率が6・9％ということを考えると、2倍とまではいかないが、好走率が高まっているのは確かなのだ。

10位ＰＧ該当時のレースで、11位が馬券になった際の平均配当は別掲の通り。

●コンピ10位ＰＧ該当時の
11位3着以内レースの配当

平均単勝配当…4397.3円（11件）
平均複勝配当…982.1円（33件）
平均枠連配当…4505.7円（21件）
平均馬連配当…20571.4円（21件）
平均馬単配当…48773.8円（21件）
平均3複配当…59109.7円（33件）
平均3単配当…473538.8円（33件）

●10位ＰＧ該当時の
10位3着以内レースの配当（参考）

平均単勝配当…1892.6円（19件）
平均複勝配当…451.1円（55件）
平均枠連配当…3054.6円（39件）
平均馬連配当…6937.9円（39件）
平均馬単配当…14891.8円（39件）
平均3複配当…24223.5円（55件）
平均3単配当…163787.1円（55件）

参考のため、10位がPG状態にある際、3着以内に入ったレースの平均配当も掲載する。7番人気以内になっている10位が走っても、オイシイ馬券が埋もれているのはわかるだろう。

単複の平均配当は、トータルの通算平均配当よりも高い。一方で、3連複や3連単はそれほど高い状態にはないのが確認できる。

理由は先ほど指摘したように、10位がPG状態にある際、1～3位の激走率も高いため。せっかく10位が激走しても相手に恵まれないケースが目立つのだ。

ところが、10位がPG状態にあるレースで11位が馬券になった場合、1～3位は必ずしも堅い相手とはいえない。1～3位が馬券になったのは該当33レース中21レースという具合で、約70％しかないのだ。

11位が馬券になる際は、1～3位が飛んだ馬券も視野に入って来るということ。当然、平均配当が高くなり、超特大万馬券が出ても不思議ない状態といっていいだろう。まとめると、10

位がＰＧ状態にある際は、次の２つが馬券のポイントになる。

・10位を軸にして、1～3位を中心にワイドや3連複の相手とする

・11位を軸にして大穴を狙う

【コンピ12位がPG（SPG）該当の場合】

このあたりの順位の場合、ＰＧ程度（９番人気以内）ではほぼ人気もない。たとえＳＰＧ（７番人気以内）となっても、よほどのことがない限り、単勝10倍以上の馬だろう。

ただ、意外にもＳＰＧ状態でも５番人気以内に支持されているような状況では買えない。５番人気以内の成績は【２―１―１―７】というものので凡走も目立つ。ＳＰＧ状態といっても６、７番人気の際は買えるが、５番人気以内に入っているよう

表9●コンピ12位がPG（SPG）該当時の順位別成績

順位	着別度数	勝率	連対率	複勝率	単回値	複回値
1位	102- 53- 48- 120/ 323	31.6%	48.0%	62.8%	84	86
2位	57- 59- 47- 161/ 324	17.6%	35.8%	50.3%	77	84
3位	38- 45- 32- 208/ 323	11.8%	25.7%	35.6%	71	72
4位	34- 29- 40- 220/ 323	10.5%	19.5%	31.9%	95	81
5位	20- 26- 35- 243/ 324	6.2%	14.2%	25.0%	69	79
6位	15- 23- 24- 262/ 324	4.6%	11.7%	19.1%	60	64
7位	11- 14- 25- 275/ 325	3.4%	7.7%	15.4%	64	65
8位	12- 14- 15- 283/ 324	3.7%	8.0%	12.7%	98	69
9位	7- 11- 9- 293/ 320	2.2%	5.6%	8.4%	107	57
10位	7- 10- 11- 295/ 323	2.2%	5.3%	8.7%	112	83
11位	3- 11- 4- 307/ 325	0.9%	4.3%	5.5%	60	49
12位	12- 17- 17- 279/ 325	3.7%	8.9%	14.2%	103	97
13位	2- 1- 3- 299/ 305	0.7%	1.0%	2.0%	64	22
14位	1- 6- 4- 272/ 283	0.4%	2.5%	3.9%	28	76
15位	1- 3- 4- 251/ 259	0.4%	1.5%	3.1%	29	64
16位	1- 2- 6- 206/ 215	0.5%	1.4%	4.2%	68	80
17位	2- 1- 1- 51/ 55	3.6%	5.5%	7.3%	581	196
18位	0- 1- 1- 45/ 47	0.0%	2.1%	4.3%	0	131

であればヒモ程度で十分だ。

12位がＰＧ状態で挙げた12勝中10勝が**新馬、未勝利、５００万下**といった下級条件でのもの。１６００万下以上のクラスで馬券になるケースは、たとえＰＧ状態でも非常に少ないのも特徴的といえる。

また12位がＰＧ状態にあるレースは、複勝率はそれほど高くないが、１、２位が馬券になるケースも目立っている（表９）。

16年、ＰＧ状態にある12位が馬券になったのは46レース。そのうち32レースで１位または２位馬が３着以内に入っていた。約70％の確率で、12位の相手は１位または２位ということになる。

当然、穴を狙いたいという人は、残りの30％に賭ける手はあるものの、相手をどこまで広げるかは難しい問題もある。

ＰＧ状態にある12位が、１着となった際の単勝平均配当は約２８０８円だった。複勝の平均配当は約６８９円というもの。先ほど指摘したように、ＳＰＧ状態の中でも５番人気以内は期待できないため、**12位が６～９番人気時を狙えばいい**ことを勘案すると単複でも十分なのかもしれない。

特に下級条件は相手が狂うこともしばしば。１、２位を相手にするか、単複に留めるか――その２通りが最善の策ではないだろうか。

【13位がＰＧ（ＳＰＧ）該当の場合】

13位がＰＧ状態の場合、該当馬の下限の人気は当たり前だが10番人気ということ。12位も似た傾向があるが、ＰＧ状態とはいっても馬券的には妙味がある馬ばかりということになる。

ただ、さすがにこの順位ともなってくると、複勝率が10％を割ってくるのもポイントだ。

表10を見ればわかる通り、１着になった際の単勝回収率は高い。迷ったら買うという方針かヒモに入れておくと、配当に貢献してくれるはずだ。

また、**13位が指数46以上であれば狙い目**とな

表10●コンピ13位がPG（SPG）該当時の順位別成績

順位	着別度数	勝率	連対率	複勝率	単回値	複回値
1位	102- 65- 40- 125/ 332	30.7%	50.3%	62.3%	88	86
2位	52- 54- 41- 184/ 331	15.7%	32.0%	44.4%	74	72
3位	42- 46- 45- 199/ 332	12.7%	26.5%	40.1%	78	80
4位	32- 34- 36- 229/ 331	9.7%	19.9%	30.8%	83	76
5位	25- 32- 36- 238/ 331	7.6%	17.2%	28.1%	70	86
6位	26- 19- 26- 259/ 330	7.9%	13.6%	21.5%	112	80
7位	11- 19- 22- 279/ 331	3.3%	9.1%	15.7%	62	71
8位	10- 18- 17- 287/ 332	3.0%	8.4%	13.6%	86	80
9位	7- 11- 16- 296/ 330	2.1%	5.5%	10.3%	64	77
10位	4- 11- 14- 301/ 330	1.2%	4.5%	8.8%	33	72
11位	4- 5- 9- 314/ 332	1.2%	2.7%	5.4%	43	59
12位	3- 7- 6- 316/ 332	0.9%	3.0%	4.8%	33	73
13位	11- 4- 10- 307/ 332	3.3%	4.5%	7.5%	124	56
14位	0- 6- 4- 298/ 308	0.0%	1.9%	3.2%	0	86
15位	3- 1- 4- 271/ 279	1.1%	1.4%	2.9%	59	57
16位	0- 1- 5- 231/ 237	0.0%	0.4%	2.5%	0	40
17位	0- 0- 0- 59/ 59	0.0%	0.0%	0.0%	0	0
18位	0- 0- 0- 50/ 50	0.0%	0.0%	0.0%	0	0

る。

16年12月24日中山4R（2歳新馬）も、まさにそのようなレースだった。

1着となったのは13位47の⑩サウンディングベル。9番人気（単勝43・1倍）のPG状態だった。指数も46以上となっている。13位がPG状態にあり46以上だった際の成績は【7－1－3－85】というもので複勝率は11・5％しかないが、単勝回収率は217％を記録している。

一般的に指数46は分水嶺になりやすい。46以上と45以下では成績が大きく異なってくる。年間を通せば、指数49～46の馬は30～60勝程度の成績を残す。ところが、45以下は頑張っても15勝がマックス。つまり、指数46を境目として極端に成績が落ちるのだ。

13位ともなると、なかなか買える

●2016年12月24日・中山６Ｒ（２歳新馬、芝1600ｍ）

7 12	11 緑6	10	9 黄5	8	7 青4	6	5 赤3	4	3 黒2	2	白1 1	枠馬番
ハービンジャー	ローレルゲレイロ	スクリーンヒーロー	キングカメハメハ	カジノドライヴ	フレンチデピュティ	アーネストリー	アドマイヤムーン	ハーツクライ	ディープインパクト	ローエングリン	フォーティナイナーズサン	父
ルミナスコースト 牝2	ブレイビットアウト 牡2	サウンディングベル 牡2	ジャンヌ 牝2	ジュングレイド 牡2	コウギョウスター 牡2	エリーヒストリー 牝2	ハクサンジョイ 牝2	ダイバージェント 牡2	マツリダウメキチ 牡2	ファウンダー 牡2	ラストプライドワン 牡2	馬名 性齢 脚質
ルミナスハーバー(4勝)アグネスタキオン	ポポラーレ(0勝)エブロス	メダーリア(3勝)アフリート	スイートガガ(0勝)ディープインパクト	マチカネベニツバキ(3勝)サンデーサイレンス	ヘリテージゴールド(0勝)フジキセキ	ミラクルモーメント(0勝)フジキセキ	ラティエラ(0勝)スキャターザゴールド	マイネコンテッサ(1勝)ペンタイア	コージーロージー(輸入)プレザントリーパーフェクト	アスクデビュティ(5勝)フレンチデピュティ	クインズプライド(0勝)グラスワンダー	母（母の勝利・生産国）母父
22	4	2	46	4		2	6	31	56	40	9	人気指数
☆		△	▲		出			△	△	○	◎	木南
			▲						☆	△		山田
△			○		走		△	☆	▲	△		福娘平本
			○					△	△	☆	△	松田
△			☆	△	取			△	△	○		水島
△			▲				☆		○	◎	△	柏山
△			☆		消			△	○	◎		本紙高木
53☆石川	55丹内	55勝浦	54戸崎	55石橋	55丸山	52△木幡初	52△木幡巧	55柴田大	55蛯名	55内田	55柴山	重量騎手
美和田郎	美松山	美南田	美手塚	美勢司	美伊藤大	美武市	美牧	美堀井	美国枝	美斎藤誠	美二ノ宮	厩舎
4.21鹿 0	4.15青鹿0	4.22黒鹿0	2.21栗 0	4.15栗 0	4.19栗 0	3.8 鹿 0	3.9 鹿 0	5.14黒鹿0	3.4 鹿 0	5.19栗 0	3.9黒鹿0	生月日毛色賞金
社台ＲＨ	コスモヴュー	伊達敏明	荒牧政美	河合純二	菊地捷士	谷川正純	河崎五市	ノルマンディー	高橋文枝	社台ＲＨ	嶋田賢	馬主
社台Ｆ	村上牧場	サ[illegible]ン牧場	ノーザンＦ	ノーザンＦ	下河辺牧場	小泉学	鮫川啓一	ビッグレッド	社台Ｆ	社台Ｆ	岡田牧場	生産者
17.6%	0.0%	21[illegible]%	24.5%	15.4%	0.0%	20.0%	8.9%	23.2%	41.8%	7.7%	0.0%	父産新馬芝率
7.7%	9.1%	6[illegible]%	23.3%	5.6%	8.7%	0.0%	13.9%	11.1%	11.5%	18.2%	17.2%	厩舎新馬連率
アットザシーサイド	シャイニーユース ユウシン セイユウムサシ	パンタレイ	初子 近親 ハギノリアルキング	マチカネヒヨドリ マチカネフクノカミ ブライトジェム デジタルフラッシュ	エイユーモモチャン	ガンバレヒトリッコ	エリタージュ ローデルバーン	コスモデレガンス	ドラゴンテリー	ミュゼスルタン パンズラビリンス	スピードルーラー	
21.4	43.8	51.6	5.8	44.2	—	52.0	36.1	13.6	4.4	7.7	34.0	単予想オッズ
一 強 美P65.9 37.2め 12.4C	一 強 美W69.9 40.5め 14.0C	一 馬 美W 一 な 38.6り 13.3C	一 一 美P66.9杯 36.1追 12.2C	一 末 美D69.0強 39.3め 12.9C	一 強 美W68.0 38.3め 13.4C	一 馬 美W 一 な 39.4り 13.3C	一 叩 美D69.0一 41.3杯 13.9C	85.3一 美W68.9杯 39.9追 14.1C	4F52.0一 美坂38.1杯 25.0追 12.5B	一 末 美P66.5強 38.6め 12.3B	一 強 美W69.0 38.5め 12.8C	6F今 5F回 3F調 1F教
良血期待	動き重い	舞台合う	動き軽快	気配良好		初戦は？	攻め平凡	初戦から	大器の相	血統魅力	素質秘め	短評

中山 6 ２歳新馬（混合・指定）

発走＝12時45分

芝・外 1600メートル

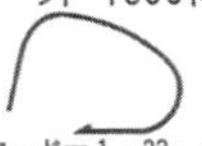

レコード＝1・33・4（04年マイネルレコルト 55後藤）

本紙予想 馬連 2—3

馬番能力順位	1	2	3	4	5	6	7	8	9	10	11	12	13	14	15
6 R	⑬79	③67	⑨61	②59	④58	⑮57	⑫53	⑭52	①51	⑤50	⑧49	⑪48	⑩47	⑥46	⑦消

１着⑩サウンディングベル（13位47・９番人気）

２着⑮アイアムビューティ（６位53・４番人気）

３着⑬グラスルアー　（１位79・１番人気）

単⑩4310円

複⑩850円　⑮230円　⑬160円

馬連⑩−⑮19550円

馬単⑩→⑮39480円

３連複⑩⑬⑮19360円

３連単⑩→⑮→⑬197050円

順位の馬ではないのは確かだが、PG状態&47という指数であれば、買い目に入れておくのもありというわけだ。

レースは、その⑩サウンディングベルが見事1着。そして2着6位⑮アイアムビューティ、1着1位⑬グラスルアーの順で入線。

掲載馬券は2通りあって、いずれも的中。まずは13位⑩サウンディングベルを組み込んだ馬連ボックスがヒット。配当は1万9550円で払い戻しは9万9750円。押さえとしての1位軸の3連複1万9360円もゲット。

13位を軸にしたわけではないが、ヒモや相手に組み込むことで成功した例である。

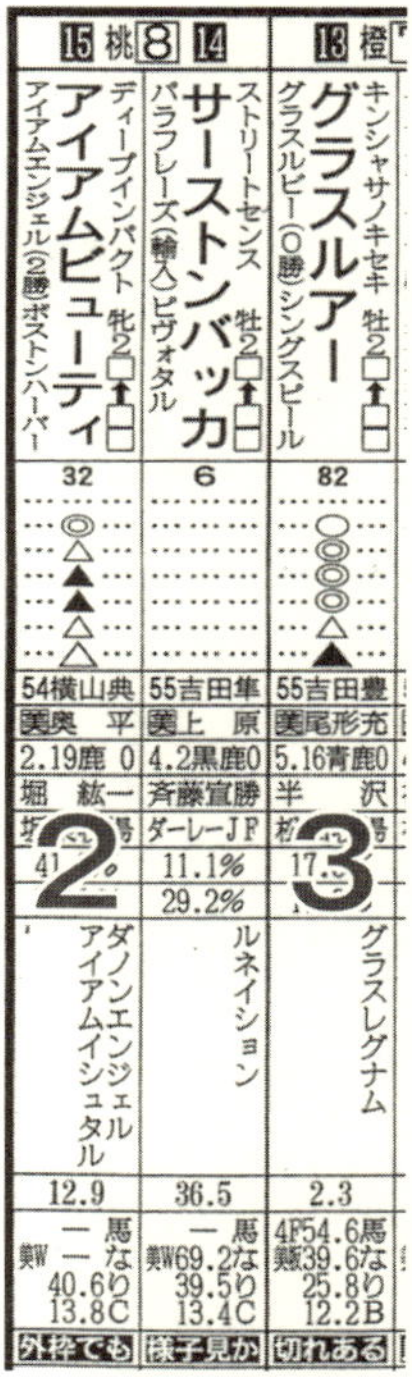

コンピ9〜11位馬なら裏PG（裏SPG）でも買える

裏PG（裏SPG）については、指数上位馬については危険だと説明した通り、1〜3位は1年間の通算成績を大幅に下回ってしまう。

同様のことは、他の順位全般にもあてはまるのだが、下位の順位馬であれば特定条件を満たせば、裏PG（裏SPG）でも買える状態があるのだ。特に9〜11位は裏PG状態でも買える場合が存在している。

【コンピ9位が裏PG（裏SPG）該当の場合】

9位が裏PG状態（12番人気以下）にあてはまるレースでは【2—6—8—284】という

状況で、勝率は1％を割り込み、複勝率も5・3％と見る影もない。

ところが、裏PG状態であっても、9位の指数が50、49だった場合は【1－5－4－131】という成績で、複勝回収率が95％ある状況。

裏PG状態にあるということは単勝人気を落としているのは間違いなく、馬券になった瞬間に配当をハネ上げる可能性が高いのだ。

さらに1000万下以下の条件に絞れば、複勝率は109％まで上昇する。

9位が裏PG状態にある際は、**指数50、49で新馬、未勝利、500万下、1000万下条件**に限って購入すれば、めったに馬券にならなくても（この条件を満たす複勝率は8・1％）、配当をハネ上げる可能性が高い。

もちろん、相手馬の人気にもよるが、馬券になった10レースの3連単の配当分布は次の通りだ。

・万馬券未満……………0回
・1万円以上～5万円未満…0回
・5万円以上～10万円未満…4回
・10万円以上…………6回

このように、的中すれば5万円以上の配当はほぼ間違いないのだ。

ちなみに、2016年の最高配当は4月23日福島3R（3歳未勝利）。

1着10位49⑤フォルテミノル（8番人気）、2着4位55⑬シゲルシマダイ（3番人気）、3着9位50①テイエムクック（12番人気、複勝2940円）という順で決着した。3連単は403万7420円という超特大万馬券となっている。

これは1位86①ショークールが単勝2・1倍の1番人気を裏切ったことが影響しているのは間違いないだろう。しかし、高配当の決め手は3着に入った①テイエムクックがコンピ順位よりも人気が下回っている裏PG状態にあったことが、一番の理由のはず。何せ30倍近い複勝だったのだ。

単勝オッズでは、コンピ順位でひとつ下の10位フォルテミノルが36倍だったにも関わらず、テイエムクックは90倍弱とガクンと差が開いていた。

このように、「裏ＰＧ状態＝すべて走らない」と結論付けるのは危険だといっていい。

【コンピ10位が裏ＰＧ（裏ＳＰＧ）該当の場合】

10位が裏ＰＧ状態にあるということは、最高でも13番人気ということになる。フルゲートが14頭立てならブービー人気となるし、16頭立てでも人気はまったくない状況だろう。

当然、ＰＧ状態に比べれば好走率は低下する。10位が裏ＰＧ状態にある際の成績は【４―４―４―３２８】というもので、勝率は１・２％、複勝率もたった３・５％しかない。それでも単勝回収率は２０８％と、一撃の破壊力を物語っている。

そこで、10位が裏ＰＧ状態でも狙える際の条件を探ってみることにしよう。

まず15頭以上のレースに限定し、指数49～47の馬のみを購入する。条件を満たす馬の成績は【３―４―２―２１５】という状況で、相変わらず勝率、複勝率は低いものの、単勝回収率は２７７％、複勝回収率は96％まで上昇することがわかった。

また前項の９位と同様に、１０００万下以下のクラスに絞ると、単勝回収率は３０２％、複勝回収率は１０５％までアップする。

つまり、**15頭以上の多頭数レースかつ指数49～47、下級条件中心**ということであれば、10位は裏ＰＧ状態にあっても買えるのだ。いや、単複回収率を考えれば、むしろ積極的に馬券を購入したほうがいいのかもしれない。

単複回収率を引き上げたのは16年12月17日阪神３Ｒ（２歳未勝利）。ここで、10位47⑭ミルトプリンスが17頭立ての14番人気（単勝４万１５９０円、複勝７０７０円）で勝利したことが影響しているのは間違いない。

ただ、このミルトプリンスの勝利を差し引いて単勝回収率を計算しても１００％を記録。複勝回収率も70％程度あり、無視することは危険だということがわかる。

ちなみにこのレース、1着はミルトプリンスだが、2着は9位48④サンアンカレッジ（7番人気、単勝17・6倍）、3着1位74⑩スマートウェルズで（2番人気、4・2倍）という結果。

配当は馬連で25万馬券、馬単45万馬券、３連複45万馬券、３連単３５４万馬券となっている。ワイドでもサンアンカレッジとの④―⑭が５万６５３０円、スマートウェルズとの⑩―⑭が２万８８６０円というものだった。

結果を見てもらえればわかる通り、1、2着馬はコンピ順位で隣り合わせの馬。9位が単勝17倍で、10位が４００倍台の超万馬券馬というのは極端すぎるといっていい。

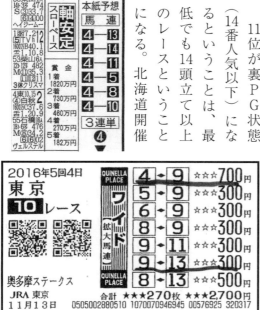

ミルトプリンスは馬柱をまともに見れば、買いづらい馬なのかもしれないが、指数も47だし、コンピ順位を考えれば、買えなかったこともない馬のはず。裏ＰＧといっても、まったく買えない馬ばかりではないというのは繰り返し強調しておきたい。

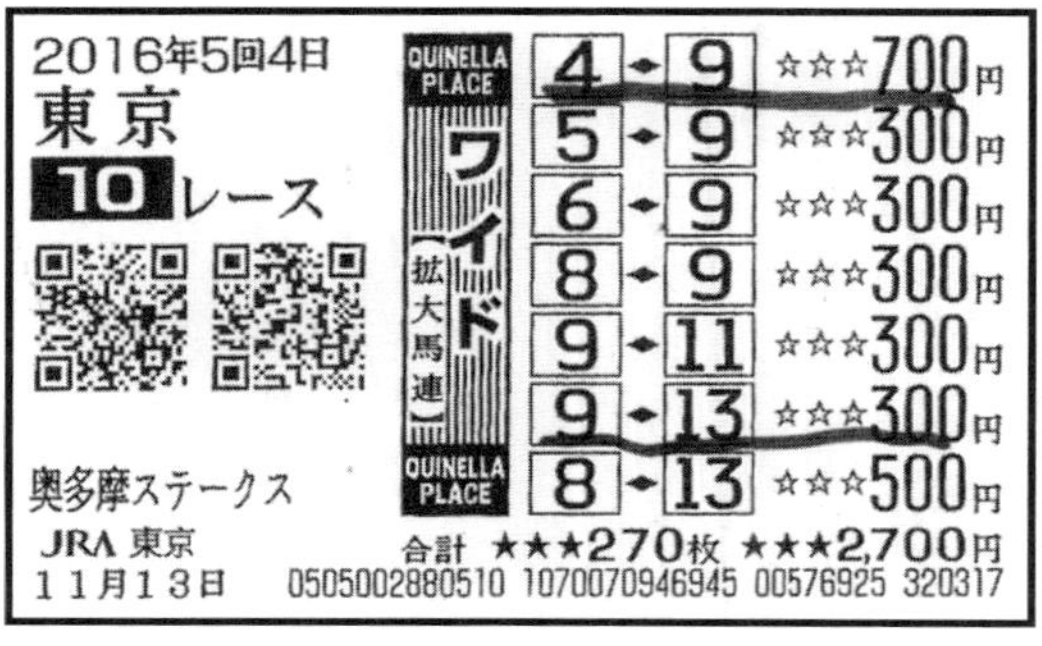

【11位が裏ＰＧ（裏ＳＰＧ）該当の場合】

11位が裏ＰＧ状態（14番人気以下）になるということは、最低でも14頭立て以上のレースということになる。北海道開催

●2016年11月13日・東京10Ｒ（３歳上1600万下、芝1400ｍ）

馬番	枠	馬名	父	母（母父）	性齢	印	斤量・騎手	成績	厩舎	生年月日・毛色・賞金	馬主	生産者	持ち時計	条件別成績	前3走	前2走	前走
2	黒2	メイショウブイダン	メイショウサムソン	エンジェルロープ(1勝)（アドマイヤベガ）	牡5	1 …… 闘	57大野	0000	栗西浦	5.6鹿1,550	松本好雄	長谷川牧場	京良1.07.4 阪良1.22.5 芝2.05.5	0040 0010 0040 0170	2小9.3 7 ⑪短距離 1600万坂52.9 芝1.08.1 56幸5人 11ト4ラ 466 M③34.3 3 3 05 ラインハート	4阪10.2 9 ⑧道頓堀 1600万坂53.4 芝内1.10.5 57国分優7人 16ト15ラ 464 M①34.6 13 13 11 イッテツ	4京10.23 9 ⑦桂川 1600万坂57.1 芝内1.08.3 57国分優10人 13ト13ラ 472 M⑧34.5 2 2 06 フミノムーン
3	赤3	㊕レッドシャンクス	ガリレオ	アードブラエレディ(英)（オーヴァーベリー）	騸7	1 …… 闘	57柴山	0001	美藤沢和	3.28鹿1,550	東京ホースR	アイルランド	函良1.08.9 東良1.22.9 中良1.35.6	0010 0000 1001 1141	1札L7.30 6 ①TVh 1600万 連闘 芝1.48.0 54四位8人 10ト9ラ 472 S⑩34.0 10 10 9 04 サンソヴール	2札L8.27 5 ③WASJ第2戦 1600万B39.2 芝2.02.2 58内田10人 14ト2ラ 472 M①36.9 1 1 2 06 フェスティヴ	4中9.18 13 ④[illegible] 1600万坂55.7 芝内2.02.3 57北村宏12人 14ト4ラ 476 H⑩37.7 5 5 8 19 シャドウバー
4	赤3	グランシルク	ステイゴールド	ルシルク(輸入)（ダイナフォーマー）	牡4	95 ○○◎◎◎○◎	57戸崎	2221	美戸田	4.8[illegible]575	シル[illegible]R	ノー[illegible]ンF	東良1.20.6 東良1.33.1	2100 2000 2000 5000	2中3.13 6 ⑥東風 オープンB39.7 芝外1.34.7 56岩田1人 13ト3ラ 496 M⑨34.7 10 12 13 02 3休インパル	3東6.18 1 ⑤相模湖 1000万B38.0 芝1.20.6 57ルメール1人 11ト11ラ 498 S②32.9 7 7 03 3休レインボ	4中10.1 2 ⑦秋風 1600万B37.2 芝外1.33.8 57戸崎1人 16ト9ラ 500 S①34.0 10 11 10 02 マルターズア
5	青4	サザナミ	ディープインパクト	クーデンビーチ(輸入)（バントレセレブル）	牝4	34 …△▲☆△…△ 闘	55内田	0000	美堀	2.20鹿1,200	グリーンF	社台F	中良1.08.1 東良1.20.5 東良1.35.2	0130 0000 1000 0231	3中4.2 1 ③船橋 1600万C39.0 芝外1.08.1 55ルメール4人 13ト12ラ 408 H⑫34.2 4 4 00 ブレイズエタ	2東5.14 11 ⑦京王杯 GⅡB40.0 芝1.20.5 54[illegible]15人 16ト4ラ 406 S⑧33.6 9 8 09 4休サトノア	4中9.24 4 ⑤セプテンバーS 1600万C40.5 芝外1.09.0 55戸崎2人 16ト2ラ 418 S②34.0 4 4 03 メラグラーナ
6	青4	マカハ	キングカメハメハ	サークリング(輸入)（アイリッシュリヴァー）	牡7	8 △…… B 闘	57柴田善	0000	栗小崎	4.6鹿1,550	広尾レース	大樹F	福良1.08.1 京良1.20.4 東良1.33.1	0210 2701 2301 5710	2東5.22 4 ⑩フリーウェイ 1600万坂57.3 芝1.21.0 56石川1人 18ト5ラ 474 M⑤33.1 18 18 04 ファントムロ⑬	3東6.12 7 ④多摩川 1600万坂54.8 芝1.33.3 56石川8人 15ト7ラ 472 M③34.1 10 10 05 4休ヤングマ⑬	4東10.15 12 ④白秋 1600万坂53.5 芝1.21.5 57吉田隼11人 18ト18ラ 468 M⑧34.2 12 11 08 ヴェルステル⑬
7	黄5	ショウナンライズ	ダイワメジャー	ゴーカロライナ(輸入)（ラーイ）	牡3	18 ……△… 闘	56勝浦	0000	美上原	4.14栗1,500	国本哲秀	下河辺牧場	東良1.21.3 中良1.34.5	0300 0100 0000 2201	3中4.9 9 ⑤ニュージーランドT GⅡS37.4 芝外1.34.5 56柴田善9人 16ト10ラ 460 M⑧35.5 5 13 6 06 ダンツプリウ	3東6.5 1 ②[illegible] 1000万B39.2 芝1.21.3 53蛯名4人 18ト18ラ 452 S⑪34.2 4 4 00 4休シルヴァ	4東10.15 10 ④白秋 1600万C41.0 芝1.21.4 55蛯名7人 18ト2ラ 462 M⑧35.0 3 3 07 ヴェルステル
8	黄5	レーヴムーン	アドマイヤムーン	ウメノダンサー(4勝)（サクラユタカオー）	牡3	14 ……☆△△…△	56藤岡康	2001	栗藤岡	3.24黒鹿1,500	ニットー商事	斉藤安行	小良1.08.1 名良1.20.4	0120 0000 0010 0120	2小8.6 1 ③500万 3歳上B36.6 芝1.08.1 54藤岡康2人 11ト7ラ 474 H⑧34.5 5 4 06 ディアエナ	2小8.14 1 ⑥響灘 1000万 連闘 芝1.08.4 54松山2人 18ト10ラ 476 H⑩34.5 6 4 01 キングハート	4阪10.2 7 ⑧道頓堀 1600万坂55.6 芝内1.10.3 55藤岡康1人 16ト8ラ 470 M①35.1 4 5 09 イッテツ
9	緑6	ウエスタンメルシー	ブラックホーク	ウエスタンバリア(0勝)（アグネスデジタル）	牝5	2 ……	55松岡	0011	美奥村武	3[illegible]200	西川[illegible]賢	[illegible]F	福良1.12.0 東良1.21.1 東良1.34.2	2100 0100 1100 3713	3東6.26 3 ⑧パラダイスS オープン坂53.3 芝1.21.2 54松岡9人 13ト5ラ 456 M⑫34.0 8 8 02 マイネルアウ	2新8.13 14 ⑤[illegible] 1600万坂52.6 芝内1.21.1 54武士沢8人 17ト3ラ 462 M①34.2 12 11 11 ウインガニオ	4東10.15 17 ④白秋 1600万坂52.8 芝1.22.1 55松岡15人 18ト10ラ 470 M⑧35.2 8 7 14 ヴェルステル
10	緑6	クラウンレガーロ	グラスワンダー	エクストラニュース(未出走)（エンドスウィープ）	牡6	13 ◎…△……△△ 闘	57酒井	0100	美天間	5.6栗1,450	クラウン	大栄牧場	小良1.07.9 東良1.21.3 新稍1.33.5	1010 1010 0100 5000	5中12.6 6 ②市川 1600万坂55.0 芝外1.34.1 57江田照7人 15ト11ラ 478 S②34.7 2 2 2 03 ダイワリベラ	1中1.17 13 ⑥初富士 1600万坂53.2 芝内1.49.8 57大野5人 14ト5ラ 482 S⑦36.4 2 4 4 20 5休クルーガ	2福7.9 3 ③阿武隈 1600万坂52.2 芝1.48.5 55江田照7人 12ト12ラ 466 M⑧36.3 1 1 1 04 4休0021
11	橙7	シャドウアプローチ	ジャングルポケット	マルカアイチャン(2勝)（フレンチデピュティ）	牡3	24 △☆△○△◎☆ 闘	56石川	0000	栗須貝	4.19栗1,200	飯塚知一	社台F	函良1.10.1 東良1.22.8 東良1.33.3	0110 0010 1100 1000	2東5.8 10 ⑥NHK GⅠ坂55.1 芝1.33.3 57[illegible]13人 18ト9ラ 488 M①34.8 9 9 05 メジャーエン	3京5.28 5 ⑪白百合 オープン坂53.6 芝外1.48.2 57浜中6人 9ト1ラ 492 S③33.9 4 4 04 ブラックスピ	1札L7.30 8 ①TVh 1600万B39.3 芝1.48.4 54ルメール1人 10ト4ラ 492 S⑩35.3 2 2 2 08 3休0001
12	橙7	トウカイセンス	ハーツクライ	トウカイファイン(1勝)（フレンチデピュティ）	牝5	1 …… 闘	55アッゼニ	0000	栗野中	5.9鹿1,550	内村正則	碧雲牧場	小良1.07.8 京良1.33.6	0030 0020 0010 4070	1函7.2 3 ⑤TVh 1600万 モヤ 芝1.09.8 53吉田隼5人 12ト10ラ 450 M⑪34.9 5 5 01 クリスマス	2函7.23 4 ⑤[illegible] 1600万B40.6 芝1.08.8 55吉田隼3人 16ト6ラ 460 H⑪34.1 7 7 02 ホッコーサラ	1札L8.7 11 ④UHB オープンC40.8 芝1.08.8 50加藤9人 14ト4ラ 446 H⑩34.1 1 1 08 3休0002
13	桃8	ドーヴァー	アドマイヤムーン	オルダニー(輸入)（イルーシヴクオリティ）	牡3	46 ▲▲○▲○△○	56田辺	2001	美伊藤圭	4[illegible]00	[illegible]下	[illegible]F	新良1.20.2 中良1.33.5	2101 0000 0100 0200	2新8.14 5 ⑥豊栄 1000万坂52.8 芝内1.20.2 54内田2人 18ト4ラ 486 H⑭34.1 12 11 03 ロワアブソリ	4中9.11 1 ②木更津 1000万坂53.0 芝外1.33.5 55田辺1人 10ト6ラ 484 M⑩34.9 6 7 7 01 アッラサルー	4東10.15 6 ④白秋 1600万坂52.0 芝1.21.1 55田辺4人 18ト15ラ 484 M⑧33.5 13 14 04 ヴェルステル
14	桃8	ストーミーシー	アドマイヤムーン	リーベストラウム(3勝)（ゼンノエルシド）	牡3	55 ☆…△△▲▲▲	56江田照	1214	美斎藤誠	2.3栗1,500	ミルF	ミルF	中良1.09.0 東良1.20.9 東良1.33.3	0010 1030 0100 2110	2新8.13 12 ⑤[illegible] 1600万坂52.9 芝内1.21.0 54江田照5人 17ト9ラ 536 M①34.3 9 7 10 ウインガニオ	4中10.1 13 ⑦秋風 1600万C39.3 芝外1.34.7 55江田照6人 16ト13ラ 522 S①34.6 14 14 13 11 マルターズア	4東10.15 3 ④白秋 1600万B38.7 芝1.20.9 55江田照12人 18ト17ラ 530 M⑧33.2 16 16 02 ヴェルステル

馬番能力順位	1	2	3	4	5	6	7	8	9	10	11	12	13	14
10 R	④	⑭	⑬	①	⑤	⑦	⑪	⑧	⑩	⑥	⑨	③	②	⑫
	86	64	60	59	58	54	53	51	50	49	46	42	41	40

１着④グランシルク　（１位86・１番人気）

２着⑨ウエスタンメルシー（11位46・14番人気）

３着⑬ドーヴァー　（３位60・２番人気）

単④160円

複④110円　⑨1280円　⑬160円

馬連④ー⑨9170円

馬単④→⑨11370円

ワイド④ー⑨2950円

⑨ー⑬7080円

３連複④⑨⑬13910円

３連単④→⑨→⑬65410円

のフルゲート13頭立てのレースでは、当たり前だが存在しない。

16年の成績【0―4―3―319】が示す通り、勝利もない。当然、複勝率も2・1％では無視していいレベルに思えることだろう。

ただ、**指数が46、45**に限定すれば【0―3―3―131】という具合で、相変わらずの複勝率の低さなのは間違いないが、複勝回収率は107％まで上昇する。

複勝回収率は穴といっても上限が限られているため、100％を超えるのはなかなか厳しい。逆にいうと、たった6頭で100％を超える数字を叩き出したのだ。

さらに9、10位と違って、11位が裏PG状態の際は、高額条件でも馬券になることがある。

半信半疑ながらにトライしたのが、16年11月13日東京10R奥多摩S（3歳上1600万下、馬柱・馬券はP88～89）。

11位46⑨ウエスタンメルシーは、14頭立ての最低人気となる14番人気（単勝140・1倍）。裏PG状態に該当する馬だ。ただ、指数は46というように、コンピでは穴馬とされるラインにある。

少なくとも12位42③レッドシャンクスや、13位41②メイショウブイダン、14位40⑫トウカイセンスよりも人気を落としているのは解せない。ひとつ上の10位49⑥マカハが9番人気（単勝33・0倍）ということを考えると、極端に人気を落としているのがわかると思う。

このレースは、1位86④グランシルクが1番人気（1・6倍）と、抜けた人気になっていた。86という指数は確かに複勝率も高いのだが、90に比べると見劣るところもある。そこで、⑨ウエスタンメルシーからコンピ上位馬にワイド流しを敢行。

結果は、1着が圧倒的人気に推されたグランシルク。2着に裏PG状態ながら狙える可能性があると踏んだウエスタンメルシー、3着に3位60⑬ドーヴァーの順で決着。

ご覧のように、④―⑨のワイド2950円を

７００円分、⑨—⑬のワイド７０８０円を３００円分的中させることに成功した。

３連複は１万３９１０円、３連単は６万５４１０円だったことを考えると、ワイドでも十分の破壊力だった。

裏ＰＧ馬でも、指数や条件次第では買えるケースもあるということを身を持って体感したレースといえる。

枠・馬番からアプローチする!

コンピ10位以下馬御用達11コースの狙い方

穴党のために——
コンピ穴リスト
永井透 日刊スポーツ連載中 参戦!

コンピアナリスト
永井透の
コンピで勝つ

伏兵活躍サンソヴール中心 中京11R

今日のメイン勝負

中京11R愛知杯 指数40台のワンツーが近5年で3回という波乱必至の牝馬重賞。トップハンデが55キロと例年に比べても小粒なメンバー構成。実績では見劣りする格下馬でも台頭可能だ。中心期待はコンピ9位のサンソヴール。近年のコ

いう傾向に加え、先行勢が手薄な組み合わせも前々でレースを進めたいこの馬にとっては好材料だ。馬連④—⑤⑦⑩⑪⑫⑮の6点。

自信の1レース

中山11R 昨年から別定戦に変更されたOP特別。ハンデ戦時代のコンピ1位の苦戦傾向もそろそろ終止符か。今回のコンピ1位ゴーイングパワーは指数77と低めだが、先行型だけに他馬からのマークも緩む分、手頃な指数という見立ても

強力な先行型不在のここなら前め勝負から押し切れる。相手は過去の傾向からコンピ7位まで。馬連④—①⑤⑦⑧⑩⑬の6点。

◆永井透(ながい・とおる)テンポイント、トウショウボーイ、グリーングラスのTTG時代に競馬に魅了されて以来の馬フリーク。数年前から日刊コンピ指数のデータ解析にいそしみ、日刊スポーツの競馬サイト極ウマプレミアムで「コンピでWIN5」「南

本項の筆者・永井透が、日刊スポーツで連載中の「コンピアナリスト永井透のコンピで勝つ」。2016年1月14日は中京11R愛知杯で、コンピ9位の人気薄④サンソヴールからの馬連流しで、見事④が2着に。④—⑪(1位マキシマムドパリ)7450円を的中!

日刊コンピを馬券に活かす。これが、なかなか「言うは易し、行なうは難し」。好走率が高いからといって、コンピ1位ばかり買っていたのでは、配当が低く的中してもトリガミ。悪くすれば、収支マイナスに陥る。逆に高配当期待でコンピ下位を狙っても的中率が低く回収がままならない、という事態に……。

表1●2014～16年の日刊コンピ順位別成績

順位	勝率	連対率	複勝率	単回値	複回値
1位	30.8%	49.3%	62.3%	78	83
2位	17.6%	35.5%	49.0%	78	82
3位	12.3%	25.6%	38.7%	77	78
4位	10.2%	21.5%	32.8%	85	80
5位	7.3%	16.2%	26.2%	77	77
6位	5.6%	12.7%	21.2%	76	75
7位	4.3%	9.8%	17.3%	75	75
8位	3.5%	7.9%	13.7%	80	76
9位	2.9%	6.8%	11.6%	85	80
10位	1.9%	4.8%	8.8%	83	75
11位	1.5%	3.8%	6.8%	73	72
12位	1.1%	2.9%	5.5%	58	67
13位	0.9%	2.2%	4.2%	53	60
14位	0.7%	1.9%	3.5%	58	59
15位	0.5%	1.5%	2.8%	44	60
16位	0.4%	1.1%	2.2%	58	48
17位	0.6%	1.5%	2.9%	56	55
18位	0.5%	1.5%	2.8%	70	82
▼コンピ下位馬（10～18位）の成績					
10～18位	1.1%	2.8%	5.1%	63	65

※着別度数は紙幅の関係上、省略（以下同）

まずは表1を見てほしい。これは直近3年間のJRA全レースを対象としたコンピ順位別成績。勝率を始めとした好走率を見ると、コンピ上位の成績が優れている。

しかし、それぞれの単複回収率を見れば明らかだが、いずれも100%に満たない。要するに、どの順位を狙っても買えば買うほどジリ貧に陥るというわけだ。

こうしたジレンマを解消するためには、コンピ馬券にひと工夫を加える必要がある。

例えば、指数や順位などにある特定の条件を設定し、それを満たす場合のみ勝負に出る、という手法だ。

特定の条件とは、なんでもかまわないが、できればわかりやすく、複雑なプロセスを経ないで買い目を導き出せるものが望ましい。

そこで推奨したいのが、枠・馬番だ。各競馬場にはトラックや距離など、さまざまなコースが設定されているが、内外の差が少ないものばかりではない。内が有利だったり、逆に外が有利だったり、多少のバイアス（偏り）を含むコースが少なからず存在する。

そうした「不公平」をコンピ馬券に取り込む。例えば、「内枠で大駆けが目立つコースでコンピ下位馬を狙う」という手法だ。

よく知られたところでは、外枠不利といわれる東京芝２０００ｍがあるが、あまりに一般に知られすぎると買い控えが起こり、馬券的なウマミが少なくなってしまう。

ここでは、あまり知られていないコンピ下位馬の大駆けをアシストするコースを、ひとつひとつ解説していきたい。

もちろん、コンピ下位の成績ゆえ、勝率、連対率、複勝率はお世辞にも高いとはいえない。しかし、ハマったときのリターンが大きく、回収率は１００％超となるコースばかりを取り上げた。

また好走率よりも回収率重視のため、ここでのコンピ下位とは、**10位以下**という条件をつけた。かなり厳しい条件といえるが、逆にいえばリターンの期待値は高め。高配当馬券に直結するお宝コースで、ぜひコンピ下位の穴馬を狙ってほしい（本文中のデータはすべて２０１４〜16年対象）。

東京ダート１４００ｍ
コンピ下位の穴馬発掘なら回収率高めの６〜８枠に照準

最初に取り上げたのが、東京ダート１４００ｍ。スタート地点から最初のコーナーまでの距離も十分あり、コーナー２回のワンターン。こうしたコース形状から枠順の内外の差はなさそうに思えるが、穴馬の大駆けに限定すると、微妙に外枠有利となる。

この東京ダート１４００ｍは基本的に先行有

表2●コンピ10位以下馬の【東京ダート1400m・枠番別】成績

枠番	勝率	連対率	複勝率	単回値	複回値
1枠	0.4%	1.7%	3.9%	25	59
2枠	0.8%	2.4%	4.8%	16	66
3枠	1.3%	4.4%	5.3%	175	72
4枠	0.4%	2.2%	3.4%	26	40
5枠	1.5%	3.1%	6.5%	76	80
6枠	2.1%	4.5%	9.5%	99	117
7枠	1.9%	5.4%	6.5%	69	104
8枠	2.1%	3.3%	5.8%	98	80

利。内でスタートを決めることができれば、それに勝るものはないが、逆に少しの出負けであっても、外から被せられるなど致命的な不利を被ってしまう。

その点、外枠は立ち回りの自由さがあり、内枠ほど神経質になる必要はない。そうした気楽さが外枠の一発大駆けをアシストしているのかもしれない。

表2を見てほしい。これはコンピ10位以下馬の、東京ダート1400mにおける枠番別成績だ。

単純に勝利数を比較しても1～4枠と5～8枠には明確な差が生じているのがわかるはず。それは連対率、複勝率においても同様。さらにいえば、外目の6～8枠の単複回収率が他の枠に比べて高くなっている。それだけ高配当に直結する穴馬の激走例が多いということ。

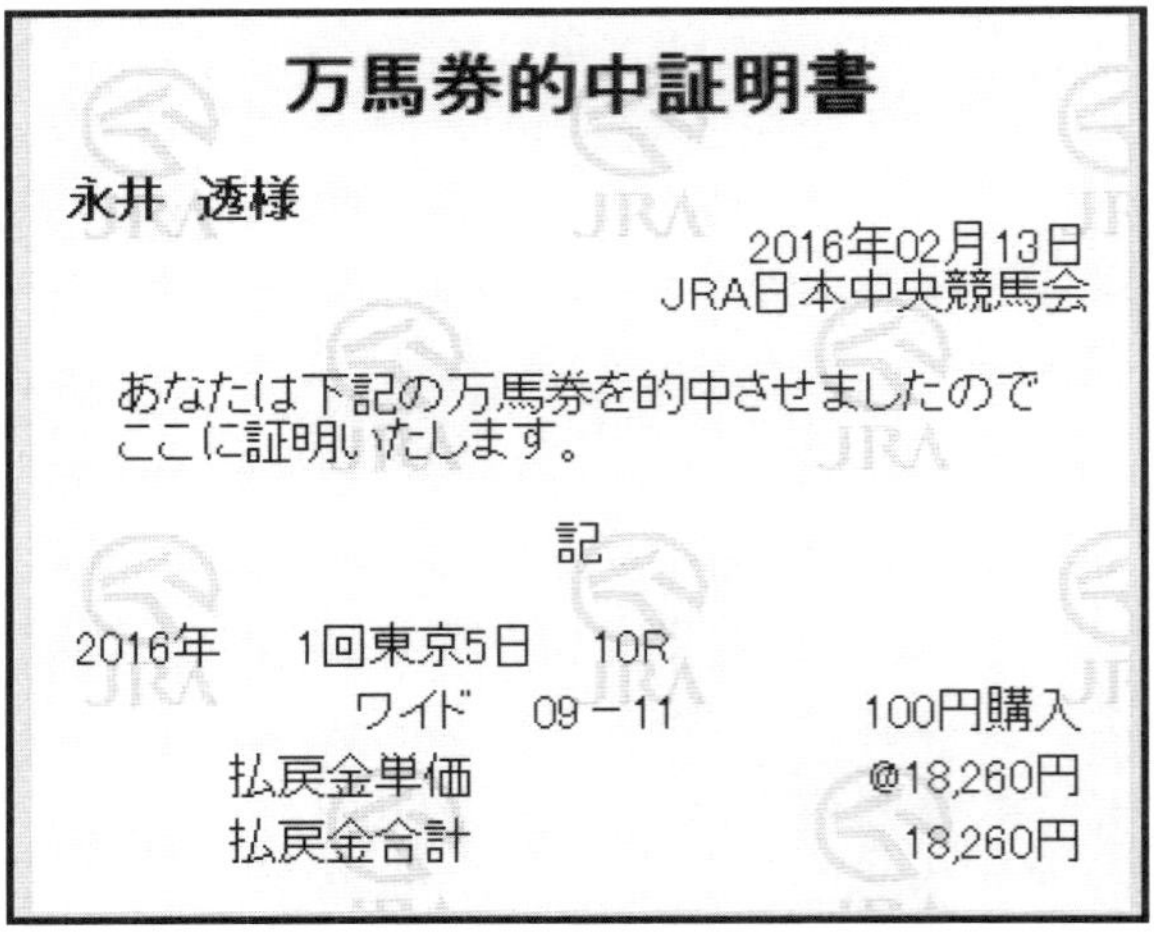

万馬券的中証明書

永井 透様

2016年02月13日
JRA日本中央競馬会

あなたは下記の万馬券を的中させましたので
ここに証明いたします。

記

2016年　1回東京5日　10R
ワイド　09－11　100円購入
払戻金単価　@18,260円
払戻金合計　18,260円

例えば、2016年2月13日東京10R銀蹄S（4歳上1600万下）だ。このレースではコンピ1位のノウレッジ（単勝2番人気）が好発からハナを奪って鮮やかな逃げ切り勝ちを収めたが、2、3着には外枠に入ったコンピ下位の人気薄馬（12位⑪プラントハンター、10位⑨グラスエトワール）が入線。

いずれも先行、差しという道中の位置取りの違いこそあれ、外枠で包まれることなくスムーズにレースを運べたのが、好走の大きな要因となった。

指数はいずれも40台で10位以下と注目度こそ低かったが、このコースで外枠というアドバンテージを得た以上、断然の買いだったわけだ。筆者は3連単80万、3連複16万といったモンスター馬券には手を出さなかったが、⑨―⑪1万8260円という、ワイド万馬券！　をご覧のように的中している。

福島ダート1150m

一般的な傾向は外枠有利もコンピ下位の大駆けなら内枠

ダート1150mは福島にしか存在しないコース。スタート地点は芝で、それを斜めに横切る形でダートコースに入る。スピードに乗りやすい芝部分を長めに走ることができる外枠が、一般的には有利といわれる。

しかし、それは出走全馬を対象とした傾向。人気薄のコンピ下位馬から見ると、様相はガラリ異なる。

例えば、外枠に先行型がいない、あるいは外枠馬が好位置を取りに来なかったようなケースでは、当然ながらインの経済コースを通れる内枠馬が有利になることもある。

また、脚質的には逃げ先行が有利だが、ときに前がやり合うと末を失って差し馬の餌食になるというケースも。こういう場合は、やはり外から差してきたのではロスが大きく、惜しくも届かずという結果になることが多い。やはり、コワイのは距離のロスがなくインで脚を溜めていた伏兵だ。

表3は福島ダート1150mでのコンピ10位以下馬の枠番別成績。これを見ると、1、5枠の勝利数が突出しており、有利といわれる外枠

表3●コンピ10位以下馬の【福島ダート1150m・枠番別】成績

枠番	勝率	連対率	複勝率	単回値	複回値
1枠	4.7%	4.7%	5.8%	325	79
2枠	1.1%	2.2%	4.3%	51	72
3枠	1.0%	3.0%	5.0%	103	62
4枠	0.0%	2.9%	7.8%	0	76
5枠	3.2%	4.3%	6.5%	212	98
6枠	1.2%	2.3%	7.0%	19	56
7枠	0.0%	2.5%	5.0%	0	74
8枠	1.0%	2.0%	3.9%	11	42

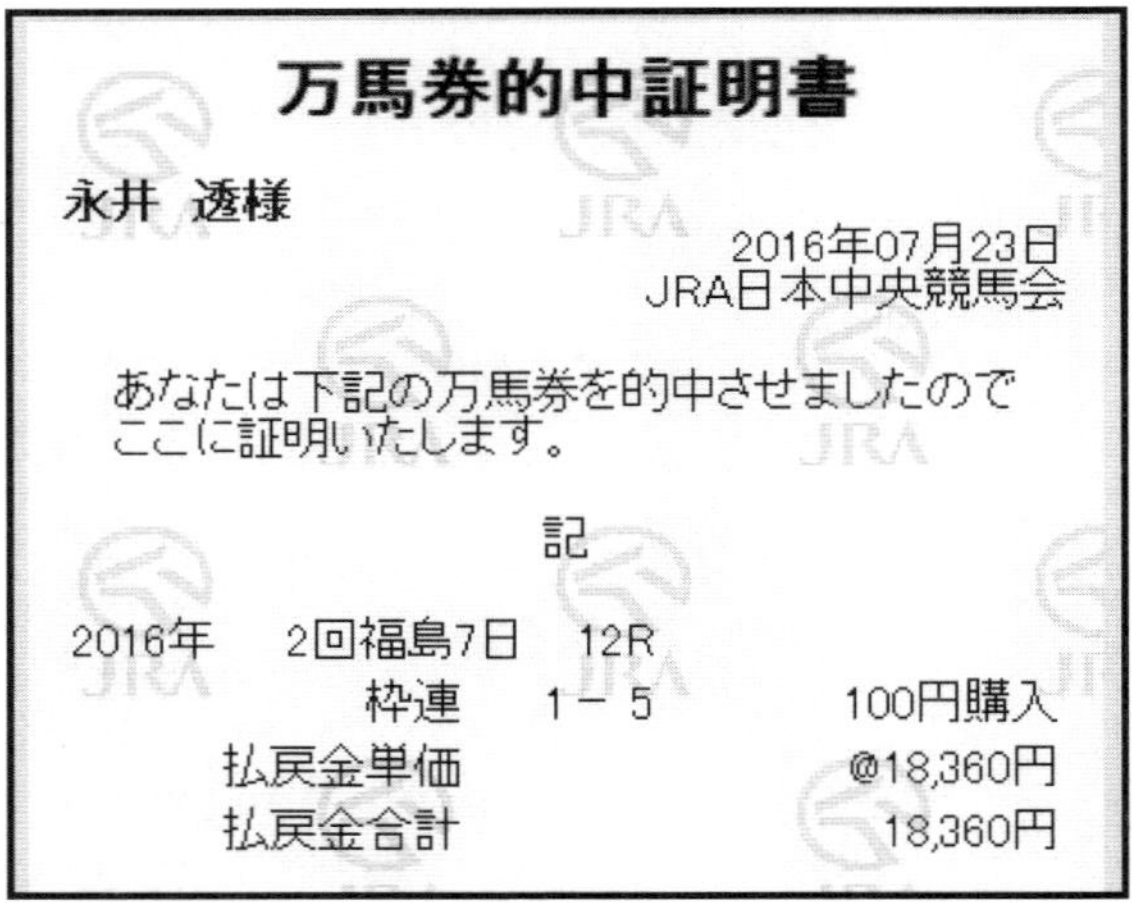
万馬券的中証明書

永井　透様

2016年07月23日
JRA日本中央競馬会

あなたは下記の万馬券を的中させましたので
ここに証明いたします。

記

2016年　2回福島7日　12R
枠連　1－5　100円購入
払戻金単価　@18,360円
払戻金合計　18,360円

は意外に振るわない。やはり、人気薄のコンピ下位馬が台頭するようなレースでは、外枠よりも内でうまく立ち回った馬が漁夫の利を得る、という展開になるということだ。

2016年7月23日福島12R（3歳上500万下）。このレースでは、外目の7枠⑬ドラゴンゲートがコンピ1位。外からスタートダッシュを決めて先手を奪うかに見えたが、5枠⑩レディエントブルー（コンピ12位）が絡んでいき、この2頭が雁行状態でレースは進んだ。

当然のように流れはオーバーペース気味となり、直線に入ると、インで脚を溜めていた1枠①タイセイラルーナ（コンピ3位）が脚を伸ばして、先を行く2頭を捕えた。レディは2着、ドラゴンは3着に。

結果的に、福島ダート1150mの典型的な穴パターンにハマったといえるレースだった。穴狙いなら、外枠馬を内でマークする1～5枠のコンピ下位馬こそ買い、というわけだ。

筆者は1枠タイセイからの枠連流しで、1―5の万馬券（1万8630円）をゲット。5枠は、同枠のもう1頭⑨ハードアスリートも15位の15番人気と無印で、最低人気の枠だったのだ。

阪神芝1800m

内外の差のないフラットなコース 要注意は1枠のコンピ下位馬の前残り

阪神芝1800mは外回りで直線距離も長く底力勝負の舞台。また、スタート地点から最初のコーナーまで直線距離で600m以上あるため、枠順の内外の差はほとんどない。

コンピ10位以下の馬番別成績（表4）を見ても、フルゲート時の馬番⑯～⑱は苦戦傾向となっているが、おおむねフラットな印象。一見、枠順の内外の差に神経質になる必要はなさそう

表4●コンピ10位以下馬の【阪神芝1800m・馬番別】成績

馬番	勝率	連対率	複勝率	単回値	複回値
1番	2.8%	5.6%	8.3%	110	60
2番	0.0%	4.3%	6.4%	0	105
3番	2.4%	4.8%	7.1%	69	116
4番	0.0%	0.0%	0.0%	0	0
5番	2.6%	2.6%	10.5%	68	144
6番	2.3%	4.7%	7.0%	129	95
7番	2.2%	6.7%	8.9%	127	84
8番	0.0%	2.4%	2.4%	0	17
9番	2.4%	7.3%	14.6%	77	136
10番	0.0%	0.0%	0.0%	0	0
11番	2.3%	2.3%	7.0%	671	244
12番	0.0%	2.5%	5.0%	0	39
13番	5.1%	7.7%	10.3%	349	157
14番	2.9%	2.9%	5.7%	63	54
15番	0.0%	3.3%	3.3%	0	21
16番	0.0%	0.0%	3.3%	0	151
17番	0.0%	0.0%	0.0%	0	0
18番	0.0%	0.0%	0.0%	0	0

表5●コンピ10位以下馬の【阪神芝1800m・1枠・脚質別】成績

脚質	勝率	連対率	複勝率	単回値	複回値
逃げ	16.7%	33.3%	33.3%	663	285
先行	0.0%	8.3%	8.3%	0	252
差し	0.0%	0.0%	3.1%	0	15
追込	0.0%	0.0%	0.0%	0	0

●2016年９月18日・阪神11ＲローズＳ（ＧⅡ、芝1800ｍ）

阪神 11 WIN5④ 第34回 ローズS GⅡ

秋華賞トライアル（3歳牝）（指定）・オープン・国際・馬齢

◆ROSE S 芝外回り・07年から3着まで秋華賞の優先出走権獲得

枠	馬番	馬名	性齢	父	母（母の勝利・生産国）	母父	人気指数	重量騎手	騎手相性	厩舎	生月日毛色賞金	馬主	生産者	持時計
白1	1	クロコスミア	牝3	ステイゴールド	デヴェロッペ（2勝）	ボストンハーバー	1	54岩田	0000	栗西浦	5.17黒鹿900	大塚亮一	小島牧場	阪良1.[illegible].2 札[illegible]1.0 [illegible]3
黒2	2	地 ヘイハチハピネス	牝3	プリサイスエンド	インディアリング（0勝）	スペシャルウィーク	1	54藤原幹	4200	笠笹野	4.16鹿250	伊藤貴憲	下屋敷牧場	名稍1.38.8
黒2	3	カイザーバル	牝3	エンパイアメーカー	ダンスインザムード（5勝）	サンデーサイレンス	15	54四位	1102	栗角居	2.18黒鹿900	社台ＲＨ	社台Ｆ	[illegible].2 [illegible]6
赤3	4	アットザシーサイド	牝3	キングカメハメハ	ルミナスハーバー（4勝）	アグネスタキオン	39	54福永	1111	栗浅見	4.3鹿1,950	吉田照哉	社台Ｆ	阪良1.33.7 2.25.7
赤3	5	レッドアヴァンセ	牝3	ディープインパクト	エリモピクシー（7勝）	ダンシングブレーヴ	38	54武豊	1002	栗音無	4.24黒鹿1,400	東京ホースR	ノーザンF	阪良1.33.4 2.25.4
青4	6	ジュエラー	牝3	ヴィクトワールピサ	バルドウィナ（輸入）	ピストレブルー	80	54Mデムーロ	1200	栗藤岡	1.17鹿6,450	青山洋一	社台Ｆ	阪良1.32.8 京良1.48.8
青4	7	シンハライト	牝3	ディープインパクト	シンハリーズ（輸入）	シングスピール	99	54池添	4100	栗石坂	4.11黒鹿10,000	キャロットF	ノーザンF	阪良[illegible]2.8 [illegible]2.[illegible]5.0
黄5	8	クィーンズベスト	牝3	ワークフォース	ラスティングソング（0勝）	フジキセキ	7	54藤岡康	0000	栗大久保	2.25鹿900	林正道	ノーザンF	阪良1.33.1 東良1.47.8 東良2.00.8
黄5	9	フロムマイハート	牝3	ハーツクライ	マイネエスポワール（4勝）	アグネスデジタル	12	54和田	0000	栗宮本	3.11栗900	ラフィアン	ビッグレッド	名良1.37.0 東良1.48.1 小稍2.00.2
緑6	10	バレエダンサー	牝3	ハーツクライ	ホワイトウォーター（輸入）	フォレストリー	1	54松若	0000	栗尾関	3.13鹿400	前追義幸	的場牧場	函良1.49.5 東良2.01.0
緑6	11	フォールインラブ	牝3	ダンシャンティ	ショーコ（輸入）	エフィシオ	2	54古川	1002	栗音無	2.28黒鹿900	吉田晶久	社台Ｆ	阪良1.33.8 新良1.47.4
橙7	12	デンコウアンジュ	牝3	メイショウサムソン	デンコウラッキー（1勝）	マリエンバード	20	54内田	0000	栗荒川	4.8黒鹿1,800	田中康弘	磯野牧場	阪良1.33.1 京良1.49.4 2.25.4
橙7	13	アドマイヤリード	牝3	ステイゴールド	ベルアリュールⅡ（輸入）	ニューメラス	20	54ルメール	0000	栗須貝	3.18青鹿900	近藤利一	ノーザンF	阪良1.33.9 2.26.5
桃8	14	クリノサンスーシ	牝3	ベーカバド	スターオブジュニパー（輸入）	サドラーズウェルズ	1	54幸	1011	栗大根田	4.16鹿400	栗本博晴	木村牧場	阪良1.35.9 新良1.48.3 福良2.00.3
桃8	15	ラベンダーヴァレイ	牝3	ディープインパクト	クロウキャニオン（1勝）	フレンチデピュティ	11	54浜中	0000	栗藤原英	1.31鹿900	金子真人HD	ノーザンF	阪良1.33.0

予想印（木南・山田・福嶋平本・松田・水島・高木・本紙伊嶋）

馬番	印
1	△
3	△ ☆ ▲ ▲
4	▲ △ △ △ ☆ △
5	☆ ☆ ▲ △ ☆ △ △
6	▲ ○ ○ ○ ○ ○ ○
7	○ ◎ ◉ ◉ ◎ ◎ ◎
8	△
11	△
12	△ △ △ △ △ △
13	◎ △ ☆ △ ▲ ▲
15	△ △ △ △ ☆

二千・千八・芝 成績（二千千重／千八六成／芝芝芝積）

馬番	1	2	3	4	5	6	7	8	9	10	11	12	13	14	15
二千	0111	0000	0110	0000	0020	0110	0020	1100	0200	1000	0110	0110	0020	1000	0010
千八	0000	0000	0010	0000	0020	0020	0010	1200	0300	0000	0000	0000	0000	0100	0000
千六	0110	0000	0000	0010	0000	0000	0000	0100	0000	0000	0000	0000	0000	0100	0010
芝重	1120	0010	0031	0010	0020	0000	0000	3010	3010	3100	0211	0130	0030	2710	0031

レコード＝1・44・5（13年カレンミロティック 57池添）

本紙予想 2強 スローペース

馬連 6―7 7―13 7―15 4―7 5―7 7―8 7―12

3連単

賞金 1着 5200万円 2着 2100万円 3着 1300万円 4着 780万円 5着 520万円

馬番能力順位	1	2	3	4	5	6	7	8	9	10	11	12	13	14	15
阪神11R	❼ 90	⑥ 72	⑤ 59	④ 58	⑫ 53	⑬ 52	⑨ 51	③ 50	⑮ 49	⑧ 47	⑪ 46	⑩ 43	⑭ 42	② 41	① 40

万馬券的中証明書

永井 透様

2016年09月18日
JRA日本中央競馬会

あなたは下記の万馬券を的中させましたので
ここに証明いたします。

記

2016年　4回阪神4日　11R
ワイド　01－03　100円購入
払戻金単価　@10,650円
払戻金合計　10,650円

１着⑦シンハライト
（１位90・１番人気）
２着①クロコスミア
（15位40・11番人気）
３着③カイザーバル
（８位50・６番人気）
単⑦160円
複⑦110円　①880円　③370円
馬連①－⑦7430円
馬単⑦→①11020円
３連複①③⑦24210円
３連単⑦→①→③105940円

に思えるが、高配当奪取のためにはさらに精査したい。

勝率では内も外も大きな差はないが、連対率や複勝率では内枠が互角以上の成績を収めている。特に最内の馬番①の連対率は、馬番⑬、⑨、⑦に次ぐ5・6％を記録しており、十分注目に値する内容といえる。

さらに馬番ではなく、枠の「１」という括りで見た場合、注目すべきがその脚質。表５にある通り、馬券の対象となっているのは逃げ先行のみ。好枠を利して先行策を取った馬がそのまま流れ込む——というのが、大駆けのパターンとなっているわけだ。

２０１６年９月18日阪神11ＲローズＳ（３歳牝馬ＧⅡ、秋華賞トライアル）。

先に述べた阪神芝１８００ｍの特性だけでなく、この牝馬戦が開幕２週目に行なわれるというタイミングも考えに入れると、内目でうまく立ち回った馬が有利になるという見立ても可能。コンピ下位の大駆けによる穴馬券奪取というミッションでは、内枠馬に白羽の矢を立てるのが得策というわけだ。

結果は御存知の通り、コンピ順位では最下位（15位、単勝では11番人気）だった①クロコスミアが先手を取り、まんまとマイペースに持ち込んで、大本命のコンピ１位シンハライトとハナ差の勝負を演じて２着に入ったのだ。

内外の枠順の差が少ないと思われている阪神芝１８００ｍだが、特定の条件下においては内有利に傾くこともある。そうしたタイミングを捕えて、コンピ下位の人気薄馬を狙えば思わぬ高配当を手にすることも可能だ（筆者は２、３着の内枠ワイド①—③１万６５０円的中）。

新潟芝直線１０００ｍ

知られすぎた「外枠有利」の傾向 妙味は外枠の単勝オッズ15倍以上馬

新潟名物の直線コース芝１０００ｍの外枠有利は、今やよく知られるところ。これは、コンピ上位の人気馬だけでなく、10位以下の人気薄馬にも共通する傾向のようだ。

表6を見ればわかる通り、外目の7、8枠の好走率が突出している印象。コンピ10位以下限定という、かなり厳しい条件にも関わらず、7、8枠いずれも複勝率が10%を超えている。

特に7枠は単複回収率が100%超となっており、ベタでコンピ下位馬を買い続けても収支はプラスという、妙味あふれる狙い目となっている。

表6●コンピ10位以下馬の【新潟芝直線1000m・枠番別】成績

枠番	勝率	連対率	複勝率	単回値	複回値
1枠	0.0%	0.0%	1.7%	0	4
2枠	0.0%	4.7%	4.7%	0	37
3枠	1.8%	1.8%	1.8%	169	30
4枠	0.0%	6.7%	8.3%	0	180
5枠	1.3%	5.3%	5.3%	26	29
6枠	0.0%	5.4%	9.5%	0	81
7枠	3.8%	6.3%	15.2%	101	183
8枠	3.7%	8.5%	12.2%	47	75

表7●コンピ10位以下馬の【新潟芝直線1000m・7枠&8枠・オッズ別】成績

単勝オッズ	勝率	連対率	複勝率	単回値	複回値
5.0～ 6.9	100.0%	100.0%	100.0%	670	280
7.0～ 9.9	0.0%	50.0%	50.0%	0	185
10.0～14.9	8.3%	8.3%	8.3%	120	37
15.0～19.9	16.7%	25.0%	41.7%	290	217
20.0～29.9	5.3%	10.5%	21.1%	146	122
30.0～49.9	2.5%	5.0%	10.0%	87	80
50.0～99.9	0.0%	2.4%	9.5%	0	109
100.0～	0.0%	3.0%	6.1%	0	207

馬場状態が良好な外目をコースロスなく通れるため、こうした外枠有利の傾向が生じているわけだが、問題となるのはこの「外枠有利」の傾向が一般的になり過ぎて、ときに過剰人気を生んでしまうことがあること。

表7を見てほしい。これは同コースにおける7、8枠に入ったコンピ10位以下の単勝オッズ別成績を示したもの。興味深いのは、コンピ10位以下にも関わらず単勝オッズが10倍を切るケースもあることだ。レアケースではあるが、さすがにこれでは妙味が薄い。

神ってるぜ！日刊コンピ王

●2016年10月29日・新潟11Ｒ飛翔特別
（３歳上500万下、芝直線1000ｍ）

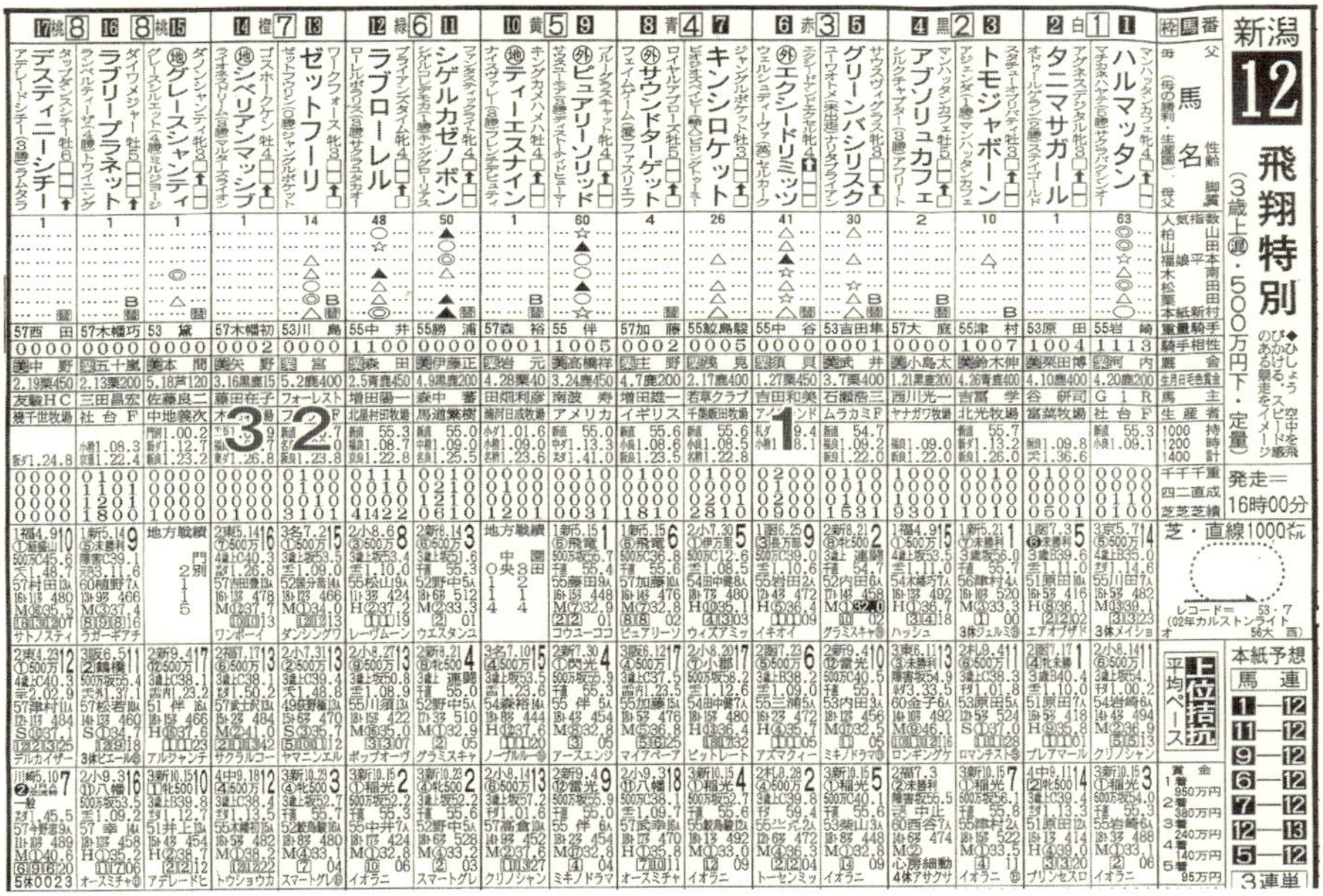

指数	1	2	3	4	5	6	7	8	9	10	11	12	13	14	15	16	17
12 R	⑨70	❶68	⑪63	⑥62	⑫61	⑤56	⑦55	⑬51	③50	⑧47	④46	⑯45	⑮44	⑭43	②42	⑩41	⑰40

１着⑥エクシードリミッツ	単⑥440円
（４位62・２番人気）	複⑥210円　⑬410円　⑭2760円
２着⑬ゼットフーリ	馬連⑥－⑬3990円
（８位51・６番人気）	馬単⑥→⑬6290円
３着⑭シベリアンマッシブ	３連複⑥⑬⑭121870円
（14位43・14番人気）	３連単⑥→⑬→⑭451880円

また、10倍以上をつけても10・0〜14・9倍では【1―0―0―11】と好走率が低く、狙いが立たない。狙って妙味があるのは、単勝オッズ15倍以上をつけているケース。外枠だからといってむやみに狙うのではなく、「オッズが14倍未満のケースでは見送り、15倍以上なら買い」と狙いを切り分けるのが得策だ。

例えば、2016年10月29日の新潟12R飛翔特別（3歳上500万下、馬柱はP103）。

このレースでは7枠のコンピ8位ゼットフーリと同14位のシベリアンマッシブが2、3着に入り、3連複、3連単ともに10万円を超える高配当となったが、焦点はやはりコンピ10位以下のシベリアンマッシブの取捨。

このノーマークの人気薄馬は100倍を超える単勝オッズを示しており、常識的には「消し」となるが、この新潟芝直線1000mにおいては逆に「買い」の条件を備えていたともいえる。

このコースでは、7、8枠でこうしたコンピ下位馬を見つけたら迷わず買い目に入れておくのが正解だ。

中山ダート1200m
コンピ下位の穴馬狙いでもセオリー通りの「外枠狙い」が正解

中山ダート1200mは、他場のダートコースでもよく見られるように、スタート地点が芝。それを斜めに横断する形となり、外枠のほうが芝を長く走れるので、スピードに乗りやすくなる。そのため、このコースの外枠有利はよく知られている。

内枠はスタートで少しでも後手を踏むと、外から被せられたり不利を受けやすい。しかし逆に、ロケットスタートを決められる発馬センスのいい馬は、この限りではない。距離ロスのない経済コースを通れるメリットもあり、内枠がまったくダメというわけではないので気をつけたい。

表8は、コンピ10位以下の中山ダート

神ってるぜ！日刊コンピ王

●2016年９月11日・中山12Ｒ（３歳上1000万下、ダ1200ｍ）

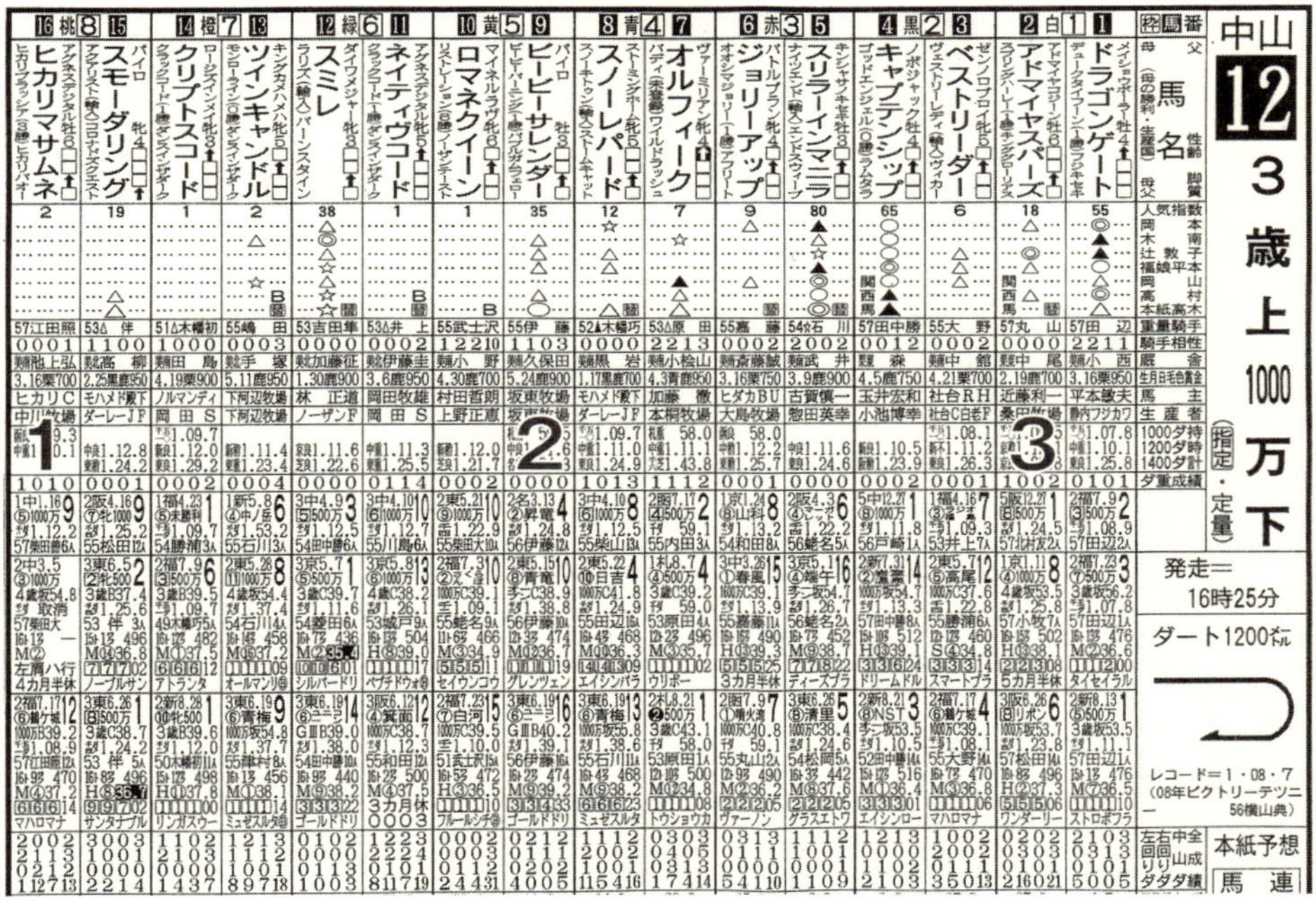

指数	1	2	3	4	5	6	7	8	9	10	11	12	13	14	15	16
12 R	⑤73	❹70	①67	⑫62	⑨55	②54	⑮52	⑧51	⑥50	③49	⑦48	⑬47	⑯46	⑭42	⑩41	⑪40

１着⑯ヒカリマサムネ
（13位46・11番人気）
２着⑨ビービーサレンダー
（５位55・５番人気）
３着②アドマイヤスパーズ
（６位54・13番人気）

単⑯4340円
複⑯870円　⑨350円　②1090円
馬連⑨－⑯18730円
馬単⑯→⑨46070円
３連複②⑨⑯222410円
３連単⑯→⑨→②1824150円

表8●コンピ10位以下馬の【中山ダート1200m・枠番別】成績

枠番	勝率	連対率	複勝率	単回値	複回値
1枠	0.7%	0.7%	1.3%	31	12
2枠	0.4%	2.1%	5.0%	61	56
3枠	0.6%	1.3%	2.9%	25	28
4枠	0.6%	3.2%	5.2%	40	97
5枠	0.0%	1.2%	3.0%	0	42
6枠	0.3%	2.4%	3.8%	16	72
7枠	0.9%	2.2%	3.8%	41	43
8枠	1.9%	3.5%	7.2%	99	60

1200mにおける枠番別成績。外枠、特に8枠の成績が他より秀でているのがわかる。同コースでの穴狙いでも、通常の狙い同様に外枠重視が正解というわけだ。

2016年9月11日中山12R（3歳上1000万下、馬柱はP105）。穴狙いという観点での注目馬はなんといっても、8枠⑯ヒカリマサムネ。コンピ13位（11番人気、単勝43・4倍）という妙味があり過ぎる存在だった。レースでは前半の速いペースに置かれ気味になったが、それがかえって幸いし、最後の1Fだけ13秒台を要する流れに乗じて、鮮やかな差し切り勝ち。

2、3着にもコンピ5・6位の伏兵馬が入り、馬連1万8730円、3連複22万2410円、そして3連単はなんと182万4150円という超ド級の配当になった。

小倉ダート1700m

大外枠は決して不利にあらず コンピ下位の大駆け期待値も十分！

コーナー4回の小回りコースで、一般的には大外枠は不利といわれるが、表9にある通り、大外の馬番⑯の成績は決して悪くない。単複回収率を見ても、他の馬番をしのぐ結果となっており、むしろ積極的に買いといえるほどだ。

コンピ10位以下に限定した馬番別成績（表10）を見ても、勝率、連対率、複勝率いずれも他の馬番を上回っている。単複回収率も200%超。穴としての期待値も十分だ。

2016年7月30日小倉11RのKBC杯（3歳上1600万下）。

このレースで大外の馬番⑯に入ったのはコンピ14位のイクラトロ。単勝でも105倍をつけての12番人気という泡沫候補に過ぎなかった。

しかし、道中後方待機策から3角マクリで一気に先頭集団に取りつき、前を行くコンピ1位のテイエムジンソクを競り落として2着入線を果たした。コンピ6位のサンライズホームが勝ったため、馬連でも6万6280円、3連単

表9●【小倉ダート1700m・馬番別】総合成績

馬番	勝率	連対率	複勝率	単回値	複回値
1番	7.3%	15.2%	23.2%	98	81
2番	4.3%	13.4%	17.1%	86	82
3番	7.9%	11.6%	20.7%	59	64
4番	3.0%	6.1%	9.7%	24	34
5番	6.1%	12.1%	21.8%	77	83
6番	5.5%	13.9%	20.0%	80	108
7番	7.9%	16.5%	23.2%	80	105
8番	6.1%	13.5%	18.4%	82	62
9番	9.8%	15.9%	23.2%	146	72
10番	8.6%	13.5%	17.8%	73	60
11番	8.5%	17.7%	23.2%	123	88
12番	6.8%	11.7%	16.7%	173	87
13番	8.1%	11.8%	19.9%	74	108
14番	1.3%	6.0%	13.4%	32	50
15番	4.2%	9.2%	16.2%	120	80
16番	8.3%	21.5%	28.9%	143	149

表10●コンピ10位以下馬の【小倉ダート1700m・馬番別】成績

馬番	勝率	連対率	複勝率	単回値	複回値
1番	1.7%	6.8%	10.2%	97	87
2番	2.5%	5.1%	6.3%	131	97
3番	1.5%	1.5%	4.5%	44	41
4番	0.0%	0.0%	2.6%	0	32
5番	4.3%	7.1%	10.0%	139	84
6番	1.4%	2.8%	6.9%	58	128
7番	2.9%	8.7%	11.6%	105	145
8番	0.0%	0.0%	1.9%	0	10
9番	3.0%	3.0%	4.5%	132	40
10番	0.0%	2.8%	5.6%	0	53
11番	3.0%	3.0%	4.5%	190	63
12番	3.2%	4.8%	8.1%	340	146
13番	1.4%	5.6%	11.3%	47	142
14番	1.3%	2.6%	6.4%	50	46
15番	1.9%	1.9%	5.6%	271	112
16番	6.5%	15.2%	19.6%	272	241

は44万2930円というビッグ配当の立役者となったのだ。

小倉ダート1700mの外枠不利の定説にしたがえば、とても手を出せない存在といえるが、コンピ10位以下でなおかつ大外枠という、一発大駆けを期待させる条件を備えていた魅力的な穴馬でもあった。

福島芝2000m

馬場改良で傾向はフラットに　妙味はコンピ下位の外枠配置の先行型

かつては開催が進むと芝の悪化が著しく、外枠の台頭を招くケースが目立った福島芝コース。しかし、1997年の馬場改修により状況は一変した。開催が進んでも馬場の内側が極端に荒れることは少なく、小回りコースらしい内有利の馬場へとシフトしたのだ。

コンピ10位以下が台頭して波乱となったレースに限定しての枠番傾向を示したのが表11だが、これを見ると内外の差はほとんどないフラットな印象。これらの結果を精査すると、前でレースを運んだ逃げ先行策による大駆けというパターンが目立つ（表12）。

しかし、枠番による狙いが立たないわけではない。注目すべきは好走率よりも回収率のほう。内よりも外目の枠で、それが高くなっているのがわかるはず。内有利の傾向がファンの間にも浸透してきた結果、人気に偏りが生じ、外枠馬の妙味が高まっているわけだ。

先に述べた先行有利の傾向と併せて考えると、「外枠配置で人気を落とした先行馬が、果敢に先行して内に切れ込むことで、外枠のハンデをはねのけて好走に繋げる」というのがコンピ下位の人気薄馬の大駆けパターンといえる。

表11●コンピ10位以下馬の【福島芝2000m・枠番別】成績

枠番	勝率	連対率	複勝率	単回値	複回値
1枠	2.2%	4.3%	6.5%	65	60
2枠	3.7%	5.6%	9.3%	66	68
3枠	2.1%	4.2%	8.3%	51	67
4枠	0.0%	0.0%	6.3%	0	132
5枠	1.5%	4.6%	9.2%	40	90
6枠	1.6%	6.5%	11.3%	37	102
7枠	3.0%	3.0%	6.0%	186	45
8枠	1.6%	3.2%	4.8%	146	58

表12●コンピ10位以下馬の【福島芝2000m・脚質別】成績

脚質	勝率	連対率	複勝率	単回値	複回値
逃げ	9.1%	9.1%	13.6%	394	86
先行	5.6%	14.1%	23.9%	135	274
差し	1.3%	3.3%	7.8%	53	61
追込	0.0%	0.0%	1.0%	0	11
マクリ	33.3%	33.3%	33.3%	3036	683

もちろん、コンピ下位の内枠の先行型でも狙いは立つといえるが、残念ながら妙味は薄めになりがち。それなら、外枠で嫌われたコンピ下位馬に期待を託すほうが馬券的には得策だ。

例えば、２０１６年7月17日に行なわれた福島９Ｒ南相馬特別（３歳上５００万下）に出走の７枠⑭トーセンカナロア。同年1月の中山戦で３着好走以来、圏内浮上が一度もないため人気は右肩下がり。この日はコンピ10位で単勝９番人気。しかし、久々の福島戦、しかも7枠⑭番という外枠配置。外からでも好位置を取れれば、大駆けの可能性を秘める存在だった。

レースでは外から果敢に先行しての番手追走。コンピ１、2位の上位人気馬には先着を許したが、3着をゲット。3連単万馬券（1万３８１０円）の立役者となった。

同馬のように「コンピ10位以下」&「先行」&「外枠」という条件を満た

す馬が福島芝2000mに出走してくれれば、穴候補として注目したい。

阪神ダート2000m

無難な中枠に良績が集中
穴狙いでもセンターが光っている

枠番傾向というものは内か外に偏るだけでなく、真ん中あたりの枠に良績が集中するケースもある。その代表的な例のひとつが阪神ダート2000mだ。

コンピ下位だけでなく、全般的に内枠の成績があまりよくなく、表13にある通り、1〜3枠の回収率が他の枠との比較では低めとなっている。その要因はさまざまに考えられるが、スタート地点の芝を100m弱走ることになり、外目の枠がスピードに乗りやすい芝を長く走ることになるのが大きいと思われる。

しかし、先行したい馬が外枠に配置されると、発馬後仕掛け気味に上がっていかなければならず、外枠も脚質によっては不利となるケースも。そうした事情を考えると、最も無難なのが真ん中あたりの枠ということになり、それが好成績に繋がっているのではないか。

表14は阪神ダート2000mにおけるコンピ10位以下の馬番別成績。内目の馬番①〜③と外目の馬番⑭〜⑯は、いずれも勝ち馬だけでなく連対馬も輩出していない。

好走馬はそれ以外の真ん中あたりに集中しており、最も勝率が高いのがちょうどセンターに位置する馬番⑨というのが象徴的だ。

2016年6月11日の阪神6R(3歳未勝利戦)。

このレースでは、ほどよい真ん中の5枠に入った⑨エイム(コンピ10位、10番人気、単勝31・8倍)と⑩タガノジーニアス(9位、9番人気)の両馬が2、3番手の好位から流れ込んで1、2着を占め、馬連は3万5340円という高配当となった。

先に述べたように、コンピ下位の真ん中枠に入った馬をセレクトするだけで、難なく万馬券を的中させることができたレースだった。

新潟ダート1800m

後入れの偶数馬番が奇数を圧倒
コンピ下位馬の激走もアシスト

新潟ダート1800mは、スタートからゴールまでコーナーが4回あり、それぞれの角度はややきつめ。そのため、馬群の外を回らせると、さらに外に振られ気味となり距離ロスが生じる。

そうしたコース特性を考えると、内枠有利に思えるが、いかにスタート直後に好位置を取れ

表13●【阪神ダート2000m・枠番別】総合成績

枠番	勝率	連対率	複勝率	単回値	複回値
1枠	8.8%	12.3%	17.5%	58	37
2枠	8.3%	13.3%	21.7%	87	52
3枠	3.2%	19.0%	28.6%	19	84
4枠	7.1%	12.9%	18.6%	107	49
5枠	5.3%	13.2%	22.4%	102	79
6枠	6.5%	15.6%	24.7%	193	69
7枠	12.2%	19.5%	24.4%	113	65
8枠	8.4%	14.5%	22.9%	317	86

表14●コンピ10位以下馬の【阪神ダート2000m・馬番別】成績

馬番	勝率	連対率	複勝率	単回値	複回値
1番	0.0%	0.0%	0.0%	0	0
2番	0.0%	0.0%	8.3%	0	33
3番	0.0%	0.0%	8.3%	0	61
4番	8.3%	8.3%	8.3%	335	57
5番	0.0%	0.0%	5.9%	0	61
6番	0.0%	7.7%	7.7%	0	40
7番	0.0%	0.0%	0.0%	0	0
8番	8.3%	8.3%	8.3%	335	95
9番	15.4%	15.4%	23.1%	526	143
10番	7.1%	7.1%	7.1%	248	43
11番	7.7%	7.7%	7.7%	1004	126
12番	0.0%	0.0%	7.7%	0	53
13番	12.5%	12.5%	25.0%	2778	477
14番	0.0%	0.0%	0.0%	0	0
15番	0.0%	0.0%	0.0%	0	0
16番	0.0%	0.0%	0.0%	0	0

表15●コンピ10位以下馬の【新潟ダート1800m・馬番別】成績

馬番	勝率	連対率	複勝率	単回値	複回値
1番	2.9%	7.1%	7.1%	204	91
2番	0.0%	4.1%	6.8%	0	115
3番	0.0%	0.0%	1.7%	0	10
4番	1.4%	1.4%	8.5%	98	84
5番	0.0%	0.0%	0.0%	0	0
6番	3.7%	8.5%	8.5%	283	104
7番	0.0%	4.6%	4.6%	0	82
8番	4.4%	5.9%	7.4%	145	67
9番	0.0%	0.0%	6.0%	0	77
10番	0.0%	2.8%	5.6%	0	64
11番	0.0%	1.5%	3.0%	0	13
12番	0.0%	1.6%	4.7%	0	91
13番	1.8%	1.8%	5.5%	14	101
14番	6.8%	9.1%	9.1%	309	96
15番	0.0%	0.0%	4.5%	0	74
▼コンピ10位以下馬の【馬番の偶数・奇数別】成績					
偶数	2.1%	4.6%	7.2%	113	89
奇数	0.6%	1.8%	4.1%	27	55

るかがポイントで、枠順の内外はあまり関係がない。

発馬後のポジション争いがかなりのウェイトを占めており、そこで好位置を取った馬がそのまま押し切ってしまうケースが多い。

コンピ10位以下の馬番別成績（表15）を見ても、内から外まで満遍なく出現しており、フラットな印象が強い。

一見、バイアスがなさそうに思えるが、子細に見ると偶数馬番が奇数馬番を大きく上回っているのがかわる。3着数は12回で同じだが、1着は偶数の10回に対し奇数3回。2着も偶数12回に対し奇数7回となっている。

しかも、奇数の連対10回中5回が馬番①。これを除くと、さらに偶数有利の傾向がクッキリ浮かび上がる。

先に述べたように、新潟ダート1800mでは発馬後の位置取り争いがレースにおいて最も重要な局面であり、それを制するにはゲート内で待たされる先入れの奇数よりも、後入れの偶数のほうが有利に働くということだろう。それが、コンピ10位以下の穴馬の激走をもアシストしているわけだ。

同コースで行なわれた2016年10月15日の

神ってるぜ！日刊コンピ王

●2016年10月15日・新潟２Ｒ（２歳未勝利、ダ1800ｍ）

新潟 2 2歳未勝利（指定）

発走＝10時25分

ダート1800メートル

レコード＝1・53・8（14年スピリッツセカンド 54戸崎）

上位伯仲 スローペース

馬番	1	2	3	4	5	6
枠	白1	黒2	赤3	青4	黄5	黄5
父	ブラックタイド	マンハッタンカフェ	ロージズインメイ	サマーバード	ヴィクトワールピサ	シンボリクリスエス
馬名	コロリズム	サンナイト	シュティーア	タガノビッググッド	リトルプリンス	ダンスウィズユー
性齢	牝2	牡2	牝2	牡2	牡2	牝2
母（母の勝利・生産国）	ジョリーン（0勝）	アリー（輸入）	デュプレ（輸入）	ブリアンダ（輸入）	アートスタジオ（輸入）	ステイウィズユー（1勝）
母父	トワイニング	デピュティミニスター	シングスピール	アルザオ	バーナーディニ	ステイゴールド
人気指数	14	35	42	1	69	85
柏山	…	…	△	…	☆	○
山田	☆	○	…	…	△	◎
本紙新村	…	△	○	…	☆	◎
重量騎手	54岩部	53△井上	54津村	54☆加藤	55菱田	54柴山
厩舎	美萱野	栗森	美清水英	栗牧浦	栗山内	美木村
生月日毛色賞金	4.5鹿0	3.16黒鹿0	5.11青鹿0	3.19鹿0	3.21黒鹿0	4.23黒鹿0
馬主	田頭勇貴	新井康司	ラフィアン	[illegible]	本[illegible]茂	シルクR
生産者	シンユウF	松浦牧場	富田恭司	[illegible]	矢[illegible]牧場	レイクヴィラF
1800ダ持	2.04.5	1.50.4	1.56.3	[illegible]0	1[illegible]0.0	2.09.6
千八ダ	0000	0000	0002	0000	0000	0000
前々走	2新8.20 ⑦新馬 4 2.04.5 54大野8人		2新9.3 ⑪未勝利 4 ダ1.57.0 54津村7人	2小9.3 ⑪未勝利 11 千ダ1.01.8 53岩崎12人	4阪9.10 ①新馬 4 天外1.39.0 54小牧7人	
前走	4中9.18 ④未勝利 12 2歳C39.7 2.05.9 54大野9人 18ト5ヲ 444 S⑰37.2 3 5 7 22 アウトライア	4阪9.25 ⑥新馬 10 2歳坂51.8 天外1.50.4 54幸5人 10ト2ヲ 512 S③36.4 6 8 26 ムーヴザワー	4中9.24 ⑤未勝利 6 2歳C41.9 ダ1.56.3 54津村9人 16ト15ヲ 436 M④40.9 3 3 6 17 ビービーガウ	4阪10.2 ⑧未勝利 11 2歳坂56.9 ダ1.14.5 53城戸15人 16ト8ヲ 454 M⑮37.4 15 15 23 メイショウテ	4阪9.24 ⑤未勝利 10 2歳坂56.6 天外1.50.0 54小牧4人 15ト10ヲ 512 S⑦35.9 3 3 11 ガウディウム	4中9.11 ②新馬 4 2歳C40.3 2.09.6 54柴山3人 8ト5ヲ 542 S①35.0 3 3 3 05 ミヤビベスト
ダ重成績	00000	00000	00000	00000	00000	00000
左回り	00000	00000	00000	00000	00000	00000
右回り	00000	00000	00000	00000	00000	00000
新潟成績・全成績	00002	00001	11114	00203	00002	00001
単予想オッズ	33.1	11.8	7.3	60.8	3.4	2.1
今回調教（6F/5F/3F/1F）	一 末 美W71.9強 40.7め 13.5C	4F52.3一 栗坂38.6杯 25.4追 13.1C	一 強 美P69.5 40.4め 13.1C	4F57.5馬 栗坂42.3な 27.3り 13.6C	一 一 栗C 一 杯 38.3追 12.0B	4F54.3一 美坂40.2杯 26.5追 12.9C
短評	入着なら	前進ある	連対圏内	精彩欠く	侮れない	首位争い

馬番	7	8	9	10	11	12
枠	緑6	緑6	橙7	橙7	桃8	桃8
父	スペシャルウィーク	ローエングリン	ドリームジャーニー	アドマイヤマックス	ヴァーミリアン	カジノドライヴ
馬名	クリノイサベル	キクノビエント	ポッドティノ	シンボリスーマラン	エーブインブレム	クリシュナ
性齢	牝2	牡2	牡2	牡2	牡2	牡2
母（母の勝利・生産国）	クリノビャクダン（0勝）	タニノティアラ（0勝）	アグリフェスタ（未登録）	スイートカトマンズ（0勝）	エーシンブランディ（0勝）	クリスティナリッチ（未登録）
母父	クロフネ	サンデーサイレンス	ウイングアロー	シンボリクリスエス	ダンスインザダーク	オペラハウス
人気指数	1	1	15	45	1	26
柏山	…	…	▲	◎	…	△
山田	…	…	…	▲	…	…
本紙新村	…	…	△	△	…	▲
重量騎手	54北村友	55藤懸	54☆長岡	53△木幡巧	52▲藤田	55西村
厩舎	栗谷	栗森田	美大竹	美牧	美根本	美武市
生月日毛色賞金	4.30栗0	2.19栗0	3.15栗0	3.21鹿0	2.14鹿0	4.26栗0
馬主	栗本博晴	菊池五郎	小川眞査雄	シ[illegible]場	阿部紀子	清水敏
生産者	槇井哲	RUMIF	沖田牧場	シン[illegible]牧場	松本牧場	千葉飯田牧場
1800ダ持	1.41.2	1.24.3	1.51.0	[illegible]1	1.58.1	1.57.0
千八ダ	0000	0000	0000	0000	0002	0002
前々走	4阪9.10 ①新馬 10 天外1.41.2 54藤岡佑9人	3名7.2 ①新馬 13 1.24.3 54松山15人	2札9.3 ⑤新馬 4 1.33.8 51坂井6人	2新8.14 ⑥未勝利 5 ダ1.14.0 54柴田大7人	2新9.3 ⑪未勝利 8 ダ1.58.1 51藤田11人	4中9.11 ②新馬 4 ダ1.59.2 54嘉藤9人
前走	4京10.8 ①未勝利 10 2歳坂58.9 ダ1.15.1 54藤岡佑11人 13ト7ヲ 446 M⑪37.9 10 10 30 ブルベアバブ	3名7.24 ⑧未勝利 12 2歳坂53.0 ダ1.15.5 54国分優14人 16ト8ヲ 468 H⑦38.9 15 13 26 アードラー	4中9.24 ⑤未勝利 10 2歳C41.0 天内1.51.0 53長岡10人 14ト2ヲ 408 S⑤35.6 3 4 4 04 マイネルベレ	4東10.9 ②未勝利 9 2歳C39.6 ダ1.20.4 53木幡巧2人 15ト12ヲ 478 H⑤38.1 12 9 13 セイブレジー	4中10.1 ⑦未勝利 12 2歳C40.6 ダ1.58.7 52藤田13人 16ト9ヲ 442 H④41.1 14 14 15 22 スターストラ	4中9.24 ⑤未勝利 8 2歳C41.0 ダ1.57.0 54嘉藤10人 16ト12ヲ 466 M④40.9 11 10 8 24 ビービーガウ
ダ重成績	00000	00000	00000	00000	00000	00000
左回り	00000	00000	00000	00000	00000	00000
右回り	00000	00000	00000	00000	00000	00000
新潟成績・全成績	00102	01002	00002	13125	01114	10202
単予想オッズ	60.4	61.4	31.9	6.3	61.0	17.9
今回調教（6F/5F/3F/1F）	連闘軽め	4F54.4一 栗坂41.0杯 27.9追 15.1C	4F56.6馬 美坂41.3な 26.1り 12.5B	連闘軽め	一 一 美W 一 杯 41.0追 14.4C	一 一 美W73.2杯 41.6追 13.1B
短評	狙えない	一変疑問	砂替わり	一発注意	大敗続き	見直しも

指数	1	2	3	4	5	6	7	8	9	10	11	12
2R	⑥81	⑤71	⑩62	②59	③57	⑫54	①52	⑨51	⑦43	④42	⑧41	⑪40

１着⑤リトルプリンス　（２位71・２番人気）

２着⑩シンボリスーマラン（３位62・３番人気）

３着④タガノビッググッド（10位42・10番人気）

単⑤370円　複⑤180円　⑩180円　④730円

馬連⑤－⑩1080円　馬単⑤→⑩1760円

３連複④⑤⑩7760円

３連単⑤→④→⑩23440円

新潟2R（2歳未勝利戦）も、道中2、3番手のタガノビッググッドとシンボリスーマランがそのまま2、3着に流れ込むという新潟ダート1800mらしい決着となった。

タガノビッググッドは4枠④番という偶数枠を得て、コンピ10位という低評価ながら3着入線を果たし、

3連単234倍の高配当に貢献した。

同馬は内目の好枠に恵まれたが、外枠でも偶数馬番に入った先行タイプのコンピ10位以下の馬は軽視できない。

たとえ前走大敗であっても、これらの条件を備えていれば、大きく変わってくる可能性を秘めるだけに十分注意を払いたい。

阪神芝1600m

外目でスムーズに流れに乗るコンピ下位馬が大駆けを見せる舞台

2006年に新設された外回りコースを使用する阪神芝1600m。バックストレッチ、ホームストレッチいずれも400m以上あり、コーナーの角度も緩やか。広くゆったりした造りのため、前半3Fよりも後半3Fのほうが速い、マイル戦としては意外に緩い流れになりやすいのが特徴だ。

このコースでのコンピ10位以下の大駆けによく見られるのが「外枠」。表16はコンピ当該順位馬の枠番別成績だが、やや外目の6～7枠に良績が集中しているのがわかるだろう。

淡々とした流れの中、揉まれることなく外目でスムーズに折り合いをつけることができたコンピ下位の人気薄馬が、大駆けを見せるのが激走パターンというわけだ。


表16●コンピ10位以下馬の【阪神芝1600m・枠番別】成績

枠番	勝率	連対率	複勝率	単回値	複回値
1枠	1.4%	4.1%	6.8%	104	82
2枠	0.0%	1.0%	5.2%	0	87
3枠	0.0%	2.9%	3.9%	0	83
4枠	1.1%	2.2%	4.3%	30	34
5枠	0.0%	2.1%	4.2%	0	28
6枠	4.0%	4.0%	9.1%	197	144
7枠	1.6%	2.4%	4.0%	346	104
8枠	0.7%	1.5%	2.2%	41	18

例えば、15年4月5日阪神4R（3歳未勝利）。18頭フルゲートの混戦を制したのは、6枠⑪番テルメディカラカラだった。

道中は中団以降に待機、4角でも13番手の後方に位置していたが、直線に入ると鮮やかな差し切り。コンピ10位、単勝でも12番人気に過ぎない伏兵だったが、単勝89倍をつけた。

2着にもコンピ8位の9番人気②セイントバローズが入ったため、馬連でも8万2800円の高配当となった（3連単はなんと204万馬券！）。

このケースのように、阪神芝1600mでは、揉まれない外目の枠を引き当てたコンピ10位以下の伏兵馬が、ときに思わぬ高配当をもたらしてくれるオイシイ存在になる。

函館芝1200m

多頭数戦で生じる〝紛れ〟に乗じて中枠のコンピ下位馬狙い撃ち

2コーナー奥に設けられたポケットにスターティング・ゲートが置かれる函館芝1200m。そこから最初のコーナーまで500m近く直線が続くため、枠順の内外の差はほとんど見られない。

ただし、これはあくまでも一般的な傾向。コンピ10位以下に限定すると、どうなるかを示したのが表17。内の1、2枠、外の6〜8枠に比べて、真ん中の3、4、5枠の成績が突出しているのがわかる。

なぜ、このような結果になるのか。それはひとえに頭数の多さに起因すると思われる。

まずは表18を見てほしい。これはコンピ10位以下の出走頭数別の成績。頭数が少ないケースでは紛れが少なく、頭数が増えるほど紛れが多くなっていることがわかる。

函館は中央開催場に比べるとコースの幅も狭く、頭数が多くなると〝自然渋滞〟となり、馬の能力以外で勝負が決するシーンも増えるというわけだ。

馬群が混み合う状態を考えると、内枠はインに押し込められる形となり、外枠は距離ロスが生じる。

当然、真ん中も馬群に揉まれることもあるわけだが、内外に比べると、そうしたロスが少ないということだろう。

２０１６年7月17日函館３R（３歳未勝利）は、おなじみのフルゲート16頭で行なわれた。

ハナを主張した3枠⑤タニマサガール（7番人気）が直線に入って逃げ粘るところを強襲したのが、4枠⑦プレアマール（コンピ12位、11番人気）だった。外から追い込んできた7枠⑬シェヴェルニーはわずかに届かず3着まで。勝ったタニマサガールもコンピ8位の伏兵だったため、馬連でも1万3950円の万馬券となった。

フルゲートの函館芝1200mでは、真ん中の3～5枠に入ったコンピ10位以下を相手候補に拾っておくことが、何より大切であることを実証するレースだった。

表17●コンピ10位以下馬の【函館芝1200m・枠番別】成績

枠番	勝率	連対率	複勝率	単回値	複回値
1枠	0.0%	6.1%	9.1%	0	62
2枠	0.0%	3.2%	8.1%	0	96
3枠	2.9%	8.7%	11.6%	41	113
4枠	2.2%	4.4%	7.8%	48	89
5枠	5.5%	6.8%	11.0%	395	94
6枠	1.3%	2.7%	4.0%	49	36
7枠	0.0%	1.1%	5.7%	0	71
8枠	1.3%	2.6%	6.6%	51	64

表18●コンピ10位以下馬の【函館芝1200m・出走頭数別】成績

頭数	勝率	連対率	複勝率	単回値	複回値
10頭	0.0%	0.0%	0.0%	0	0
11頭	0.0%	0.0%	8.3%	0	62
12頭	0.0%	0.0%	4.8%	0	27
13頭	0.0%	2.5%	2.5%	0	29
14頭	0.0%	0.0%	5.0%	0	39
15頭	2.8%	8.3%	11.1%	129	123
16頭	2.2%	5.3%	8.9%	93	90

大舞台には恐るべき「偏り」があった!

GI 23レースのコンピバイアス

高松宮記念

2017年3月26日
中京芝1200m

GIには、同じコースで行なわれる他のレースとはまったく異なる適性が求められる。――これは、一般の競馬予想でもよくいわれるセオリーだが、日刊コンピの場合も、GI特有のバイアス（偏り）が存在するのではないか。それを検証してみたのが当企画だ。果たして、どのようなコンピバイアスが浮上するのか。本書発売に合わせて、まずは高松宮記念からスタート！（データは２００７〜16年の直近10年）

コンピ1位は軸としては安定もアタマは2位が最有力候補

過去10年で最も勝利を収めているのはコンピ2位馬で、4勝を挙げている。07年スズカフェニックス（指数69）、11年キンシャサノキセキ（70）、12年カレンチャン（76）、そして16年ビッグアーサー（68）と続く。

2位馬だけではなく、1位馬もそれなりに強い。1、2位馬のどちらか1頭は必ず3着以内に入っている。

1位は勝ち切れないが、9頭が馬券圏内に。圏外になったのは11年のジョーカプチーノ（1位85）。この馬以外は、1位は指数に関わらず3着以内をキープ。1位が70台にな

高松宮記念●過去3年成績

年月日	着順	枠番	馬番	馬名	人気	コンピ	配当
2014年3月30日	1	3	5	コパノリチャード	3	6位（56）	17030円
	2	8	17	スノードラゴン	8	15位（43）	7990円
	3	5	9	ストレイトガール	1	1位（87）	7万1040円
2015年3月29日	1	2	4	エアロヴェロシティ	4	3位（64）	10770円
	2	7	15	ハクサンムーン	6	6位（59）	14000円
	3	8	16	ミッキーアイル	3	1位（73）	81560円
2016年3月30日	1	2	4	ビッグアーサー	1	2位（68）	1730円
	2	3	6	ミッキーアイル	2	1位（75）	1740円
	3	4	8	アルビアーノ	3	4位（62）	6690円

配当は上から馬単、3連複、3連単

ることもしばしばだが、圏外になることはほぼない。

15、16年は1位がミッキーアイルで70台だったが、3着、2着で馬券圏内に入った。1位70台というと信頼度がガタ落ちするのが通例だが、このレースに限っていえば関係ない。ただ、着別度数が示すように勝ち切れてはいない。

近年は大波乱も少なくなり、12年以降の3連単は10万円未満の配当に収まっている。勝利馬はほぼ4位以内か（絞れば1、2位）。14年2着スノードラゴンは15位という低順位の馬だが、リアルオッズでは8番人気というSPG該当馬だったため、配当は3連単10万円を超えなかった。

スノードラゴンの例を除き、10位以下はあってもも3着までという状況だ。さらに絞るなら7位以下はヒモでいい。1〜6位の組み合わせで獲れるケースも少なくない。

高松宮記念●過去10年のコンピ順位別成績

順位	着別度数
1位	2- 2- 5- 1/ 10
2位	4- 1- 0- 5/ 10
3位	2- 1- 1- 6/ 10
4位	1- 1- 1- 7/ 10
5位	0- 1- 0- 9/ 10
6位	1- 2- 0- 7/ 10
7位	0- 0- 0- 10/ 10
8位	0- 0- 0- 10/ 10
9位	0- 0- 0- 10/ 10
10位	0- 0- 1- 9/ 10
11位	0- 1- 0- 9/ 10
12位	0- 0- 0- 10/ 10
13位	0- 0- 1- 9/ 10
14位	0- 0- 0- 10/ 10
15位	0- 1- 0- 9/ 10
16位	0- 0- 1- 9/ 10
17位	0- 0- 0- 9/ 9
18位	0- 0- 0- 8/ 8

2007〜16年

高松宮記念のコンピ攻略ポイント

- 複軸としては1位が強く、2位は最多の4勝！　4位以内で9勝を挙げている。
- 1位70台でも大波乱は期待できない。1、2位が同時に4着以下の例はナシ。
- 10位以下はＰＧ（ＳＰＧ）馬に注目。7位以下はあっても3着までか。気になる馬がいたらヒモで十分。

大阪杯

2017年4月2日
阪神芝2000m

コンピ1位馬は高指数でも勝ち切れず
2、3位不振で、4、5位が浮上する

2017年GⅠに昇格したことで、出走頭数やメンバーレベルが、GⅡ時代とは大幅に変わることが予想される。

基本的には1位馬が強い重賞だが、過去10年は天皇賞春や宝塚記念のステップレースという側面もあるだろう。GⅠになっても、この傾向が続くのかは注目が必要だ。ただし、ステップレースとしては出走頭数が揃わないケースがこれまで多く、10位以下の馬は1頭も馬券になっていない。

2、3位馬が苦戦しており、頭数のわりには4、5位が活躍。下位では、9位までは一発ありそう。16年までの傾向を踏まえれば、1位はあくまでも複軸でいい。

GⅠになれば出走頭数は増えてくると思うので、指数46以上、または12位まではヒモとして考えておいたほうが無難かもしれない。

過去10年では、1位馬の指数が86以上なら、勝利は取りこぼしてもほぼ2着は死守という状況。3着以下に落ちるのは80台前半、70台後半だった場合だ。

過去10年で1位馬が唯一着外となった16年は、1位82の

大阪杯●過去3年成績

年月日	着順	枠番	馬番	馬名	人気	コンピ	配当
2014年4月6日	1	7	7	キズナ	2	2位(80)	9090円
	2	3	3	トウカイパラダイス	6	5位(52)	1620円
	3	4	4	エピファネイア	1	1位(82)	20050円
2015年4月5日	1	3	3	ラキシス	4	7位(53)	2940円
	2	5	7	キズナ	1	1位(90)	1980円
	3	3	4	エアソミュール	6	6位(54)	16620円
2016年4月3日	1	7	9	アンビシャス	2	4位(63)	2510円
	2	6	7	キタサンブラック	5	3位(65)	2540円
	3	7	8	ショウナンパンドラ	4	2位(67)	12810円

配当は上から馬単、3連複、3連単

大阪杯●過去10年のコンピ順位別成績

順位	着別度数
1位	3- 3- 3- 1/10
2位	1- 1- 1- 7/10
3位	0- 1- 1- 8/10
4位	3- 0- 1- 6/10
5位	2- 3- 0- 5/10
6位	0- 0- 3- 7/10
7位	1- 0- 0- 9/10
8位	0- 1- 1- 8/10
9位	0- 1- 0- 8/ 9
10位	0- 0- 0- 9/ 9
11位	0- 0- 0- 9/ 9
12位	0- 0- 0- 6/ 6
13位	0- 0- 0- 3/ 3
14位	0- 0- 0- 3/ 3
15位	0- 0- 0- 1/ 1
16位	―
17位	―
18位	―

2007～16年（GⅡ）

ラブリーデイだった（1番人気、単勝3・0倍）。1位82は圧倒的に堅いという数値ではないということが、改めて証明された形だ。

近3年の1位馬は、指数に関わらず勝ち切れない。15年は1位90だったキズナ（1番人気、1・4倍）まで、2着に敗れてしまっている。

ステップレースとしては、本番を見据えて大敗しなければOKということかもしれないが、GⅠに格上げされて傾向が変化する可能性はかなり高いだろう。

ただ、過去3年で1位馬が勝っていないということを重視するのであれば、指数がよほど高くない限り、1着付けの馬券は無理に買う必要はなく絞れるといっていい。

大阪杯のコンピ攻略ポイント

- 1位は指数80台前半～70台では2、3着に敗れるケースも少なくない。
- 4、5位馬が過去10年で併せて5勝を挙げている。2、3位は不振傾向。
- 10位以下はここまで苦戦しているが、17年はGⅠに格上げされ出走頭数が増えるはず。12位くらいまでは注意したい。

桜花賞

2017年4月9日
阪神芝1600m

1位は不安定で、2位攻めが基本も1位70台なら上位全滅の大波乱もあり！

1位指数は2008年を除けば80台だが、着別度数を見れば明らかな通り、安定度は低い。

ちなみに、その08年は1位77トールポピーが8着に敗れて大波乱に。

1着…11位47　レジネッタ　（12番人気、単勝43・4倍）
2着…13位44　エフティマイア　（15番人気、94・3倍）
3着…7位51　ソーマジック　（5番人気、10・8倍）

この決着で、馬連19万馬券、馬単33万馬券、3連複77万馬券、3連単700万馬券となった。つまり、1位が指数80台でも安定しないのに、70台であれば大荒れの可能性があるということだろう。

16年は1位88で圧倒的1番人気（単勝1・5倍）だったメジャーエンブレムが4着に敗れている。15年も1位86と高めの指数だったルージュバックが4着に敗れて、3連単20万馬券の影の立役者となった。

複軸という意味では2位のほうが堅軸か。勝利数は1位と同じ3勝だが、2着の回数が上回っている。基本的には1、2位のどちらかが勝つことが多く、範囲を広げても4

桜花賞●過去3年成績

年月日	着順	枠番	馬番	馬名	人気	コンピ	配当
2014年4月13日	1	8	18	ハープスター	1	1位（88）	450円
	2	6	12	レッドリヴェール	2	2位（69）	1310円
	3	5	10	ヌーヴォレコルト	5	4位（55）	2540円
2015年4月12日	1	3	6	レッツゴードンキ	5	4位（60）	17370円
	2	4	7	クルミナル	7	6位（56）	34480円
	3	1	1	コンテッサトゥーレ	8	8位（54）	233390円
2016年4月10日	1	7	13	ジュエラー	3	3位（66）	1950円
	2	6	12	シンハライト	2	2位（70）	5650円
	3	5	10	アットザシーサイド	6	5位（55）	20330円

配当は上から馬単、3連複、3連単

位以内といったところだろう。

ただし、08年のトールポピーのように1位指数が低めの際は、コンピ下位の馬の1着もある。13年、8位アユサンが1着になった際の1位馬は、指数83でクロフネサプライズだった（4着）。80台でも84以下の場合は、全面的に信頼できないのは間違いなさそうだ。

さすがに14位以下の馬の激走は難しそうだが、13位までは馬券になっているので、まったく無視するのも危険かもしれない。

PG（SPG）該当馬の馬券圏内はないが、13年3着だった10位49プリンセスジャックは、14番人気（単勝87・4倍）の裏PG馬だった。

桜花賞●過去10年のコンピ順位別成績

順位	着別度数
1位	3- 2- 0- 5/10
2位	3- 4- 0- 3/10
3位	1- 0- 0- 9/10
4位	1- 1- 1- 7/10
5位	0- 1- 3- 6/10
6位	0- 1- 2- 7/10
7位	0- 0- 1- 9/10
8位	1- 0- 1- 8/10
9位	0- 0- 0-10/10
10位	0- 0- 1- 9/10
11位	1- 0- 0- 9/10
12位	0- 0- 1- 9/10
13位	0- 1- 0- 9/10
14位	0- 0- 0-10/10
15位	0- 0- 0-10/10
16位	0- 0- 0-10/10
17位	0- 0- 0-10/10
18位	0- 0- 0- 9/ 9

2007～16年

桜花賞のコンピ攻略ポイント

- 1位は80台でも安定性に欠き、2位が3着以内の回数で上回っている。
- 過去10年で4位以内が8勝も、1位指数が低ければ大波乱の目もある。
- PG（SPG）馬は馬券になったことはない。
  裏PG（SPG）馬の一発に注意。

皐月賞

2017年4月16日
中山芝2000m

1位馬は直近10年でわずか1勝…替わって伏兵の5位が大活躍！

コンピ1位馬は過去10年で1勝しかしていない。2、3着はあるものの、指数の値に関わらず、これだけ勝てないのは珍しいだろう。

1位が1着になったのは、2010年、指数85のヴィクトワールピサが最後。09年には1位90ロジユニヴァースは14着に大敗するなど、指数に関係なく不安定な状況だ。

この2年でも、15年1位83サトノクラウンが6着、16年1位81リオンディーズが降着に見舞われ5着（入線は4着）というありさまで、連続して馬券圏内を外している。

目立つのは5位の3勝。11年指数58オルフェーヴル、12年57ゴールドシップ、16年54ディーマジェスティが勝利している。

中でも、ディーマジェスティはなぜか人気がなく、裏PG該当馬（8番人気、単勝30・9倍）だった。

二ケタ順位の馬が勝利することはないが、2、3着に入ることは珍しくない。近2年は1位馬がコケても二ケタ順位の台頭はないが、14年は3着に10位49ウインフルブルーム（8番人気、単勝24・9倍）が入っており見逃せない。

皐月賞●過去3年成績

年月日	着順	枠番	馬番	馬名	人気	コンピ	配当
2014年4月20日	1	1	2	イスラボニータ	2	3位（67）	1900円
	2	8	17	トゥザワールド	1	1位（76）	7690円
	3	8	18	ウインフルブルーム	8	10位（49）	33490円
2015年4月19日	1	2	2	ドゥラメンテ	3	3位（63）	1530円
	2	3	5	リアルスティール	2	2位（73）	3110円
	3	4	7	キタサンブラック	4	6位（55）	12360円
2016年4月17日	1	8	18	ディーマジェスティ	8	5位（54）	17680円
	2	2	3	マカヒキ	3	2位（73）	6000円
	3	6	11	サトノダイヤモンド	1	3位（72）	70390円

配当は上から馬単、3連複、3連単

10年以前は16位も二度馬券になっているほどで、二ケタ順位馬がそれなりに台頭している。

そしてこのレースでは、ＰＧ、ＳＰＧ馬を積極的に買いたい。

・09年2着トライアンフマーチ…12位47→8番人気（単勝51・3倍）
・10年3着エイシンフラッシュ…16位42→11番人気（40・0倍）
・11年3着ダノンバラード…13位47→8番人気（18・9倍）

このように大番狂わせが目立っている。裏ＰＧ馬は前述した16年のディーマジェスティのみが激走している。

皐月賞●過去10年のコンピ順位別成績

順位	着別度数
1位	1- 3- 1- 5/ 10
2位	2- 3- 1- 4/ 10
3位	2- 0- 2- 6/ 10
4位	0- 0- 1- 9/ 10
5位	3- 0- 1- 6/ 10
6位	0- 2- 1- 7/ 10
7位	0- 0- 0- 10/ 10
8位	2- 0- 0- 8/ 10
9位	0- 0- 0- 10/ 10
10位	0- 0- 1- 9/ 10
11位	0- 0- 0- 10/ 10
12位	0- 1- 0- 9/ 10
13位	0- 0- 1- 9/ 10
14位	0- 0- 0- 10/ 10
15位	0- 0- 0- 10/ 10
16位	0- 1- 1- 7/ 9
17位	0- 0- 0- 9/ 9
18位	0- 0- 0- 9/ 9

2007～16年

皐月賞のコンピ攻略ポイント

・1位は80台でも安定性に欠く。過去10年で馬券圏内は5回も1勝のみ。
・5位3勝、8位2勝というように、コンピ上位ではない馬の勝利も目立つ。
・ＰＧ（ＳＰＧ）馬は積極的に買い。1着になるケースは少ないが2、3着に入って波乱を呼ぶ。

天皇賞春

2017年4月30日
京都芝3200m

1位馬が弱く波乱度の高いGⅠ
2、3位馬と下位の穴馬のセットで

とにかく1位が弱いGⅠといっていいだろう。ここ10年で1勝・3着1回あるのみで、最後に馬券になったのは2010年のジャガーメイル（1位76）。

1位指数が90だった12年オルフェーヴル、13年ゴールドシップ、88だった14年キズナ、86だった16年ゴルドアクターなど、軒並み指数値の高い1位馬でも簡単に飛んでしまうレースだ。

一方、2位は過去10年で4勝・2着2回と堅実に走っている。1位馬を軸にするくらいだったら、2位を信用したいところだ。

2位または3位のどちらか1頭が毎年のように馬券になっており、2頭とも馬券にならなかったのは15年の一度のみ。大波乱が珍しくないレースだが、2位または3位に下位馬を絡めて馬券を構築するのがベターだ。

実際、コンピ下位の馬の激走も目立ち、17位は過去10年で二度も馬券になっている（10年3着メイショウドンタク、16年2着カレンミロティック）。

17位ともなると、買いづらい順位の馬ではあるが、16年

天皇賞春●過去3年成績

年月日	着順	枠番	馬番	馬名	人気	コンピ	配当
2014年5月4日	1	4	7	フェノーメノ	4	4位（60）	5670円
	2	6	12	ウインバリアシオン	3	2位（69）	38790円
	3	3	6	ホッコーブレーヴ	12	13位（45）	211180円
2015年5月3日	1	1	1	ゴールドシップ	2	5位（56）	8480円
	2	7	14	フェイムゲーム	7	9位（49）	57160円
	3	1	2	カレンミロティック	10	11位（47）	236300円
2016年5月1日	1	1	1	キタサンブラック	2	2位（64）	29950円
	2	2	3	カレンミロティック	13	17位（41）	32350円
	3	4	8	シュヴァルグラン	3	4位（59）	242730円

配当は上から馬単、3連複、3連単

2着のカレンミロティックはＰＧ馬に該当していた。15年1着もＰＧ馬のゴールドシップが勝利しており、ここ２年ではＰＧ馬が馬券になっている。

今、最も荒れるＧⅠといってよく、09年以降３連単10万円超の配当が続いている。90、１００万馬券も飛び出しているように波乱度も高い。

ちなみに、１番人気馬は過去10年で連対すらない状況だ（1位の1勝は2番人気時）。どちらにしても絞りにくいＧⅠなのは間違いなく、ヒモは手広く買うのがポイントとなってくる。

ただし、17年からは同じ4月のアタマに大阪杯がＧⅠ昇格するので、出走頭数が減る可能性もあり、傾向通りとなるかは不透明な部分もあるが……。

天皇賞春●過去10年のコンピ順位別成績

順位	着別度数
1位	1- 0- 1- 8/ 10
2位	4- 2- 0- 4/ 10
3位	0- 3- 2- 5/ 10
4位	1- 2- 2- 5/ 10
5位	1- 0- 0- 9/ 10
6位	1- 0- 1- 8/ 10
7位	0- 0- 1- 9/ 10
8位	0- 0- 0- 10/ 10
9位	0- 1- 0- 9/ 10
10位	1- 0- 0- 9/ 10
11位	0- 1- 1- 8/ 10
12位	0- 0- 0- 10/ 10
13位	0- 0- 1- 9/ 10
14位	0- 0- 0- 10/ 10
15位	1- 0- 0- 8/ 9
16位	0- 0- 0- 9/ 9
17位	0- 1- 1- 6/ 8
18位	0- 0- 0- 7/ 7

2007～16年

天皇賞春のコンピ攻略ポイント

- １位は過去 10 年で１勝のみ。３着も１回しかなく軸には向いていない。
- ２、３位馬は、ほぼ１頭は馬券になっている状況。２、３位と下位の穴馬を絡めるのが高配当ヒットのコツ。下位は二ケタ順位でも油断できない。
- 15、16 年とＰＧ馬が馬券圏内に。低順位の馬でもＰＧ状態にある馬は注意せよ。

NHKマイルC

2017年5月7日
東京芝1600m

極端な傾向……1、2位は強いが、二ケタ順位馬の激走も侮れない！

基本的には1、2位が強いレースだが、9位以下も馬券になる傾向があり、順位や指数が低くても一方的に無視するのは危険だ。

パターンとしては2015、16年のように1位または2位が馬券になっている例や、14年のように10位以下の馬が2頭台頭するケースに分かれるもよう。当然のことながら後者の場合、3連単で10万円超の高配当となる。

また、3～6位は2、3着こそあるものの勝利ナシ。この順位の馬を1着付けにするくらいなら、1位または2位をアタマに据えた馬券のほうが有効だ。実際、1位馬が馬券になっても、二ケタ順位の馬が2頭3着に入れば、とてつもない配当を運んでくる。

最も荒れたのが07年。1着が12位47ピンクカメオ（17番人気、単勝76・0倍）、2着1位70ローレルゲレイロ（1番人気、5・5倍）、3着18位40ムラマサノヨートー（18番人気、136・6倍）の順で入線。3連複122万1770円、3連単973万9870円というモンスター配当になった。

NHKマイルC●過去3年成績

年月日	着順	枠番	馬番	馬名	人気	コンピ	配当
2014年5月11日	1	5	10	ミッキーアイル	1	1位（84）	15860円
	2	1	2	タガノブルグ	17	17位（41）	188380円
	3	1	1	キングズオブザサン	12	12位（47）	684020円
2015年5月10日	1	4	7	クラリティスカイ	3	2位（71）	5990円
	2	5	9	マルビアーノ	4	4位（58）	6200円
	3	6	12	ミュゼスルタン	2	3位（68）	36720円
2016年5月8日	1	2	4	メジャーエンブレム	1	2位（78）	1470円
	2	3	5	ロードクエスト	2	1位（81）	11190円
	3	8	16	レインボーライン	12	9位（52）	33030円

配当は上から馬単、3連複、3連単

この例は極端なケースかもしれない……が、14年も表にある通り、1位84ミッキーアイルこそ1着だったが、2、3着に二ケタ順位の馬が2頭入って3連複18万馬券、3連単68万馬券という具合。ＮＨＫマイルＣはこのように波乱傾向が強い年と、比較的堅めに収まる年と極端なケースが多いようだ。

天皇賞春に比べると、荒れていない年もあるのは確かだが、過去10年で3連単10万円超が6本飛び出し、そのうちの3本は3連単１００万円超の配当になっている。

狙いを定めて的中させるのは難しいものの、順位や指数の低い馬は、できる限りヒモで拾っておいたほうがよさそうだ。

NHKマイルC●過去10年のコンピ順位別成績

順位	着別度数
1位	3- 2- 0- 5/ 10
2位	4- 1- 0- 5/ 10
3位	0- 1- 3- 6/ 10
4位	0- 3- 0- 7/ 10
5位	0- 1- 0- 9/ 10
6位	0- 1- 0- 9/ 10
7位	1- 0- 0- 9/ 10
8位	0- 0- 0- 10/ 10
9位	0- 0- 1- 9/ 10
10位	0- 0- 1- 9/ 10
11位	1- 0- 0- 9/ 10
12位	1- 0- 1- 8/ 10
13位	0- 0- 0- 10/ 10
14位	0- 0- 1- 9/ 10
15位	0- 0- 1- 9/ 10
16位	0- 0- 0- 10/ 10
17位	0- 1- 1- 8/ 10
18位	0- 0- 1- 9/ 10

2007～16年

ＮＨＫマイルＣのコンピ攻略ポイント

- 基本的には１位または２位が勝ち切る。３着以内の回数では２位が１位を上回る。
- ３～６位は２、３着はあるものの、過去 10 年では勝利ナシ。
- 裏ＰＧ（裏ＳＰＧ）状態にある馬が、低評価を覆して馬券圏内に食い込むケースも目立つ。二ケタ順位馬の激走にも注意、ヒモで拾っておきたい。

ヴィクトリアM

2017年5月14日
東京芝1600m

オドロキの18位だって飛んでくる！ ニケタ順位のPG馬の連絡みもマークせよ

２０１５年、ＧⅠ史上最高の３連単２０７０万馬券という仰天配当が飛び出したことは、まだ記憶に新しいところだろう。

その大波乱の主役は、３着に粘ったコンピ18位40のミナレット。リアルオッズでも最低の18番人気、まったくの無印馬だった。

その前年14年も17位41のストレイトガールが馬券になり（３着）、３連単40万馬券を演出した。15、16年と当レースを連覇するストレイトガールだが、その14年は６番人気という具合で、飛び抜けたＳＰＧ馬だった。

ピンポイントで指数下位の馬を狙うのは難しいところはあるものの、14年ストレイトガールのような例は積極的に買いたい。

1位馬は3勝・2着3回とまずまずの成績。その3勝はいずれも指数が85以上だった。まず1位馬の指数を確認して、勝利するのかどうかを見極めたい。

一方、2～5位馬は物足りない成績だ。特に2位は1勝・2着1回・3着1回というもの。過去10年で1位と2位が

ヴィクトリアM●過去3年成績

年月日	着順	枠番	馬番	馬名	人気	コンピ	配当
2014年5月18日	1	7	14	ヴィルシーナ	11	9位（52）	28050円
	2	2	4	メイショウマンボ	3	2位（69）	50720円
	3	1	1	ストレイトガール	6	17位（41）	407940円
2015年5月17日	1	3	5	ストレイトガール	5	7位（53）	73990円
	2	4	7	ケイアイエレガント	12	12位（48）	2860480円
	3	8	8	ミナレット	18	18位（40）	20705810円
2016年5月15日	1	7	13	ストレイトガール	7	6位（57）	9790円
	2	5	10	ミッキークイーン	1	1位（80）	6090円
	3	7	15	ショウナンパンドラ	2	2位（78）	48310円

配当は上から馬単、3連複、3連単

ヴィクトリアM●過去10年のコンピ順位別成績

順位	着別度数
1位	3- 3- 0- 4/ 10
2位	1- 1- 1- 7/ 10
3位	0- 0- 2- 8/ 10
4位	1- 0- 0- 9/ 10
5位	0- 0- 2- 8/ 10
6位	1- 0- 1- 8/ 10
7位	2- 1- 0- 7/ 10
8位	0- 1- 0- 9/ 10
9位	1- 1- 1- 7/ 10
10位	0- 0- 1- 9/ 10
11位	0- 0- 0- 10/ 10
12位	1- 1- 0- 8/ 10
13位	0- 1- 0- 9/ 10
14位	0- 0- 0- 10/ 10
15位	0- 0- 0- 10/ 10
16位	0- 1- 0- 9/ 10
17位	0- 0- 1- 9/ 10
18位	0- 0- 1- 8/ 9

2007～16年

同時に馬券になったのは2回しかない。

15年のようような3連単２０７０万馬券というようなレースはなかなか飛び出さないと思うが、９位以下が平気で馬券になっていることにも注目。低順位の中では特にＰＧ（ＳＰＧ）馬は積極的に買いたい。

13年２着ホーエルキャプチャは16位42で12番人気（単勝44・０倍）、先述した14年３着ストレイトガールは17位41で６番人気（13・７倍）という状況だった。

指数では53、52が浮上する。この２指数で【３—２—１—11】という状況で、穴馬が潜んでいるケースが高い。14年１着ヴィルシーナが９位52、15年１着ストレイトガールが７位53で該当している。

ヴィクトリアMのコンピ攻略ポイント

・１位が85以上の指数ならしっかり勝ち切るが、84以下は着外になるケースも少なくない。

・２～５位は苦戦傾向。１位と２位が同時に馬券になったのは２回のみ。

・指数では53、52に穴馬が潜む。さらに二ケタ順位の馬でＰＧ（ＳＰＧ）馬は大穴だ。

オークス

2017年5月21日
東京芝2400m

二ケタ順位の番狂わせは見込み薄……
馬単、3連単は1位の2着付け作戦が効果あり

1位馬は12年以降、必ず3着以内に走っている。

基本的に堅く収まる傾向が強く、二ケタ順位では、13年にメイショウマンボが11位50（9番人気、単勝28・5倍）で1着になっただけ。基本的に10位以下の馬は、まず馬券にならないと思っていいだろう。

ただ、1位馬の成績が示す通り、3勝はしているものの、2、3着に取りこぼすコースが珍しくない。そういった意味では2〜5位を1着、1位を2着に置いた馬単、3連単作戦が有効だ。

そうすると07年、12年、14年、15年が的中する。14、15年は下の表をご覧いただくとして、他の2年の成績は次の通りだった。

・07年4位58ローブデコルテ↓1位86ベッラレイア
↓9位49ラブカーナ
馬単4590円　3連複1万450円
3連単5万7000円

・12年3位67ジェンティルドンナ↓1位80ヴィルシーナ
↓3位6位54アイスフォーリス

オークス●過去3年成績

年月日	着順	枠番	馬番	馬名	人気	コンピ	配当
2014年5月25日	1	5	9	ヌーヴォレコルト	2	2位（68）	1730円
	2	5	10	ハープスター	1	1位（90）	1530円
	3	3	5	バウンスシャッセ	3	4位（58）	12850円
2015年5月24日	1	5	10	ミッキークイーン	3	4位（60）	3030円
	2	7	14	ルージュバック	1	1位（80）	4140円
	3	8	17	クルミナル	6	5位（58）	20150円
2016年5月22日	1	2	3	シンハライト	1	1位（90）	650円
	2	7	13	チェッキーノ	2	2位（70）	2070円
	3	7	14	ビッシュ	5	8位（50）	5790円

配当は上から馬単、3連複、3連単

馬単1900円　3連複6640円
3連単3万610円

ヒモの3着欄は過去の結果から10位以下を無視、9位までとすればいい。

1位が2着で決着した場合、堅めとはいっても、3連単で万馬券にならなかったケースはない。07年の5万馬券はつき過ぎだと思うが、14年のように上位人気馬同士の決着でも万馬券になっている。

一ケタ順位同士の決着とはいっても、1位が2着になるだけで3連単の配当は変わってくるのは間違いなく、これなら点数も広がりすぎることはないだろう。

オークス●過去10年のコンピ順位別成績

順位	着別度数
1位	3- 4- 1- 2/10
2位	1- 2- 1- 6/10
3位	1- 0- 0- 9/10
4位	2- 0- 1- 7/10
5位	2- 1- 1- 6/10
6位	0- 0- 3- 7/10
7位	0- 0- 1- 9/10
8位	0- 1- 1- 8/10
9位	1- 1- 1- 6/ 9
10位	0- 0- 0- 10/10
11位	1- 0- 0- 9/10
12位	0- 0- 0- 10/10
13位	0- 0- 0- 10/10
14位	0- 0- 0- 10/10
15位	0- 0- 0- 10/10
16位	0- 0- 0- 10/10
17位	0- 0- 0- 10/10
18位	0- 0- 0- 9/ 9

2007～16年

オークスのコンピ攻略ポイント

- 12年以降、1位は必ず3着以内に。ただ、詰めは甘く過去10年で3勝と平凡。
- 2～5位を1着欄、1位馬を2着欄、一ケタ順位の馬を3着欄で、3連単万馬券狙いが有効。
- 二ケタ順位で馬券になったのは、過去10年で1頭のみ。指数下位の馬の巻き返しはほとんどナシ。

日本ダービー

2017年5月28日
東京芝2400m

あのウオッカもマカヒキもそうだった!
4位馬の大駆けに要注意

過去10年では、コンピ5位以内の馬が勝利している。6位以下の馬では1着がない状況だ。

ただ、1位は複勝率が50%しかなく堅軸とまではいえない。2016年は1位78リオンディーズが4番人気(単勝5・5倍)の裏PG馬に該当し、5着に敗れている。

1位の指数に関係なく不安定なのは間違いなく、07年は1位90フサイチホウオーが圧倒的1番人気(1・6倍)に推されたが、7着に敗れたこともあった。09年は1位88アンライバルドが1番人気(2・1倍)と高い評価だったが、こちらも12着に敗れている。90や88の高い指数となっても信頼できないのだ。

一発という意味では4位馬だろう。07年ウオッカ(指数57)、10年エイシンフラッシュ(55)、16年4位マカヒキ(64)で、計3勝を挙げている。

指数下位で穴をあけるのはPG(SPG)馬。07年17位41アサクサキングスは14番人気(84・5倍)で2着、13年13位48アポロソニックは8番人気(61・6倍)で3着している。

日本ダービー●過去3年成績

年月日	着順	枠番	馬番	馬名	人気	コンピ	配当
2014年6月1日	1	1	2	ワンアンドオンリー	3	2位(74)	1860円
	2	7	13	イスラボニータ	1	1位(77)	27470円
	3	2	3	マイネルフロスト	12	10位(47)	103300円
2015年5月31日	1	7	14	ドゥラメンテ	1	1位(84)	2220円
	2	1	1	サトノラーゼン	5	6位(54)	3950円
	3	6	11	サトノクラウン	3	3位(64)	15760円
2016年5月29日	1	2	3	マカヒキ	3	4位(64)	1420円
	2	4	8	サトノダイヤモンド	2	2位(70)	850円
	3	1	1	ディーマジェスティ	1	3位(67)	4600円

配当は上から馬単、3連複、3連単

日本ダービー●過去10年のコンピ順位別成績

順位	着別度数
1位	3- 1- 1- 5/ 10
2位	2- 1- 1- 6/ 10
3位	1- 2- 2- 5/ 10
4位	3- 0- 0- 7/ 10
5位	1- 1- 0- 8/ 10
6位	0- 2- 1- 7/ 10
7位	0- 1- 1- 8/ 10
8位	0- 0- 1- 9/ 10
9位	0- 0- 1- 9/ 10
10位	0- 0- 1- 9/ 10
11位	0- 1- 0- 9/ 10
12位	0- 0- 0- 10/ 10
13位	0- 0- 1- 9/ 10
14位	0- 0- 0- 10/ 10
15位	0- 0- 0- 10/ 10
16位	0- 0- 0- 10/ 10
17位	0- 1- 0- 9/ 10
18位	0- 0- 0- 8/ 8

2007〜16年

4〜6位では裏ＰＧ（ＳＰＧ）状態の馬もよく走っている。10年4位55エイシンフラッシュは7番人気（31・9倍）1着、11年6位56ウインバリアシオンは10番人気（24・4倍）で2着という具合だ。リアルオッズの変動には注意してほしい。

また13年以降、1枠にコンピ6位以内の馬が入ると、必ず1頭は馬券になっている。

13年1着キズナ、14年1着ワンアンドオンリー、15年2着サトノラーゼン、16年3着ディーマジェスティ……近年のコンピトレンドとして、1枠に入った馬の順位には注目したい。

日本ダービーのコンピ攻略ポイント

- 勝利するのは５位以内。１位馬は３勝しているが、高指数でも凡走があり不安定。
- ４位馬も１位馬と並び３勝を挙げている。指数に関わらず一発に注意。
- ＰＧ、裏ＰＧ状態の馬がよく馬券に絡む。コンピ下位馬ならＰＧ、上位馬は裏ＰＧが穴。
- 近４年は６位以内の馬が１枠に入ると馬券に絡んでいる。

安田記念

2017年6月4日
東京芝1600m

上位は明暗ハッキリ！
1位は連対圏、2、3位はすっ飛ぶ

1位は2010、11年こそ馬券圏外になっているが、過去10年でその2年を除くと、すべて2着以上をキープしている。1番人気に支持されないケースも多いが、1位を軸にする際は2着以上（連対）と覚えておこう。12年以降は、指数に関わらず必ず連対している。

一方、2位は09年にウオッカが勝利しているものの、他はすべて着外に終わっている。さらに10年以降は馬券圏内に来たことはない。

つまり、1、2位流しのような馬券はまず不要ということだ。先述の09年に1着2位78のウオッカ、2着1位82ディープスカイで決まったことがある程度。

加えて3位も12年以降、馬券になっていない。1位が軸でも、2、3位を蹴飛ばしていいGIということになる。

激走が目立つのが8位だろう。1位が馬券圏外だった10年はショウワモダン、11年もリアルインパクトで勝利。16年は1位88モーリスを抑えて、8位48のロゴタイプが8番人気（単勝36・9倍）で勝利している。

14年も8位54ショウナンマイティが10番人気（37・1倍）

安田記念●過去3年成績

年月日	着順	枠番	馬番	馬名	人気	コンピ	配当
2014年6月8日	1	5	10	ジャスタウェイ	1	1位(86)	20330円
	2	6	12	グランプリボス	16	17位(40)	91160円
	3	6	11	ショウナンマイティ	10	8位(54)	373470円
2015年6月7日	1	3	6	モーリス	1	1位(80)	2680円
	2	7	13	ヴァンセンヌ	3	6位(53)	40690円
	3	6	12	クラレント	12	13位(46)	127190円
2016年6月5日	1	5	6	ロゴタイプ	8	8位(48)	11580円
	2	6	8	モーリス	1	1位(88)	14990円
	3	7	10	フィエロ	6	5位(53)	153560円

配当は上から馬単、3連複、3連単

で3着をキープ。近年の安田記念の激走順位となっているのだ。

もうひとつ、PG（SPG）馬、裏PG（裏SPG）馬を見かけたら軸にしていいほど激走率が高い。

07年6位56ジョリーダンスは9番人気（22・8倍）で裏PGながら3着に入った。

PG馬は08年13位48エイシンドーバーが9番人気（33・6倍）で3着、13年5位61ロードカナロアが1番人気（4・0倍）で1着、15年6位56ヴァンセンヌが3番人気（6・6倍）で2着という具合で、指数や順位に関わらず好走する確率が高いようだ。

安田記念●過去10年のコンピ順位別成績

順位	着別度数
1位	5- 3- 0- 2/10
2位	1- 0- 0- 9/10
3位	0- 2- 0- 8/10
4位	0- 1- 0- 9/10
5位	1- 1- 2- 6/10
6位	0- 1- 1- 8/10
7位	0- 0- 1- 9/10
8位	3- 0- 1- 6/10
9位	0- 0- 0-10/10
10位	0- 0- 1- 9/10
11位	0- 0- 1- 9/10
12位	0- 1- 0- 9/10
13位	0- 0- 2- 7/ 9
14位	0- 0- 0- 9/ 9
15位	0- 0- 1- 8/ 9
16位	0- 0- 0- 9/ 9
17位	0- 1- 0- 8/ 9
18位	0- 0- 0- 7/ 7

2007〜16年

安田記念のコンピ攻略ポイント

- 1位は12年以降、連対圏をキープ。2位は10年以降、3位も12年以降、馬券圏外となっている。
- 配当をハネ上げるのが8位の激走。16年ロゴタイプ筆頭に3勝・3着1回。馬券になったレースはいずれも3連単10万円以上！
- PG馬が激走する。裏PG馬も3着があり、リアルオッズとのズレには要注意。

宝塚記念

2017年6月25日
阪神芝2200m

1位に勝利ナシ……1位馬が1番人気にならないと、さらに危険度アップ！

1位馬の成績を見て驚くことだろう。2、3着には来ているが、過去10年で勝利がない。もともと宝塚記念は1番人気馬が勝てないレースだが（2勝）、1位馬が必ずしも1番人気にならないし、それでも指数や頭数に関わらず成績を残せていない。

2016年は1位90ドゥラメンテが1番人気（単勝1・9倍）に支持されたが、7位51マリアライトにクビ差届かず2着に敗れている。

危険な1位馬を見極める方法としては、「1位が70台」、「1位が1番人気ではない」といったケースで、馬券圏外になる率がアップする。

例えば、07年1位72ウオッカは1番人気（2・1倍）だったが8着。ダービーを制覇した3歳牝馬が宝塚記念に出走する、異例のローテーションだったことも影響していると は思うのだが、結果を残せなかった。

11年は1位81のルーラーシップが2番人気（3・7倍）で5着。14年1位80のウインバリアシオンが2番人気（3・0倍）で7着というように着外に終わっているのだ。

宝塚記念●過去3年成績

年月日	着順	枠番	馬番	馬名	人気	コンピ	配当
2014年6月29日	1	8	11	ゴールドシップ	1	2位(74)	10210円
	2	5	5	カレンミロティック	9	12位(40)	57870円
	3	3	3	ヴィルシーナ	8	6位(52)	251440円
2015年6月28日	1	8	16	ラブリーデイ	6	5位(55)	19250円
	2	3	6	デニムアンドルビー	10	8位(52)	157770円
	3	1	1	ショウナンパンドラ	11	11位(49)	528510円
2016年6月26日	1	8	16	マリアライト	8	7位(51)	8460円
	2	5	9	ドゥラメンテ	1	1位(90)	2800円
	3	2	3	キタサンブラック	2	2位(67)	26250円

配当は上から馬単、3連複、3連単

シーズン末期のＧⅠということで、フルゲートにならないこともよくあるが、13位以下は過去10年で馬券になっていない。

基本的には２、３位馬が軸となる。２位馬が１位馬を抑えて１番人気になったケースは３回あったが、すべて連対した。

11年２位73ブエナビスタが１番人気（２・８倍）で２着、12年２位63オルフェーヴルが１番人気（３・２倍）で１着、14年２位74ゴールドシップが１番人気（２・７倍）で１着という具合。

３位馬も、２番人気以内になった３頭すべてが、３着以内をキープした。

宝塚記念●過去10年のコンピ順位別成績

順位	着別度数
1位	0- 4- 2- 4/ 10
2位	3- 2- 1- 4/ 10
3位	2- 1- 2- 5/ 10
4位	1- 0- 0- 9/ 10
5位	2- 1- 2- 5/ 10
6位	0- 0- 1- 9/ 10
7位	1- 0- 0- 9/ 10
8位	0- 1- 0- 9/ 10
9位	0- 0- 0-10/ 10
10位	0- 0- 1- 9/ 10
11位	1- 0- 1- 8/ 10
12位	0- 1- 0- 8/ 9
13位	0- 0- 0- 8/ 8
14位	0- 0- 0- 8/ 8
15位	0- 0- 0- 6/ 6
16位	0- 0- 0- 6/ 6
17位	0- 0- 0- 3/ 3
18位	0- 0- 0- 1/ 1

2007～16年

宝塚記念のコンピ攻略ポイント

- １位は過去10年で勝利ナシ。90、88といった高い指数でも勝てない！
- １位が70台、２番人気以下であれば馬券圏外に沈むケースも目立つ。
- ２位馬が１番人気、３位馬が２番人気以内なら、すべて３着以内に入っている。
- 13位以下は馬券圏外と考えていいい。

スプリンターズS 2017年10月1日 中山芝1200m

1、2位の連対率が高い 15、16位除く二ケタ順位馬も注意が必要

近3年、3連単が10万円超のレースが続いていることからもわかる通り、波乱含みのレースといっていい。

2011年以降は、二ケタ順位の馬が必ず1頭は馬券圏内になっているのも見逃せない。1、2着がコンピ上位馬の決着でも、3着に二ケタ順位馬が入ることは少なくない。

1位は3勝・2着3回という成績で、馬券になる際は2着以上。2位も同様の傾向で2勝・2着3回という成績で3着ナシ。表で明らかなように、4位以内の馬が馬券になる際は連対以上というレースが続いている。

コンピ上位では、3位が2着1回のみと不振。16年2着に入ったミッキーアイルは久々に馬券になったクチだ。

4位も馬券圏内は11年カレンチャンが勝利しているのみで、基本的には不振。1、2位を軸にするなら連対以上、3、4位はヒモに加えておけば十分で、間違っても軸にはしないように。

馬券的なポイントは5〜9位と10位以下の馬の取り扱いだろうか。

5〜9位は勝利もあるが、基本的には3着付けで狙いた

スプリンターズS●過去3年成績

年月日	着順	枠番	馬番	馬名	人気	コンピ	配当
2014年10月5日	1	8	18	スノードラゴン	13	12位(48)	26040円
	2	5	9	ストレイトガール	2	2位(76)	19580円
	3	7	13	レッドオーヴァル	5	7位(53)	190930円
2015年10月4日	1	1	2	ストレイトガール	1	1位(78)	9090円
	2	2	4	サクラゴスペル	11	12位(46)	23020円
	3	3	6	ウキヨノカゼ	9	6位(55)	106170円
2016年10月2日	1	7	13	レッドファルクス	3	5位(56)	8240円
	2	8	15	ミッキーアイル	2	3位(62)	42230円
	3	2	4	ソルヴェイグ	9	14位(42)	180060円

配当は上から馬単、3連複、3連単

スプリンターズS●過去10年のコンピ順位別成績

順位	着別度数
1位	3- 3- 0- 4/ 10
2位	2- 3- 0- 5/ 10
3位	0- 1- 0- 9/ 10
4位	1- 0- 0- 9/ 10
5位	1- 1- 1- 7/ 10
6位	0- 0- 1- 9/ 10
7位	0- 0- 3- 7/ 10
8位	2- 0- 0- 7/ 9
9位	0- 0- 2- 8/ 10
10位	0- 0- 0- 10/ 10
11位	0- 1- 0- 9/ 10
12位	1- 1- 1- 7/ 10
13位	0- 0- 1- 9/ 10
14位	0- 0- 1- 9/ 10
15位	0- 0- 0- 10/ 10
16位	0- 0- 0- 9/ 9
17位	0- 0- 0- 1/ 1
18位	0- 0- 0- 1/ 1

2007〜16年

いところ。

8位馬の2勝は09年ローレルゲレイロ、10年ウルトラファンタジーが挙げたもので、11年以降は馬券になっていないのが現状だ。

二ケタ順位の馬は15、16位はさすがに苦戦しており馬券圏内ナシ。

16年14位42のソルヴェイグが9番人気（単勝27・1倍）で3着しているものの、これ以外の馬で馬券になった馬は49〜46の指数だった。45以下はPGやSPGに該当しなければ無視していいだろう。

スプリンターズSのコンピ攻略ポイント

・1、2位は馬券になる際は連対圏。1〜4位馬は過去10年3着ナシ。

・3位が馬券になったのは過去10年で16年のみ。4位も不振でヒモで十分！

・5〜9位は3着付けで狙い。二ケタ順位の馬は指数49〜46に該当する馬だけが買い。

秋華賞

2017年10月15日
京都芝2000m

1、2位いずれかが勝ち切る傾向
基本は1、2位セット馬券が有効か

コンピ上位馬がきっちりと勝ち切るレースで、1位4勝、2位4勝という具合。3位以内で計9勝を挙げている。

２００８年、14位44ブラックエンブレムが11番人気（単勝29・9倍）で1勝しているが、09年以降は3位以内の馬が勝利している。

3位の勝利も16年ヴィブロスによるものということを考えると、ほぼ1、2位のどちらかが勝利しているといっていいレースだ。

08年にブラックエンブレムが勝利した際は、2、3着も低順位&低人気の馬が食い込んだ。

2着が8位51ムードインディゴで8番人気（16・7倍）、3着が15位43プロヴィナージュで16番人気（147・2倍）。3連単1098万2020円という、とてつもないビッグ配当が飛び出している。トールポピー、レジネッタといった上位馬が後方でもがいていたシーンが、今となっては懐かしい。

ただ、3連単10万円超となったのは、その08年と13年の2回しかない。

秋華賞●過去3年成績

年月日	着順	枠番	馬番	馬名	人気	コンピ	配当
2014年10月19日	1	3	6	ショウナンパンドラ	3	2位(66)	2050円
	2	2	4	ヌーヴォレコルト	1	1位(88)	1940円
	3	6	12	タガノエトワール	4	4位(59)	12790円
2015年10月18日	1	8	18	ミッキークイーン	1	1位(77)	4100円
	2	5	9	クイーンズリング	5	6位(52)	22790円
	3	3	6	マキマムドパリ	8	7位(51)	85610円
2016年10月16日	1	4	7	ヴィブロス	3	3位(66)	6170円
	2	2	3	パールコード	4	4位(57)	20940円
	3	7	15	カイザーバル	8	8位(53)	95520円

配当は上から馬単、3連複、3連単

神ってるぜ！日刊コンピ王

ちなみに13年は、1着に2位71メイショウマンボ（3番人気、5・2倍）、2着1位81スマートレイアー（2番人気、3・5倍）、3着17位41リラコサージュ（15番人気、131・6倍）という入線順で、1、2着は順当な決着だったが、3着にリラコサージュが入り、3連単23万馬券となった。基本的にはコンピ上位馬同士の決着を狙うレースだろう。

16年は珍しく1、2位が2頭とも3着を外したが、これは1000万馬券となった08年以来の出来事だった。

一方で、1、2位が2頭とも3着に入ったのは、09〜14年の6回ある。15、16年の結果を見ると、傾向も変わりつつあると思うが、原則的には1、2位が強いといっていいだろう。

秋華賞●過去10年のコンピ順位別成績

順位	着別度数
1位	4- 2- 2- 2/ 10
2位	4- 1- 1- 4/ 10
3位	1- 1- 1- 7/ 10
4位	0- 1- 2- 7/ 10
5位	0- 1- 0- 9/ 10
6位	0- 3- 0- 7/ 10
7位	0- 0- 1- 9/ 10
8位	0- 1- 1- 8/ 10
9位	0- 0- 0- 10/ 10
10位	0- 0- 0- 10/ 10
11位	0- 0- 0- 10/ 10
12位	0- 0- 0- 10/ 10
13位	0- 0- 0- 10/ 10
14位	1- 0- 0- 9/ 10
15位	0- 0- 1- 9/ 10
16位	0- 0- 0- 9/ 9
17位	0- 0- 1- 9/ 10
18位	0- 0- 0- 10/ 10

2007〜16年

秋華賞のコンピ攻略ポイント

・過去10年で1位4勝、2位4勝、3位1勝。勝つのは3位以内で、1、2位が強力。
・3連単で10万円超となる決着は少なく、08、13年の2回のみ。
・09〜14年は波乱レースでも、1位＆2位馬が2頭とも3着以内に来ていた。基本は1、2位のセット馬券か。

菊花賞

2017年10月22日
京都芝3000m

1位が1番人気ではない場合は着外？
穴馬は指数52、51、49、48に潜んでいる

コンピ上位馬が必ずしも堅いわけではないが、13位以下の馬は苦戦で、２００８年18位40フローテーションが15番人気（単勝37・7倍）で3着したことがある程度。

つまり、09年以降、12位以下の馬が3着以内には1頭も入っていない。

そのフローテーションも人気や単勝オッズが示す通り、18位40という最低値ながらも、単勝万馬券ではなかったし、実力からしても18位40という馬ではなかったはず。

1位は4勝しているが、近3年では3着が最高。また、1位が1番人気に支持されなかった場合は3着もない。

09年1位77イコピコは2番人気（4・4倍）で4着、16年1位82ディーマジェスティも2番人気（3・2倍）で4着だった。

ともに4着と、馬券圏内までわずかだったとはいえ、1位が1番人気にならなかった際は、着外が濃厚で疑ってかかりたい。

馬券的に注目なのは指数52、51、49、48といったところ。47以下の馬は08年18位40フローテーション以外、馬券に

菊花賞●過去3年成績

年月日	着順	枠番	馬番	馬名	人気	コンピ	配当
2014年10月26日	1	1	2	トーホウジャッカル	3	3位(60)	4470円
	2	2	4	サウンズオブアース	4	4位(59)	13340円
	3	5	10	ゴールドアクター	7	11位(48)	59220円
2015年10月25日	1	2	4	キタサンブラック	5	7位(52)	9960円
	2	6	11	リアルスティール	2	2位(70)	4640円
	3	8	17	リアファル	1	1位(76)	38880円
2016年10月23日	1	2	3	サトノダイヤモンド	1	2位(78)	4720円
	2	6	11	レインボーライン	9	7位(53)	17550円
	3	7	13	エアスピネル	6	8位(52)	69380円

配当は上から馬単、3連複、3連単

なっておらず消しでOKだ。

先の4指数では、特に指数52が近3年の結果を見てもらえればわかる通り、2年連続馬券になっている。

一方、指数51は09年8位フォゲッタブルが7番人気（18・1倍）で2着、10年9位ビートブラックが13番人気（76・0倍）で3着、12年8位ユウキソルジャーが7番人気（24・6倍）3着という具合だ。

さらに指数49、48で馬券になった4頭のうち、3頭がPG馬だった。指数40台の馬は、49、48の馬でPG（SPG）状態にある馬のみはチェックしておくといいだろう。範囲を広げるなら、47以下の馬でもPG（SPG）であれば押さえておくといい。

菊花賞●過去10年のコンピ順位別成績

順位	着別度数
1位	4- 1- 2- 3/ 10
2位	1- 3- 0- 6/ 10
3位	1- 0- 1- 8/ 10
4位	0- 3- 0- 7/ 10
5位	1- 0- 1- 8/ 10
6位	0- 0- 1- 9/ 10
7位	1- 1- 0- 8/ 10
8位	0- 1- 2- 7/ 10
9位	0- 0- 1- 9/ 10
10位	2- 0- 0- 8/ 10
11位	0- 0- 1- 9/ 10
12位	0- 0- 1- 9/ 10
13位	0- 0- 0- 10/ 10
14位	0- 0- 0- 10/ 10
15位	0- 0- 0- 10/ 10
16位	0- 0- 0- 10/ 10
17位	0- 0- 0- 10/ 10
18位	0- 1- 0- 9/ 10

2007〜16年

菊花賞のコンピ攻略ポイント

・12位以下、指数47以下の馬は大苦戦。ただし、PG状態にある馬は注意が必要となる。
・1位が1番人気以外なら3着も危ない。逆に1位が1番人気なら堅軸傾向にある。
・配当をハネ上げるのが52、51、49、48の4指数。52は2年連続馬券圏内に入っている。

天皇賞秋

2017年10月29日
東京芝2000m

1、2位の両雄が堅実なGⅠ
下位馬、PG（裏PG）馬は大苦戦

1位馬が堅実に走るレースで、着外はわずか2回のみ。2007年アドマイヤムーンが1位82ながら2番人気（単勝3・8倍）で6着、11年ブエナビスタが1位74で4着という具合だった。1位が1番人気にならなかったのは、この07年のみ。

1位70台は他に09年79ウオッカが3着、15年75ラブリーデイが1着だった。1位が指数70台の場合は、やや割引が必要かもしれない。

2位馬は勝てないが、2、3着になるケースが目立ち、過去10年6頭が馬券圏内になっているのであれば、まずまずの成績といっていいだろう。

さらに2位は指数が70以上であれば、すべて馬券になっている。07年2位75メイショウサムソン1着、08年2位71ディープスカイ3着、13年2位70エイシンフラッシュ3着、14年2位74ジェンティルドンナ2着。

2位指数が60台では、まったく馬券にならないわけではないが、15年2位67エイシンヒカリは9着、16年2位65ルージュバックは7着というように、2年連続して馬券圏外に

天皇賞秋●過去3年成績

年月日	着順	枠番	馬番	馬名	人気	コンピ	配当
2014年11月2日	1	2	4	スピルバーグ	5	4位（57）	6780円
	2	1	1	ジェンティルドンナ	2	2位（74）	2850円
	3	7	15	イスラボニータ	1	1位（84）	23290円
2015年11月1日	1	4	8	ラブリーデイ	1	1位（75）	10390円
	2	7	14	ステファノス	10	10位（50）	24850円
	3	8	16	イスラボニータ	6	6位（55）	109310円
2016年10月30日	1	5	8	モーリス	1	1位（84）	3700円
	2	7	12	リアルスティール	7	7位（55）	7430円
	3	8	14	ステファノス	6	5位（58）	32400円

配当は上から馬単、3連複、3連単

終わっている。

指数下位の馬は大苦戦で、12位以下の馬で3着以内に入った馬はいない。指数に直せば49は1連対あるものの、48以下は3着以内ゼロという状況だ。

激走が期待できるのは5～7位の馬。近2年は必ず1頭は馬券になっているし、11、16年は2頭が馬券圏内に入っている。

またPG、裏PG馬は、07年11位49アグネスアークが7番人気(30・5倍)で2着が一度あるのみで、08年以降は馬券圏内ナシとなっている。たとえヒモでも、極端な下位馬まで拾わなくてOKだろう。

天皇賞秋●過去10年のコンピ順位別成績

順位	着別度数
1位	4- 2- 2- 2/ 10
2位	1- 1- 4- 4/ 10
3位	0- 2- 0- 8/ 10
4位	2- 0- 0- 8/ 10
5位	1- 1- 1- 7/ 10
6位	0- 0- 3- 7/ 10
7位	2- 1- 0- 7/ 10
8位	0- 0- 0- 10/ 10
9位	0- 1- 0- 9/ 10
10位	0- 1- 0- 9/ 10
11位	0- 1- 0- 9/ 10
12位	0- 0- 0- 10/ 10
13位	0- 0- 0- 10/ 10
14位	0- 0- 0- 10/ 10
15位	0- 0- 0- 10/ 10
16位	0- 0- 0- 9/ 9
17位	0- 0- 0- 8/ 8
18位	0- 0- 0- 6/ 6

2007～16年

天皇賞秋のコンピ攻略ポイント

- 1位馬が堅軸で、1番人気なら信頼できる。ただし1位70台はやや割引必要か。
- 2位は1勝のみだが、2、3着が目立つ。特に指数70以上なら3着以内パーフェクト。
- 12位以下、指数48以下の馬が馬券にならない。PG、裏PG馬も大苦戦。

エリザベス女王杯　2017年11月12日 京都芝2200m

複勝圏内なら計算できる2位軸で16年は3連単15万馬券をゲット！

2016年に5位58クイーンズリングが勝利したことにより、7位以内で勝利がないのは3位のみとなった。

ちなみに期間外の06年は8位52のフサイチパンドラが勝利していた。つまり1～7位のうち、どの順位の馬が勝っても不思議はないGIということを示しているだろう。

1位は1勝のみで、2着4回・3着1回が示すように勝ち切れていないが、馬券になる確率はまずまず。ただ、15、16年と2年連続して4着以下に終わっており、現時点では微妙な状況。少なくとも1位が指数85以下なら疑ってかかったほうがいい。

2位は2、3着で馬券になっているケースが目立つ（3着以内回数では1位を上回っている）。現在のところ、4年連続で3着以内という具合だ。

8位以下も、年によってはボチボチ馬券になっている。

下位同士のワンツーで凄かったのは09年。1着が15位43クィーンスプマンテで11番人気（単勝77・1倍）、2着16位42テイエムプリキュアで16番人気（91・6倍）、3着1位88で1番人気（1・6倍）ブエナビスタという順で

エリザベス女王杯●過去3年成績

年月日	着順	枠番	馬番	馬名	人気	コンピ	配当
2014年11月16日	1	1	1	ラキシス	3	6位（56）	2140円
	2	3	5	ヌーヴォレコルト	1	1位（79）	3030円
	3	7	15	ディアデラマドレ	6	2位（72）	15570円
2015年11月15日	1	6	12	マリアライト	6	7位（52）	4730円
	2	8	18	ヌーヴォレコルト	1	2位（75）	3770円
	3	4	8	タッチングスピーチ	4	3位（70）	23590円
2016年11月13日	1	2	3	クイーンズリング	3	5位（58）	22570円
	2	5	9	シングウィズジョイ	12	11位（47）	20680円
	3	1	1	ミッキークイーン	2	2位（68）	158930円

配当は上から馬単、3連複、3連単

入線。馬連10万2030円、馬単25万910円、3連複15万7480円、3連単154万5760円という超特大配当が飛び出した。

そういった事前データを頭に入れてチャレンジしたのが、16年エリザベス女王杯。

狙うは、データ通り2位68①ミッキークイーンの2、3着付け3連単。同レースの前までに勝てていない3位62⑤タッチングスピーチ、5位58③クイーンズリング2頭を1着に固定して、ヒモは手広く流すことにした。その際は8位以下の低順位の馬を入れるのもポイントとしている（馬券は掲載していないが、ミッキークイーンからの3連複馬

（本文P151に続く）

エリザベス女王杯●過去10年のコンピ順位別成績

順位	着別度数
1位	1- 4- 1- 3/ 9
2位	2- 2- 4- 2/10
3位	0- 1- 2- 7/10
4位	2- 1- 0- 7/10
5位	1- 0- 1- 8/10
6位	2- 0- 1- 7/10
7位	1- 0- 0- 9/10
8位	0- 0- 1- 9/10
9位	0- 0- 0-10/10
10位	0- 0- 0-10/10
11位	0- 1- 0- 9/10
12位	0- 0- 0-10/10
13位	0- 0- 0-10/10
14位	0- 0- 0-10/10
15位	1- 0- 0- 8/ 9
16位	0- 1- 0- 7/ 8
17位	0- 0- 0- 7/ 7
18位	0- 0- 0- 6/ 6

2007～16年

エリザベス女王杯のコンピ攻略ポイント

・２位が堅軸で、２、３着付けの馬券に妙味あり。
13年以降は３着以内パーフェクト。

・１位は85以下の指数であれば疑ってかかりたい。
ここ２年は連続して該当し、着外に終わっている。

・ＰＧ（ＳＰＧ）馬、裏ＰＧ（裏ＳＰＧ）馬は走る傾向。
11年大駆け１着のクィーンスプマンテなどが該当。

●2016年11月13日・京都11Rエリザベス女王杯（ＧⅠ、芝2200ｍ）

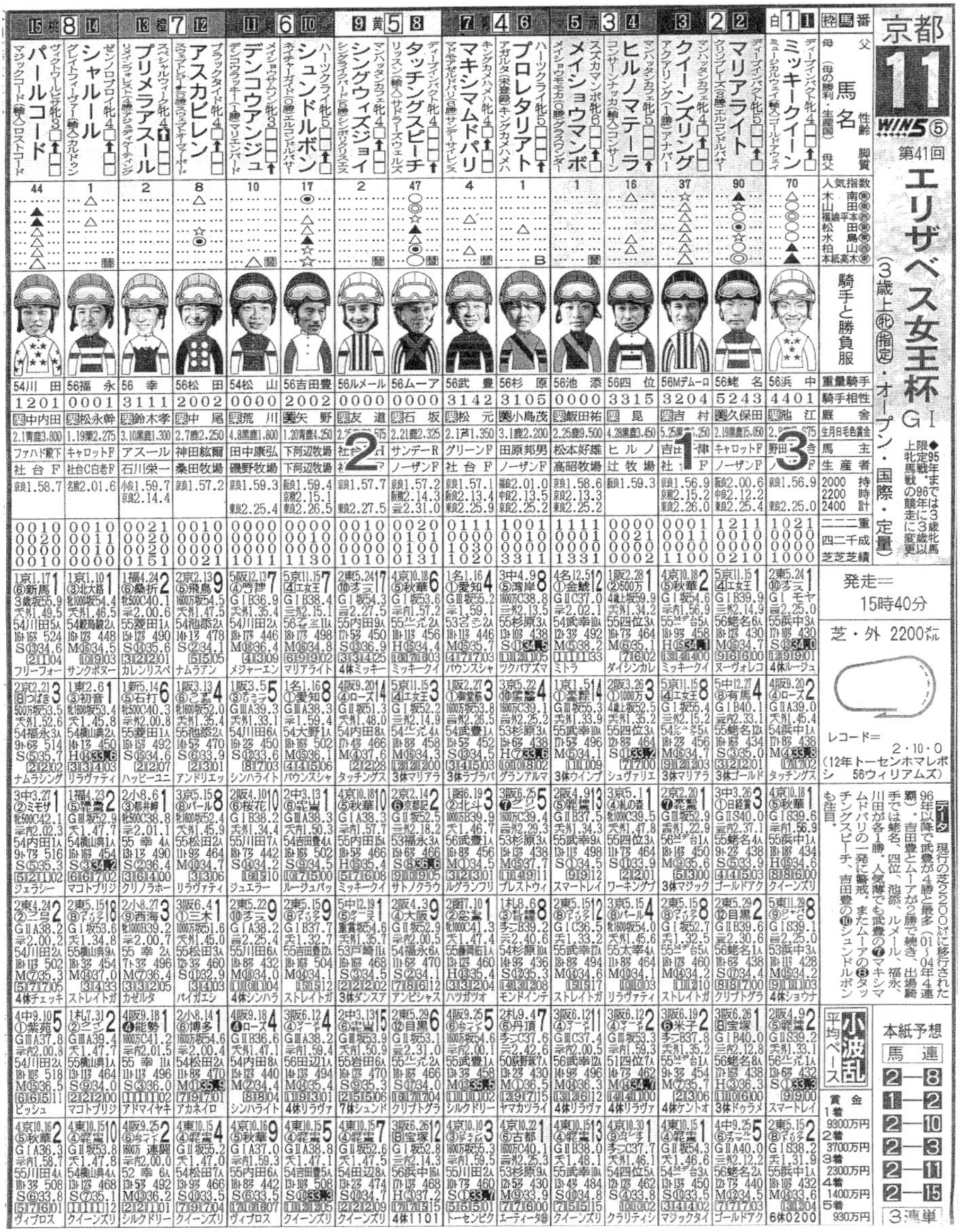

馬番	馬名	重量騎手	厩舎
1	ミッキークイーン	56浜中	池江
2	マリアライト	56蛯名	久保田
3	クイーンズリング	56Mデムーロ	吉村
4	ヒルノマテーラ	56四位	昆
5	メイショウマンボ	56池添	飯田祐
6	プロレタリアト	56杉原	小島茂
7	マキシマムドパリ	56武豊	松元
8	タッチングスピーチ	56ムーア	石坂
9	シングウィズジョイ	56ルメール	友道
10	シュンドルボン	56吉田豊	矢野
11	デンコウアンジュ	54松山	荒川
12	アスカビレン	56松田	中尾
13	プリメラアスール	56幸	鈴木孝
14	シャルール	56福永	松永幹
15	パールコード	54川田	中内田

１着③クイーンズリング
（５位58・３番人気）
２着⑨シングウィズジョイ
（11位47・12番人気）
３着①ミッキークイーン
（２位68・２番人気）

単③610円　複③230円　⑨1200円　①150円
馬連③－⑨13710円　馬単③→⑨22570円
３連複①③⑨20680円
３連単③→⑨→①158930円

神ってるぜ！日刊コンピ王

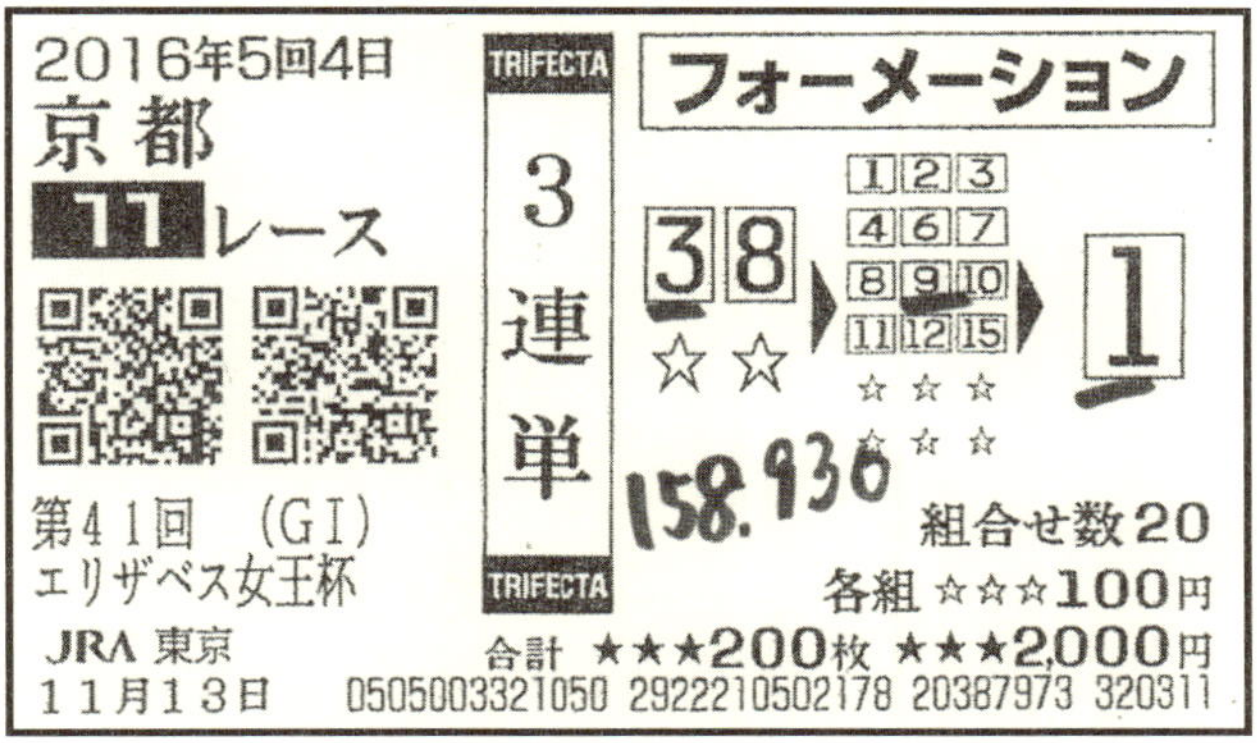
2016年5回4日
京都
11 レース
TRIFECTA
3連単
TRIFECTA
フォーメーション
3 8 ▶ 1 2 3 / 4 6 7 / 8 9 10 / 11 12 15 ▶ 1
158.930
第41回 (GI)
エリザベス女王杯
組合せ数20
各組 ☆☆☆100円
JRA 東京
11月13日
合計 ★★★200枚 ★★★2,000円
0505003321050 2922210502178 20387973 320311

馬番能力順位	1	2	3	4	5	6	7	8	9	10	11	12	13	14	15
京都11R	❷84	①68	⑧62	⑮61	③58	⑩53	④52	⑪50	⑫49	⑦48	⑨47	⑬46	⑭42	⑤41	⑥40

券も購入）。

レースは、1位84②マリアライトが1コーナーで大きな不利を受けたのが影響したのか、直線でも伸び切れず6着に敗れる波乱。

勝利したのは5位58③クイーンズリング。3番人気（6・1倍）という具合で、PG馬でこそなかったが、順位以上に売れていた馬だ。

高配当を演出したのは、2着の11位47（12番人気、61・6倍）⑨シングウィズジョイ。そして、3着は狙い通りに2位68（2番人気、3・6倍）のミッキークイーンが食い込んだ。

残念ながら3連複は、相手に1位マリアライトや8位以下の馬でPG状態にあった10位48⑦マキシマムドパリ（7番人気、28・8倍）をセレクトし外れてしまったが、3連単は裏読みもうまくハマって、15万馬券を的中することができた。

17年は過去10年勝利ナシの8位、01年以降勝利のない3位の1着付けの馬券は面白いかもしれない。

また、オーソドックスに軸を決めるなら2位だろう。

1位も指数が85以上となるなら軸候補となる。

マイルCS

2017年11月19日
京都芝1600m

拮抗している上位4頭のツボは……
1、2位は指数次第で買い消しが決まる

1～4位の4頭が拮抗しているレースだ。

ただ、1位が必ずしも1番人気になるとは限らず、2、3番人気になってしまったケースは過去10年で5回あり、うち4回が4着以下だった。まずは1位のリアルオッズをしっかり確認すること。

1位の指数が90となったレースはないが、88となったレースではしっかりと馬券になっているので、88以上かどうかも併せてチェックしたい。

2位は指数69以上であれば、馬券になる確率は高くなる。過去10年では7頭が該当し5頭が3着以内だった。68以下のケースはすべて馬券圏外なので、2位を判別する際は指数値がポイントとなる。

3位は2番人気に推された15、16年はしっかりと馬券になった。4位は指数、単勝人気について大きな偏りはなく、軸としては選びにくい。

穴は7～9位の3着付けの馬券が有力。14年は8位グランデッツァ、16年は7位ネオリアリズムが3着に食い込み、3連単の高配当をアシストした。

マイルCS●過去3年成績

年月日	着順	枠番	馬番	馬名	人気	コンピ	配当
2014年11月23日	1	6	12	ダノンシャーク	8	9位(51)	11460円
	2	4	8	フィエロ	3	2位(73)	25760円
	3	2	3	グランデッツァ	9	8位(52)	193290円
2015年11月22日	1	8	16	モーリス	4	4位(58)	3400円
	2	5	10	フィエロ	2	3位(65)	2000円
	3	3	5	イスラボニータ	1	1位(85)	12000円
2016年11月20日	1	8	16	ミッキーアイル	3	2位(69)	3390円
	2	4	8	イスラボニータ	2	3位(65)	8360円
	3	7	15	ネオリアリズム	7	7位(54)	40290円

配当は上から馬単、3連複、3連単

12～14位も馬券になっているのは間違いないが、12年以降、二ケタ順位の馬は3着以内に来ていない。基本は一ケタ順位同士の組み合わせだろう。

また、過去10年でPG（SPG）、裏PG（SPG）で馬券になったのは09年のサプレザのみ。9位49で2番人気（単勝8・7倍）に推されて3着に入った。

他のPG、裏PG状態にある馬は大苦戦で、14年4位63のミッキーアイルが1番人気（4・4倍）に推されたが、13着に大敗している。

コンピに直接の関係はないが、3歳馬は過去10年で31頭出走し、1頭しか馬券になっていない。14年のミッキーアイルも3歳馬だった。

マイルCS●過去10年のコンピ順位別成績

順位	着別度数
1位	2- 2- 1- 5/10
2位	2- 2- 1- 5/10
3位	1- 3- 0- 6/10
4位	2- 1- 2- 5/10
5位	1- 0- 1- 8/10
6位	0- 0- 0- 10/10
7位	0- 0- 2- 8/10
8位	0- 0- 1- 9/10
9位	1- 0- 1- 8/10
10位	0- 0- 0- 10/10
11位	0- 0- 0- 10/10
12位	0- 1- 1- 8/10
13位	0- 1- 0- 9/10
14位	1- 0- 0- 9/10
15位	0- 0- 0- 10/10
16位	0- 0- 0- 10/10
17位	0- 0- 0- 10/10
18位	0- 0- 0- 9/ 9

2007～16年

マイルCSのコンピ攻略ポイント

- １～４位が拮抗している。１位は指数88以上であれば、軸としては信頼できそう。
- ２位は69以上の指数であれば３着以内率が高まる。３位は２番人気なら買い。
- ３連単なら、７～９位の３着付けが面白い。
- ＰＧ、裏ＰＧ状態にある馬は大苦戦で、馬券になったのは１頭のみ。ここは消しとしたい。

ジャパンC

2017年11月26日
東京芝2400m

7位馬の馬券圏内突入がトレンド
コンピ上位でも外国調教馬なら用ナシ

3連単10万円超の配当となったのは2回だけで、基本的にはコンピ一ケタ順位同士の組み合わせで決まりがちなGIだ。

その3連単10万馬券のレースは、2011年と13年。

11年は1着2位79ブエナビスタ、2着4位57トーセンジョーダン、3着15位41ジャガーメイルで決まり、32万4680円を記録。

13年は1着1位86ジェンティルドンナ、2着10位50デニムアンドルビー、3着9位51トーセンジョーダンで決着し22万4580円となった。

1位は過去10年で2勝と勝ち切れてはいないものの、3着以内7回をキープしており、まずまずといったところ。ちなみに1位で4着以下となった3頭のうち、2頭は外国調教馬だった。JCはこの10年、外国調教馬はコンピ指数&順位に関わらず1頭も馬券になっていない。

勝利数で目立つのは3位で、ここまで4勝を挙げている（10年繰り上がりで1着になったローズキングダムを含む）。

ジャパンC●過去3年成績

年月日	着順	枠番	馬番	馬名	人気	コンピ	配当
2014年11月30日	1	2	4	エピファネイア	4	7位（53）	7800円
	2	1	1	ジャスタウェイ	3	4位（59）	19750円
	3	7	15	スピルバーグ	6	6位（55）	91790円
2015年11月29日	1	7	15	ショウナンパンドラ	4	3位（62）	18510円
	2	3	6	ラストインパクト	7	7位（52）	6350円
	3	1	1	ラブリーデイ	1	1位（83）	53920円
2016年11月27日	1	1	1	キタサンブラック	1	1位（75）	3990円
	2	6	12	サウンズオブアース	5	5位（55）	8050円
	3	8	17	シュヴァルグラン	6	7位（53）	36260円

配当は上から馬単、3連複、3連単

軸を選ぶなら、やはり1位か3位だろう。11、14年を除けば基本的にはどちらか1頭が馬券になっている。

最近のトレンドとしては7位に注目。

14年指数53（4番人気、単勝6・7倍）エピファネイアが1着。15年52（7番人気、23・9倍）ラストインパクトが2着。16年53（6番人気、13・9倍）シュヴァルグランが3着に入り、3年連続で馬券になっている。

PG馬も強いレースで、14年のエピファネイアや、13年10位50デニムアンドルビーが7番人気（29・8倍）で2着するなど好走している。

二ケタ順位の馬は苦戦傾向だが、PG（SPG）に該当したら注意したい。

ジャパンC●過去10年のコンピ順位別成績

順位	着別度数
1位	2- 3- 2- 3/ 10
2位	1- 1- 1- 7/ 10
3位	4- 0- 0- 6/ 10
4位	1- 2- 1- 6/ 10
5位	0- 2- 0- 8/ 10
6位	0- 0- 2- 8/ 10
7位	1- 1- 1- 7/ 10
8位	0- 0- 1- 9/ 10
9位	1- 0- 1- 8/ 10
10位	0- 1- 0- 9/ 10
11位	0- 0- 0- 10/ 10
12位	0- 0- 0- 10/ 10
13位	0- 0- 0- 10/ 10
14位	0- 0- 0- 10/ 10
15位	0- 0- 1- 9/ 10
16位	0- 0- 0- 10/ 10
17位	0- 0- 0- 9/ 9
18位	0- 0- 0- 5/ 5

2007～16年

ジャパンCのコンピ攻略ポイント

- 1位は勝ち切れないが、3着以内の回数はまずまず。外国調教馬が1位なら消しで！
- 最も勝利数が多いのは4勝を挙げている3位。基本的には1位か3位が推奨軸。
- 3年連続馬券になっているのが7位。二ケタ順位の馬はPG馬に注意しよう。

チャンピオンズC

2017年12月3日
中京ダ1800m

1、2、4位には買い消しルール
二ケタ順位でもPG馬なら……

馬券圏内という意味では、1～4位が拮抗しているレースだ。

1位は指数90、88であれば3着以内をキープしている。だが70台では2頭が該当し2頭とも着外、2番人気になってしまった2頭も着外というように精度が落ちるため、指数値に注目したい。

2位で馬券になるのは、おおむね指数値が70以上の場合。該当馬5頭中3頭が馬券になっている。

3位は大きな特徴がなく傾向はバラバラなので、軸には最も据えづらいといっていい。

4位は2年連続馬券になっており、指数が59、57だと有力だ。該当馬7頭中5頭が馬券になっている（近2年では15年3着、16年1着のサウンドトゥルーが該当）。上位混戦のレースというのは間違いないだろう。

大不振なのが5位。過去10年で一度も3着以内に入った馬はいなかった。12年エスポワールシチーは5位55で2番人気（単勝6・0倍）のPG馬に該当したが、10着に敗れている。

チャンピオンズC●過去3年成績

年月日	着順	枠番	馬番	馬名	人気	コンピ	配当
2014年12月7日	1	4	8	ホッコータルマエ	2	2位（66）	9020円
	2	2	4	ナムラビクター	8	7位（54）	11730円
	3	6	12	ローマンレジェンド	3	6位（57）	70890円
2015年12月6日	1	2	4	サンビスタ	12	16位（40）	36260円
	2	1	1	ノンコノユメ	3	3位（67）	27320円
	3	1	2	サウンドトゥルー	5	4位（57）	318430円
2016年12月5日	1	5	8	サウンドトゥルー	6	4位（59）	4800円
	2	2	2	アウォーディー	1	1位（90）	11180円
	3	3	4	アスカノロマン	10	10位（47）	85980円

配当は上から馬単、3連複、3連単

チャンピオンズC●過去10年のコンピ順位別成績

順位	着別度数
1位	3- 1- 2- 4/ 10
2位	2- 1- 1- 6/ 10
3位	2- 2- 0- 6/ 10
4位	1- 3- 1- 5/ 10
5位	0- 0- 0- 10/ 10
6位	1- 1- 1- 7/ 10
7位	0- 1- 1- 8/ 10
8位	0- 1- 2- 7/ 10
9位	0- 0- 0- 10/ 10
10位	0- 0- 1- 9/ 10
11位	0- 0- 0- 10/ 10
12位	0- 0- 0- 9/ 9
13位	0- 0- 0- 10/ 10
14位	0- 0- 1- 9/ 10
15位	0- 0- 0- 10/ 10
16位	1- 0- 0- 8/ 9
17位	—
18位	—

2007〜16年。
13年まではジャパンCダートの名称

16年も5位58ゴールドドリームが2番人気（5・7倍）に支持されたが12着に惨敗。ＰＧ馬でも苦戦しているのが5位の現状だ。ただ、エリザベス女王杯の項目でも指摘したように、反動による出現がある可能性も高まっているので、あえて一発を狙うのなら軸にする手はあるだろう。

ＰＧ馬はまずまず走っており、激走例も少なくない。記憶に新しいところでは15年の1着サンビスタだろう。16位40とコンピでは最低評価ながら、12番人気（66・4倍）で1着をもぎ取った。相手が比較的順当だったとはいえ、3連単31万馬券の立役者となっている。二ケタ順位の馬はなかなか馬券にならないが、ＰＧ馬には注意しよう。

チャンピオンズCのコンピ攻略ポイント

- １〜４位馬が拮抗している。１位は指数 90、88 なら３着以内パーフェクト。
- ２位は指数 70 以上なら狙い目。４位は２年連続で馬券になっており指数 59、57 なら買い。
- 過去 10 年で一度も馬券になっていないのが５位。ＰＧ馬でも着外に敗れている。

阪神JF

2017年12月10日
阪神芝1600m

馬券に絡む1〜4位を精査
「勝ち切る1位」は指数80台なら有力候補

1、2着は一ケタ順位の馬で決着することが多くなっており、過去10年中9勝が4位以内の馬が挙げたもの。特に1位の複勝率は50％だが、4勝というように勝ち切っている。ただし、1位指数が70台であれば着外に終わることも珍しくない。まずは指数に注目しよう。1位が80台であれば一応、軸候補として検討したい。

2〜4位も馬券圏内に食い込む確率が高くなっている。特に2014年以降は二ケタ順位の馬が馬券圏外なので、上位馬の中から軸を選ぶのがベターだ。

2位馬が馬券になった4回は、指数がすべて70以上だった。15年2位64デンコウアンジュは2番人気(単勝7・4倍)だったが、指数が示す通り、3着以内に入る馬の条件を満たすことができなかった(結果7着)。

一方、3位は11年に3位65ジョワドヴィーヴルが1勝を挙げているが、基本は3着止まり。16年のレーヌミノルは3位58と低い指数でも3着をキープしたが、64以上の指数が望ましい。

4位は13、14年と勝利したが、15、16年は凡走している

阪神JF●過去3年成績

年月日	着順	枠番	馬番	馬名	人気	コンピ	配当
2014年12月14日	1	8	16	ショウナンアデラ	5	4位(60)	5110円
	2	6	11	レッツゴードンキ	2	2位(71)	3530円
	3	2	4	ココノロアイ	4	3位(64)	22780円
2015年12月13日	1	1	2	メジャーエンブレム	1	1位(82)	4950円
	2	7	13	ウインファビュラス	10	8位(53)	7640円
	3	6	11	ブランボヌール	3	6位(55)	39480円
2016年12月11日	1	1	2	ソウルスターリング	1	1位(86)	900円
	2	8	18	リスグラシュー	2	2位(76)	1210円
	3	2	4	レーヌミノル	3	3位(58)	4250円

配当は上から馬単、3連複、3連単

こと、指数面からの大きな特徴はなく、軸にはせずヒモで十分だろう。

ＰＧ（ＳＰＧ）馬は激走する傾向にある。見つけたら軸でもいいくらいだ。

12年は15位43レッドセシリアが10番人気（44・5倍）で3着、前年の11年は10位49サウンドオブハートが1番人気（4・6倍）で3着。特に前者は、3連複49万馬券、3連単304万馬券と、阪神ＪＦ史上に残る大波乱となっている。

阪神JF●過去10年のコンピ順位別成績

順位	着別度数
1位	4- 1- 0- 5/ 10
2位	2- 2- 0- 6/ 10
3位	1- 0- 4- 5/ 10
4位	2- 2- 1- 5/ 10
5位	0- 2- 0- 8/ 10
6位	1- 0- 2- 7/ 10
7位	0- 0- 0- 10/ 10
8位	0- 2- 1- 7/ 10
9位	0- 0- 0- 10/ 10
10位	0- 0- 1- 9/ 10
11位	0- 1- 0- 9/ 10
12位	0- 0- 0- 10/ 10
13位	0- 0- 0- 10/ 10
14位	0- 0- 0- 10/ 10
15位	0- 0- 1- 9/ 10
16位	0- 0- 0- 10/ 10
17位	0- 0- 0- 10/ 10
18位	0- 0- 0- 10/ 10

2007～16年

阪神ＪＦのコンピ攻略ポイント

・過去10年では1位4勝。4位以内の馬で9勝というように、コンピ上位馬が1着となる。
・1位は指数80台、2位は指数70以上であれば、馬券圏内に来る確率が高まる。
・ＰＧ（ＳＰＧ）は軸でもいい。過去には10位が1番人気で3着だったこともある。

朝日杯FS

2017年12月17日
阪神芝1600m

17年は1位が馬券圏内のセオリー
配当をハネ上げる6位にも注目！

馬券のポイントは6位だろう。過去10年で2勝・2着3回・3着1回なら迷わず軸にしたい。

6位が3着以内に入った6回中5回が、3連単5万円超の配当。そのうち3回が3連単10万円以上の配当となっている。本書スタッフは2016年、馬連の好配当（5980円）を6位⑩モンドキャンノからの流しで的中した（P168参照）。

1位が3年連続で馬券になった年はない。近3年でも14年1着→15年2着→16年4着という状況。また、2年連続で馬券から外れたこともない。つまり、17年は1位が3着以内に入る確率は高いことが予想される。

2位は15年に2位68リオンディーズが2番人気（単勝5・9倍）で1着になった以外は、すべて4着以下に終わっている。1位を軸にするなら、蹴飛ばす手もあるだろう。

3位は15、16年と4着以下に敗れているが、それ以前は6位よりも出現数が多かったこともある。今後の巻き返しに期待したい順位だ。

4位は07年にゴスホークケンが勝利して以降、馬券圏内

朝日杯FS●過去3年成績

年月日	着順	枠番	馬番	馬名	人気	コンピ	配当
2014年12月21日	1	1	2	ダノンプラチナ	1	1位（70）	20260円
	2	3	6	アルマワイオリ	14	9位（50）	20560円
	3	7	14	クラリティスカイ	3	3位（65）	133570円
2015年12月20日	1	8	15	リオンディーズ	2	2位（68）	1340円
	2	6	11	エアスピネル	1	1位（88）	8160円
	3	7	13	シャドウアプローチ	11	9位（48）	38560円
2016年12月18日	1	8	17	サトノアレス	6	8位（53）	11430円
	2	5	10	モンドキャンノ	7	6位（55）	42820円
	3	2	4	ボンセルヴィーソ	12	12位（47）	221200円

配当は上から馬単、3連複、3連単

朝日杯FS●過去10年のコンピ順位別成績

順位	着別度数
1位	3- 2- 1- 4/ 10
2位	1- 0- 0- 9/ 10
3位	2- 2- 2- 4/ 10
4位	1- 0- 0- 9/ 10
5位	0- 0- 2- 8/ 10
6位	2- 3- 1- 4/ 10
7位	0- 1- 1- 8/ 10
8位	1- 0- 1- 8/ 10
9位	0- 1- 1- 8/ 10
10位	0- 0- 0- 10/ 10
11位	0- 0- 0- 10/ 10
12位	0- 0- 1- 9/ 10
13位	0- 1- 0- 9/ 10
14位	0- 0- 0- 10/ 10
15位	0- 0- 0- 10/ 10
16位	0- 0- 0- 10/ 10
17位	0- 0- 0- 2/ 2
18位	0- 0- 0- 2/ 2

2007〜16年

は一度もない状況。このように、コンピ上位馬の3着以内率は大幅に偏っているといっていいだろう。

近2年では馬券になっていないが、PG、裏PG状態にある馬は3着付けで馬券を購入する手はある。何例か挙げると……。

11年5位56レオアクティブは8番人気（14・1倍）で3着、10年5位57リベルタスは2番人気（6・2倍）でこちらも3着だった。

もうひとつ高配当のカギを握っているのが、指数56〜52。特に53は【2―0―1―1】と4頭出走し、3頭が馬券になっているのだ。56も【0―2―2―3】と、好走率が高いのは間違いなく狙い目といえる。

朝日杯FSのコンピ攻略ポイント

- 過去10年で6回馬券になっている6位が強い。高配当のカギを握っている順位だ。
- 1位が3年連続で馬券になることはない。ただ、2年連続の凡走もなく17年は狙い目！
- 直近での出現はないが、PG、裏PG状態にある馬の3着付け馬券が面白い。

有馬記念

2017年12月24日
中山芝2500m

「1位＝1番人気」なら堅軸
2位は指数71以上で馬券圏内に

２０１６年は1位→2位→3位で決着。有馬記念で3連単が始まって以来の最低配当となった。ただ、ここまで堅い結果は過去の傾向を考えると、例外と考えてよさそうだ。

過去10年で1位は5勝を挙げ、4着以下に沈んだのは3回だけという具合で、わりと好走している。しかも凡走した3回中2回は、1位が1番人気ではなかった。

14年1位82エピファネイアは2番人気（単勝4・0倍）で5着、15年1位78リアファルは3番人気（5・6倍）で16着に大敗。もう1頭の07年1位81メイショウサムソンは1番人気で8着に敗れているが、逆にいうと08年以降は1位＝1番人気ならば、すべて馬券圏内に来ているのだ。

また、この事象は1位の指数に関係ない。70台であれ80台前半であれ、とにかく1位が1番人気になるかならないかがポイントだ。

1位が馬券圏内から飛んだ07、14、15年では、9、10位のどちらかが連対している。07年は1着に10位48マツリダゴッホ（9番人気、52・3倍）、14年は2着に10位49トゥザワールド（9番人気、31・2倍）、15年は1着に9位51

有馬記念●過去3年成績

年月日	着順	枠番	馬番	馬名	人気	コンピ	配当
2014年12月28日	1	2	4	ジェンティルドンナ	4	4位（59）	21190円
	2	3	6	トゥザワールド	9	10位（49）	15250円
	3	7	14	ゴールドシップ	1	2位（71）	109590円
2015年12月27日	1	4	7	ゴールドアクター	8	9位（51）	13780円
	2	5	9	サウンズオブアース	5	5位（56）	20360円
	3	6	11	キタサンブラック	4	4位（58）	125870円
2016年12月25日	1	6	11	サトノダイヤモンド	1	1位（88）	770円
	2	1	1	キタサンブラック	2	2位（72）	1050円
	3	1	2	ゴールドアクター	3	3位（62）	3940円

配当は上から馬単、3連複、3連単

ゴールドアクター（8番人気、17・0倍）という具合だ。

2位は71以上の指数なら、3着以内をキープする確率が高い。3着以内に入った6頭のうち5頭が該当している鉄則だ。

3位は連対ナシ、5～8位は勝利ナシというように偏りも多く見られている。堅い決着か波乱決着になるのかは、まず1位馬の指数をチェックしよう。

有馬記念●過去10年のコンピ順位別成績

順位	着別度数
1位	5- 2- 0- 3/ 10
2位	2- 1- 3- 4/ 10
3位	0- 0- 1- 9/ 10
4位	1- 0- 1- 8/ 10
5位	0- 2- 0- 8/ 10
6位	0- 1- 1- 8/ 10
7位	0- 1- 1- 8/ 10
8位	0- 0- 1- 9/ 10
9位	1- 0- 0- 9/ 10
10位	1- 1- 1- 7/ 10
11位	0- 0- 0- 10/ 10
12位	0- 1- 1- 8/ 10
13位	0- 1- 0- 9/ 10
14位	0- 0- 0- 9/ 9
15位	0- 0- 0- 8/ 8
16位	0- 0- 0- 6/ 6
17位	—
18位	—

2007～16年

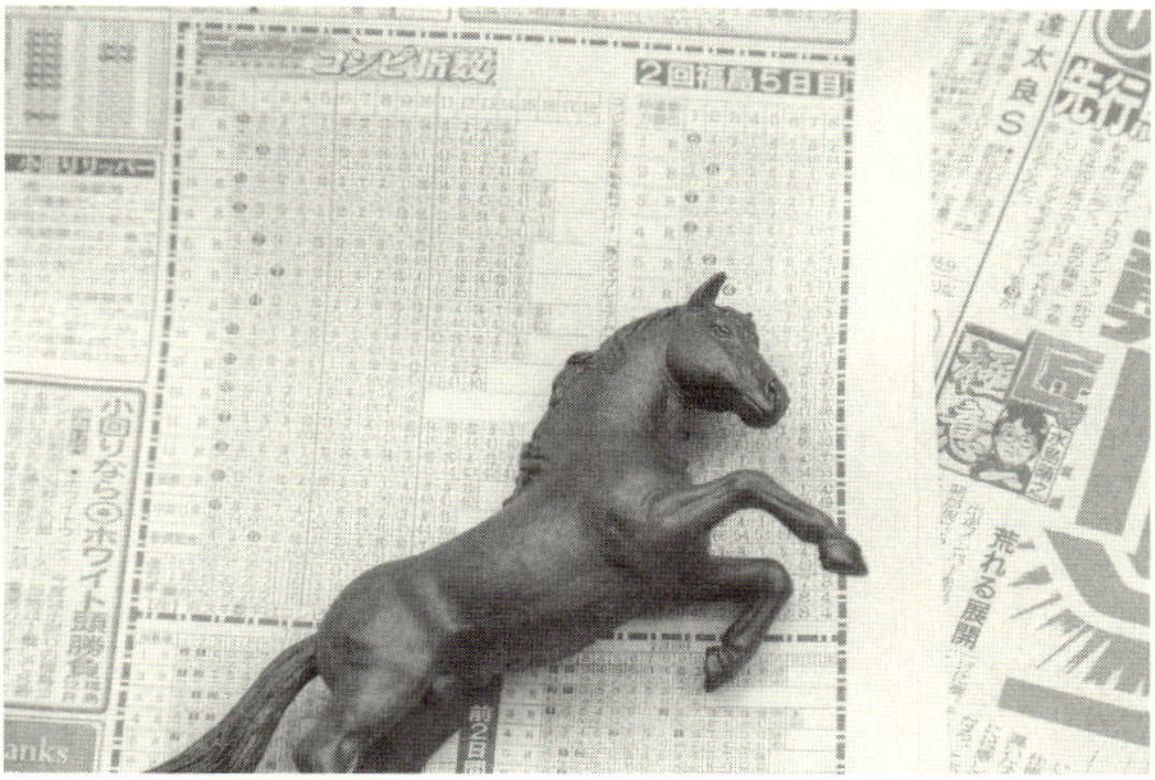

有馬記念のコンピ攻略ポイント

- 1位が1番人気なら08年以降すべて馬券圏内に。2、3番人気ならすべて着外！
- 1位が飛んだ際は9、10位が連対しており、馬連、馬単でも万馬券となる。
- 2位は指数71以上なら、ほぼ3着以内となる。60台では危険な人気馬と化す。

ホープフルS（参考）

2017年12月28日
中山芝2000m

GI昇格申請中なので参考までに……
複軸では、1位より2位に軍配

申請が通ればGIに格上げされる予定のレースなので、ここでも取り上げておく（本稿締め切り時の2017年1月20日時点ではまだGⅡなので、本項タイトルのGI23レースには含まれていない）。

13年までのOP特別時代は、頭数そのものが揃わないことも多かったので、あくまでも参考程度に読み進めていってほしい。

1位の成績は表にある通り4勝を挙げ、馬券圏内6回なら悪くないと思うが、10年1位90ディープサウンドは10着に敗れるなど、高い指数値だからといって堅実に走るとはいいづらい。

2位は二度連対しているが、3着が6回もあるように、複軸という意味では1位を上回っている。12年以降5年連続して必ず3着以内に入っており、17年も傾向が引き継がれるかに注目。

キャリアの浅い2歳戦だけに、PG（SPG）、裏PG（SPG）に該当している馬は積極的に買いたい。

15年は6位56ハートレーが3番人気（単勝7・4倍）で

ホープフルS●過去3年成績

年月日	着順	枠番	馬番	馬名	人気	コンピ	配当
2014年12月28日	1	5	10	シャイニングレイ	2	2位（69）	15000円
	2	3	6	コメート	8	11位（50）	76660円
	3	4	7	ブラックバゴ	9	12位（49）	345220円
2015年12月27日	1	5	6	ハートレー	3	6位（56）	2850円
	2	6	9	ロードクエスト	1	1位（81）	840円
	3	6	8	バティスティーニ	2	2位（70）	7790円
2016年12月25日	1	2	2	レイデオロ	1	1位（90）	2670円
	2	7	11	マイネルスフェーン	8	7位（51）	3600円
	3	4	6	グローブシアター	2	2位（65）	15250円

配当は上から馬単、3連複、3連単

1着。14年は11位50コメートが8番人気（30・5倍）で2着、同じく12位49ブラックバゴが9番人気（30・8倍）で3着と、低順位のPG馬2頭が2、3着に食い込んで高配当を演出している。

頭数が少ない時代もあるので、断言はできないものの、12位以下は連対ナシ。14年3着ブラックバゴのように、PG馬には注意したほうがいいとは思うが、あっても3着までだろう。

指数49以下の馬も、3着までが精一杯といったところ。馬連、馬単は指数50以上の馬同士で組み合わせたい。

4位は大不振で、過去10年で一度も馬券になっていない、逆に反動による出現を狙う手もありだ。

ホープフルS●過去10年のコンピ順位別成績

順位	着別度数
1位	4- 2- 0- 4/ 10
2位	1- 1- 6- 2/ 10
3位	0- 2- 0- 8/ 10
4位	0- 0- 0- 10/ 10
5位	2- 1- 1- 6/ 10
6位	1- 1- 1- 7/ 10
7位	0- 1- 0- 8/ 9
8位	2- 0- 0- 8/ 10
9位	0- 1- 0- 9/ 10
10位	0- 0- 0- 9/ 9
11位	0- 1- 0- 7/ 8
12位	0- 0- 1- 7/ 8
13位	0- 0- 1- 7/ 8
14位	0- 0- 0- 5/ 5
15位	0- 0- 0- 4/ 4
16位	0- 0- 0- 4/ 4
17位	0- 0- 0- 2/ 2
18位	—

2007〜16年。
07〜13年OP特別、14年以降GⅡ

ホープフルSのコンピ攻略ポイント（参考）

- 1位は4勝を挙げているが、指数に関わらず突然走らないケースもあり見極め困難。
- 複軸という意味では、12年以降5年連続して3着以内をキープしている2位か。
- PG、裏PG状態にある馬は積極的に買いたい。14、15年と馬券になっている。

フェブラリーS　2018年2月下旬見込　東京ダ1600m

最も1位が強いGⅠ、16年までの傾向なら1、3位のセットがオススメ

２０１７年の当レースは本書が発売直前のタイミングで行なわれ、その結果を本稿に反映することは不可能。ここまで扱ってきたGⅠ同様、07～16年のデータがベースとなっていることをご了承願いたい。

18年用の対策としては、17年の結果をメモって、16年までの傾向と見比べてみるのもいいだろう。

数あるGⅠの中では最も1位が強く、過去10年で9頭が馬券になっている。馬券にならなかったのは12年1位84トランセンド1頭のみ。それ以外は指数や人気に関わらず複勝圏をキープしているのだ。

14年勝利した15位41コパノリッキーは、最低人気である16番人気（単勝２７２・１倍）での快勝だったが、その際、1位82で1番人気（2・7倍）だったベルシャザールは3着を死守。比較的人気薄が馬券になっている年でも、1位は3着以内をキープしているのが、フェブラリーSの近10年における特徴だ。

1位以外で注目は、3勝・2着2回・3着3回で8頭馬券になっている3位だろう。13、14年以外はすべて馬券に

フェブラリーS●過去3年成績

年月日	着順	枠番	馬番	馬名	人気	コンピ	配当
2014年2月23日	1	7	13	コパノリッキー	16	15位（41）	256050円
	2	8	15	ホッコータルマエ	2	2位（69）	55260円
	3	6	11	ベルシャザール	1	1位（82）	949120円
2015年2月22日	1	2	4	コパノリッキー	1	1位（84）	2100円
	2	7	14	インカンテーション	5	8位（51）	3060円
	3	5	10	ベストウォーリア	3	3位（61）	12370円
2016年2月21日	1	7	14	モーニン	2	3位（64）	1510円
	2	4	7	ノンコノユメ	1	1位（86）	3820円
	3	2	4	アスカノロマン	7	8位（51）	16010円

配当は上から馬単、3連複、3連単

フェブラリーS●過去10年のコンピ順位別成績

順位	着別度数
1位	5- 2- 2- 1/ 10
2位	0- 2- 2- 6/ 10
3位	3- 2- 3- 2/ 10
4位	1- 0- 0- 9/ 10
5位	0- 1- 0- 9/ 10
6位	0- 0- 1- 9/ 10
7位	0- 1- 0- 9/ 10
8位	0- 1- 1- 8/ 10
9位	0- 1- 0- 9/ 10
10位	0- 0- 1- 9/ 10
11位	0- 0- 0- 10/ 10
12位	0- 0- 0- 10/ 10
13位	0- 0- 0- 10/ 10
14位	0- 0- 0- 10/ 10
15位	1- 0- 0- 9/ 10
16位	0- 0- 0- 9/ 9
17位	—
18位	—

2007〜16年

絡んでおり、1位に次ぐ信頼度の高さだ。

そのため1位と3位が、同時に3着以内に入る確率は高い。07～11年は、5年連続して1位と3位が同時に馬券となっている。

その後はどちらかが馬券になることが続いていたが、15、16年と再び1位と3位が同時に3着以内に食い込んだ。

1着がド人気薄だった14年を除けば、説明してきたように1位または3位馬がしっかりと勝ち切っている。

一方、2位は2、3着こそあるものの、勝利ナシという状況なので、そろそろ反動による出現を期待する手もあるだろう。

フェブラリーSのコンピ攻略ポイント

- ＧⅠで１位の入着回数が最も多く、ここ 10 年で９回を記録。指数に関わらず堅軸傾向。
- １位と３位が同時に馬券となったケースは 10 年中７回。15、16 年と継続中。
- 14 年を除けば、５位以下はあっても２着まで。２位はそろそろ勝利する順番 !?

●2016年12月18日・阪神11R朝日杯ＦＳ（ＧⅠ、芝1600m）

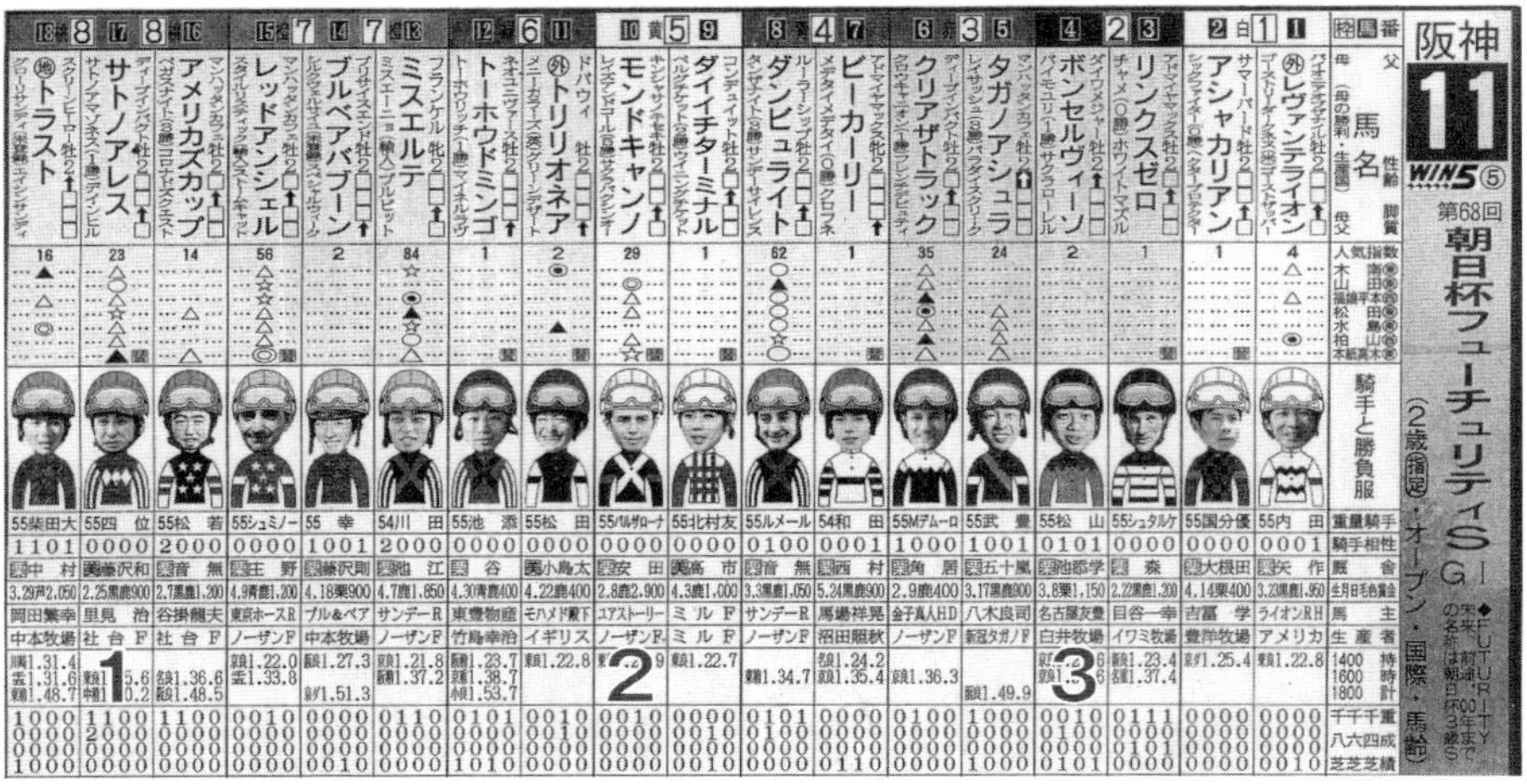

馬番能力順位	1	2	3	4	5	6	7	8	9	10	11	12	13	14	15	16	17	18
阪神11R	⑬81	⑧66	⑮65	⑥59	⑤56	⑩55	⑱54	⑰53	⑯51	①49	⑭48	④47	⑪46	⑦44	⑫43	⑨42	③41	②40

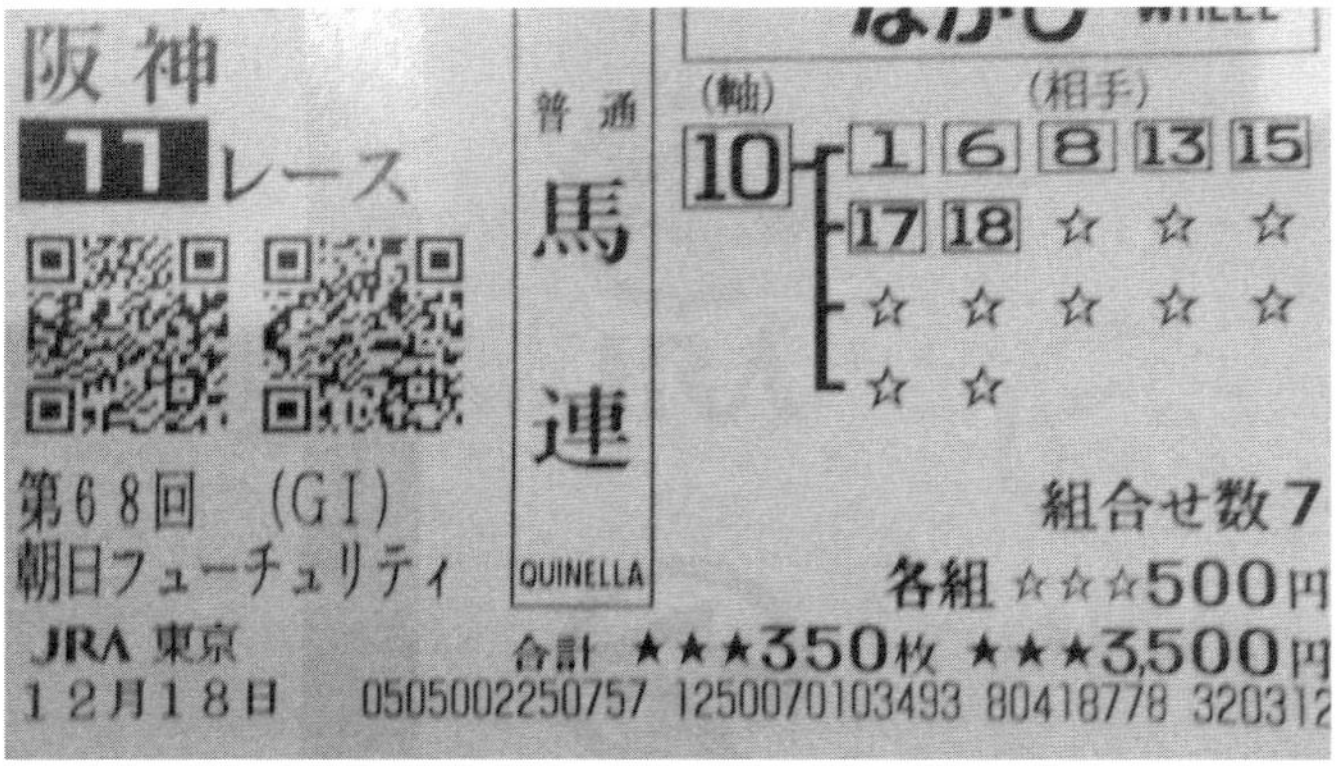

本項の朝日杯ＦＳで紹介したコンピ６位馬券。朝日杯で強力な順位といえる６位⑩モンドキャンノから馬連流しが見事的中！

１着⑰サトノアレス
（８位53・６番人気）
２着⑩モンドキャンノ
（６位55・７番人気）
３着④ボンセルヴィーソ
（12位47・12番人気）

単⑰1420円　複⑰390円　⑩410円　④910円
馬連⑩－⑰5980円　馬単⑰→⑩11430円
３連複④⑩⑰42820円
３連単⑰→⑩→④221200円

故・飯田雅夫氏の手法から12大法則を発見!

HYPER NAVIGATION

新生ハイパーの封印を解く!

2013年夏、急逝されたコンピの神様・飯田雅夫氏。飯田氏が遺したコンピ馬券術ハイパーナビゲーションの手法から、本書編集部が12のミラクル・ナビ(セオリー)を発見!

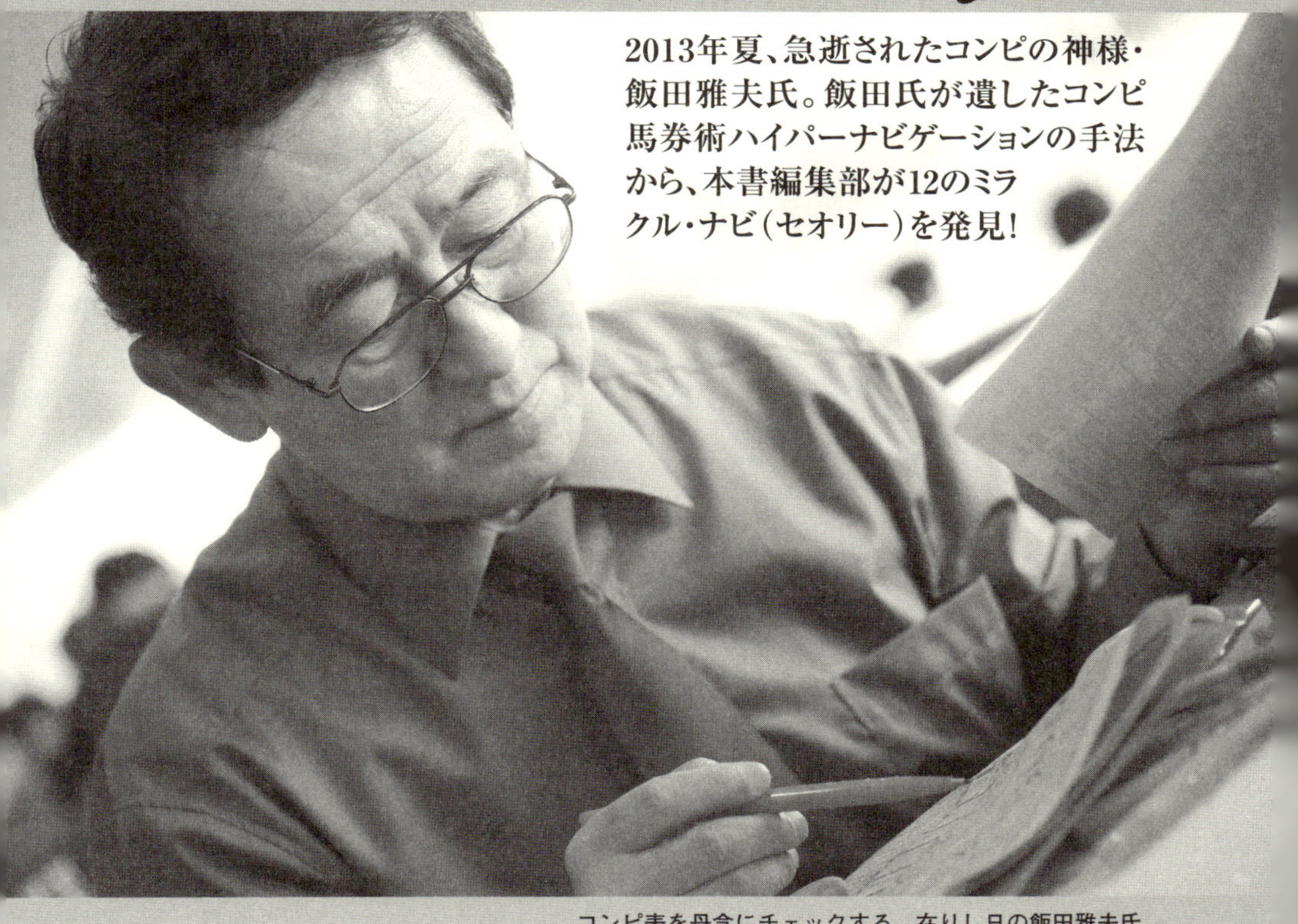

コンピ表を丹念にチェックする、在りし日の飯田雅夫氏。

1位90・2位65・1位が2枠

●1位は13戦して連対率100%
●1位と2位の1、2着は、13戦中2レースしかなく、相手は波乱含み
●馬券的には5、7、9位がキーポイント

年に1～4鞍程度しか該当しないが、1位の連対率が100%の法則だ。

下の表は該当する直近5レースの決着パターン。必ず1頭は5～9位の馬が3着以内に入っている。

しかも1位—2位、1位—3位で1、2着するケースは意外と少ない。前者は13レース中2レース、後者も2レースのみで、相手馬は5位以下のケースが目立つ。

また仮に指数上位同士で決まっても、3着には7位以下の馬を連れてくるケースが目立つ。

この新星ハイパーにおける3連単の最高配当は、2012年6月10日東京7R。

1着が1位90フラアンジェリコ（1番人気、単勝1・6倍）、2着9位50スリープレシャス（14番人気、119・5倍）、3着10位49プリキュエール（8番人気、47・0倍）と入って、12万2470円を記録している。

2着馬はいわゆるSPG馬だが、コンピ順位では買える馬、むしろ積極的に狙いたい馬だったのだ。直近5レースを見てもわかる通り、3連単万馬券未満の決着は1回しかない。1位90が連対100%でも相手はやや波乱含みだ（データは2012年1月5日～16年12月25日、以降も同じ）。

▼該当直近5レースの結果 ※配当は上から馬単、3連複、3連単（以下同）

年月日	着順、人気、コンピ他						配当
2014年6月13日	1着馬	マイネルプレッジ	2着馬	カミワザ	3着馬	イントゥレジェンド	8080円
	人気	1（単勝1.6倍）	人気	9（単勝74.9倍）	人気	5（単勝13.6倍）	22040円
	コンピ	1位（90）	コンピ	9位（48）	コンピ	4位（61）	88160円
2014年7月13日	1着馬	サンタエヴィータ	2着馬	サダムアリガトウ	3着馬	ジューンヴィエナ	2950円
	人気	5（単勝15.2倍）	人気	1（単勝1.6倍）	人気	4（単勝12.8倍）	2750円
	コンピ	4位（60）	コンピ	1位（90）	コンピ	5位（55）	19570円
2015年10月11日	1着馬	ビッグアーサー	2着馬	マコトラワタナ	3着馬	ウイングザムーン	3510円
	人気	1（単勝1.7倍）	人気	10（単勝47.2倍）	人気	8（単勝25.3倍）	12240円
	コンピ	1位（90）	コンピ	9位（51）	コンピ	5位（55）	45290円
2015年10月17日	1着馬	バオバブ	2着馬	シゲルオニアジ	3着馬	ナナパンチ	1210円
	人気	1（単勝1.3倍）	人気	4（単勝11.1倍）	人気	2（単勝7.1倍）	1100円
	コンピ	1位（90）	コンピ	5位（54）	コンピ	2位（65）	4380円
2016年12月25日	1着馬	レイデオロ	2着馬	マイネルスフェーン	3着馬	グローブシアター	2670円
	人気	1（単勝1.5倍）	人気	8（単勝47.3倍）	人気	2（単勝5.3倍）	3600円
	コンピ	1位（90）	コンピ	7位（51）	コンピ	2位（65）	15250円

1位88・2位74、73・3位62

●2位は6戦して連対率100％
●1位は連対するか、4着以下に終わるか両極端
●2位が71だと一転して2位は消し！　1位は12戦中10連対

1位が88を示した際の、2位の最高値は74。つまり2位の値が高い際は、堅実に走っていることを示すナビゲーションのひとつだ。

2位が74、73となるのは、意外と10頭前後に収まるレースも少なくない。少頭数レースのわりに接戦を意味している。

該当例は過去5年で6鞍と少ないが、このナビにあてはまった場合は、2位の連対率が100％とパーフェクト。

1位は意外と取りこぼしも目立ち、連を外すこともしばしばある。1位は該当6レースで連対を外したのは3レース。着外になったのは2レースもある。それでいて、指数下位の馬同士で決まることはほぼないといっていいので、2～6位の馬単が狙い目となるだろう。

故・飯田雅夫氏はよく「指数1違いが大違い」といわれていたが、「1位88・2位71・3位62」では一転して、2位が着外になるケースが増える。【1－3－0－8】という成績で、たったの1勝に終わってしまい、複勝率も33・3％と低迷してしまう。

たった1や2の指数値の違いでも、結果は大きく異なってくるのだ。

▼該当直近5レースの結果

年月日	着順、人気、コンピ他						配当
2013年3月10日	1着馬	ストーミングスター	2着馬	メイショウユキチ	3着馬	ジャングルターザン	600円
	人気	2（単勝3.2倍）	人気	1（単勝1.9倍）	人気	3（単勝6.5倍）	520円
	コンピ	2位（73）	コンピ	1位（88）	コンピ	3位（62）	2540円
2014年1月5日	1着馬	ヒラボクマジック	2着馬	アドマイヤジャコモ	3着馬	ハードロッカー	4850円
	人気	2（単勝4.4倍）	人気	4（単勝20.4倍）	人気	11（単勝73.5倍）	27180円
	コンピ	2位（73）	コンピ	7位（53）	コンピ	9位（49）	137160円
2014年11月8日	1着馬	アデインザイライフ	2着馬	キミノナハセンター	3着馬	アルバート	290円
	人気	1（単勝1.5倍）	人気	2（単勝4.1倍）	人気	3（単勝7.4倍）	380円
	コンピ	1位（88）	コンピ	2位（73）	コンピ	3位（62）	910円
2014年12月7日	1着馬	ペイシャフェリス	2着馬	マンボネフュー	3着馬	ダノンジェラート	5390円
	人気	4（単勝11.2倍）	人気	2（単勝3.5倍）	人気	1（単勝1.6倍）	770円
	コンピ	4位（54）	コンピ	2位（73）	コンピ	1位（88）	10080円
2015年5月10日	1着馬	フォルサ	2着馬	ケルンダッシュ	3着馬	ブリエアヴェニール	3450円
	人気	3（単勝10.1倍）	人気	2（単勝3.8倍）	人気	4（単勝12.1倍）	2910円
	コンピ	3位（62）	コンピ	2位（74）	コンピ	5位（54）	16420円

1位86・2位76

●2016年は2位が13戦して3着以内12レースと複勝92・9%！
●大波乱の傾向……3連単800万馬券、490万馬券が出たことも
●3位が61～59だと一転して2位は消し！ その際は8位が有力（または7位）

データ集計5年間における1位86の複勝率は71・7%しかない。1位90が82・3%、88が77・2%あるのとは異なり、大幅に信頼度が低下する。しかし、人気（リアルオッズ）では1位90や88の馬と、ほとんど大差がない。

中でも1位86・2位76という指数配列は、ちょくちょく見かけることだろう。

過去5年で77鞍行なわれ、1位が【24－18－12－23】（複勝率70・1%）、2位が【19－24－11－23】（複勝率70・1%）。勝利数こそ若干2位が見劣るものの複勝率は同じ。つまり、それだけ2位が健闘しているといっていいのだ。

16年は2位の勢いが凄まじく、【4－5－3－1】（複勝率92・3%）と信頼度が高かった。

ただし、1、2位の複勝率が70%あるとはいっても、同時に4着以下になってしまったのは、77レース中8レースあった。飛んだ際は50万円以上の配当が期待でき、800万馬券、490万馬券となったレースも。

1、2位が消し飛んだ際の軸は3位。2位が飛んで1位が馬券になる際の相手は、8位（または7位）が有力だ。3位が61～59だと2位の信頼度は低下し、馬券圏外も目立っている。

▼該当直近5レースの結果

年月日	着順、人気、コンピ他						配当
2016年8月14日	1着馬	タマノブリュネット	2着馬	ルールソヴァール	3着馬	オールマンリバー	3350円
	人気	4（単勝11.1倍）	人気	2（単勝3.5倍）	人気	3（単勝5.7倍）	2440円
	コンピ	3位（61）	コンピ	2位（76）	コンピ	4位（56）	16280円
2016年9月17日	1着馬	パフォーム	2着馬	サンアンカレッジ	3着馬	ドウディ	4940円
	人気	2（単勝3.3倍）	人気	7（単勝25.9倍）	人気	1（単勝1.8倍）	1080円
	コンピ	2位（76）	コンピ	4位（56）	コンピ	1位（86）	12400円
2016年12月3日	1着馬	アメリカントップ	2着馬	ヴィクトリアマンボ	3着馬	ブルームーン	1120円
	人気	1（単勝1.9倍）	人気	3（単勝7.3倍）	人気	2（単勝3.3倍）	700円
	コンピ	1位（86）	コンピ	4位（56）	コンピ	2位（76）	2960円
2016年12月4日	1着馬	サトノアーサー	2着馬	シゲルボブキャット	3着馬	アンセム	4100円
	人気	1（単勝1.6倍）	人気	6（単勝51.7倍）	人気	2（単勝2.6倍）	1550円
	コンピ	1（86）	コンピ	7位（50）	コンピ	2位（76）	10160円
2016年12月11日	1着馬	ソウルスターリング	2着馬	リスグラシュー	3着馬	レーヌミノル	900円
	人気	1（単勝2.8倍）	人気	2（単勝3.0倍）	人気	3（単勝6.9倍）	1210円
	コンピ	1位（86）	コンピ	2位（76）	コンピ	3位（58）	4250円

神ってるぜ！日刊コンピ王

1位82・9位49～12位46（1減並び）13頭立て

●19戦中1位10勝、2位5勝、3位2勝、4位1勝と上位馬が勝つ！
●2着は7位まで。馬単なら1、2位→1～7位のフォーメーション馬券
●2位が指数80～74ならパーフェクト連対。70では危険な人気馬と化す

13頭立てで9～12位に1減並びがあり、ブービーの指数が46だった場合、堅く決着することが大半だ。

馬単ベースでは、1着：1位か2位、2着：1～7位までをマークすれば配当はともかく、データ的には的中する。

8位以下は3着の可能性を少し残しているため、断言はしないが（直近5レースで二ケタ順位が2回3着に入った）、3連単も1着：1、2位→2、3着：1～7位のフォーメーション60点でほぼ的中するデータだ。

もちろん3連単が60倍未満の配当になることもあるが、2014年7月27日札幌11RエルムSでは、1着2位71ローマンレジェンド（3番人気、単勝5・2倍）、2着5位54のクリノスターオー（5番人気、11・7倍）、3着6位52インカンテーション（10番人気、34・3倍）の順で入線。馬単5570円、3連複2万9960円、3連単11万7750円を記録した。

万馬券になることも珍しくないし、このパターンを見つけたら3連単60点買いも有効だ。また、2位が指数80～74となったのは6レースあり、3勝・2着3回とパーフェクト。

▼該当直近5レースの結果

年月日	着順、人気、コンピ他						配当
2016年4月9日	1着馬	ハクサンルドルフ	2着馬	ナイトオブナイツ	3着馬	ドゥーカ	5610円
	人気	2（単勝3.3倍）	人気	8（単勝37.5倍）	人気	3（単勝3.8倍）	4250円
	コンピ	2位（74）	コンピ	6位（52）	コンピ	3位（65）	25840円
2016年5月7日	1着馬	トミケンシェルフ	2着馬	レイズオブザサン	3着馬	サトノイクシード	1960円
	人気	1（単勝2.1倍）	人気	6（単勝14.0倍）	人気	7（単勝17.2倍）	4080円
	コンピ	1位（82）	コンピ	6位（53）	コンピ	5位（54）	14190円
2016年7月3日	1着馬	モーブサファイア	2着馬	ラヴィングアンサー	3着馬	ロードギブソン	2400円
	人気	1（単勝3.6倍）	人気	5（単勝8.8倍）	人気	12（単勝55.9倍）	20720円
	コンピ	1位（82）	コンピ	6位（57）	コンピ	12位（46）	77930円
2016年7月16日	1着馬	アタックガール	2着馬	ゴールデンティアラ	3着馬	シガリロ	610円
	人気	1（単勝2.0倍）	人気	2（単勝3.9倍）	人気	4（単勝7.2倍）	660円
	コンピ	1位（82）	コンピ	2位（70）	コンピ	3位（66）	2090円
2016年7月30日	1着馬	カフジプリンス	2着馬	エアカーディナル	3着馬	スズカヴァンガード	6310円
	人気	2（単勝4.7倍）	人気	7（単勝15.3倍）	人気	12（単勝91.3倍）	66790円
	コンピ	3位（62）	コンピ	7位（53）	コンピ	11位（47）	223220円

1位81・2位72・3位65、64

●ほぼ9位か10位のどちらかが3着以内に絡む。穴馬券が出やすい
●複軸は1～3位が基本的には強い。2位は4レース連続3着以内
●指数49～47から軸を選ぶ手もある。47は勝利こそないが【0―1―3―2】

1位が81ともなると、混戦模様のレースとなっている場合も少なくない。特にこのパターンは2位72・3位65または64ということで、比較的上位の指数が詰まったレースだ。

その際、1～3位がすべて崩れることは少ない。3頭中1頭は3着以内をキープすることが目立つ。複軸という意味では、1～3位の中から選ぶのがベターだろう。

または、穴馬を見つけて1～3位の馬を相手にする戦略もある。2015年以降、このナビゲーションに該当するレースは8レースあり、3連単はすべて万馬券だった。

穴の主役は9、10位。指数でいえば49～47というところだ。8レース中6レースで9位、10位のどちらかが馬券になっている。このパターンから3連複が的中したのが、16年10月9日京都7R。1位①ブルームーン、2位⑯ウインオスカーを3連複の軸に、2軸目に9位50⑮ワンダーグロワールと10位49⑬タキオンレディーを指名（ヒモはほぼ総流し）。

結果、1着ウイン、2着タキオン（SPG馬）、3着に12位47ながらまったく人気がなかった⑪タガノファサネイト（15番人気、単勝192.3倍）で、3連複13万馬券が的中した。

▼該当直近5レースの結果

年月日	着順、人気、コンピ他						配当
2015年4月5日	1着馬	メイショウヤギリ	2着馬	タガノフォーエバー	3着馬	カラーラビアンコ	14870円
	人気	10（単勝35.8倍）	人気	1（単勝2.8倍）	人気	6（単勝16.0倍）	14440円
	コンピ	10位（46）	コンピ	1位（81）	コンピ	6位（56）	117480円
2015年9月12日	1着馬	ロードシャリオ	2着馬	マイネルネッツ	3着馬	ゴールドリーガル	15340円
	人気	4（単勝4.9倍）	人気	9（単勝50.9倍）	人気	2（単勝4.0倍）	14150円
	コンピ	3位（65）	コンピ	9位（48）	コンピ	2位（72）	76830円
2016年3月12日	1着馬	ノーモアゲーム	2着馬	トモトモリバー	3着馬	ヒカリトップメモリ	5940円
	人気	6（単勝18.6倍）	人気	3（単勝3.8倍）	人気	1（単勝2.7倍）	2840円
	コンピ	4位（58）	コンピ	2位（72）	コンピ	3位（64）	26510円
2016年4月24日	1着馬	マスクゾロ	2着馬	ミキノハルモニー	3着馬	トラキチシャチョウ	20540円
	人気	7（単勝18.0倍）	人気	5（単勝9.4倍）	人気	3（単勝5.5倍）	12270円
	コンピ	9位（49）	コンピ	5位（55）	コンピ	2位（72）	100650円
2016年10月9日	1着馬	ウインオスカー	2着馬	タキオンレディー	3着馬	タガノファサネイト	4080円
	人気	2（単勝3.3倍）	人気	4（単勝15.2倍）	人気	15（単勝192.3倍）	132440円
	コンピ	2位（72）	コンピ	10位（49）	コンピ	12位（47）	421250円

神ってるぜ！日刊コンピ王

●2016年10月９日・京都７Ｒ（３歳上500万下、ダ1200ｍ）

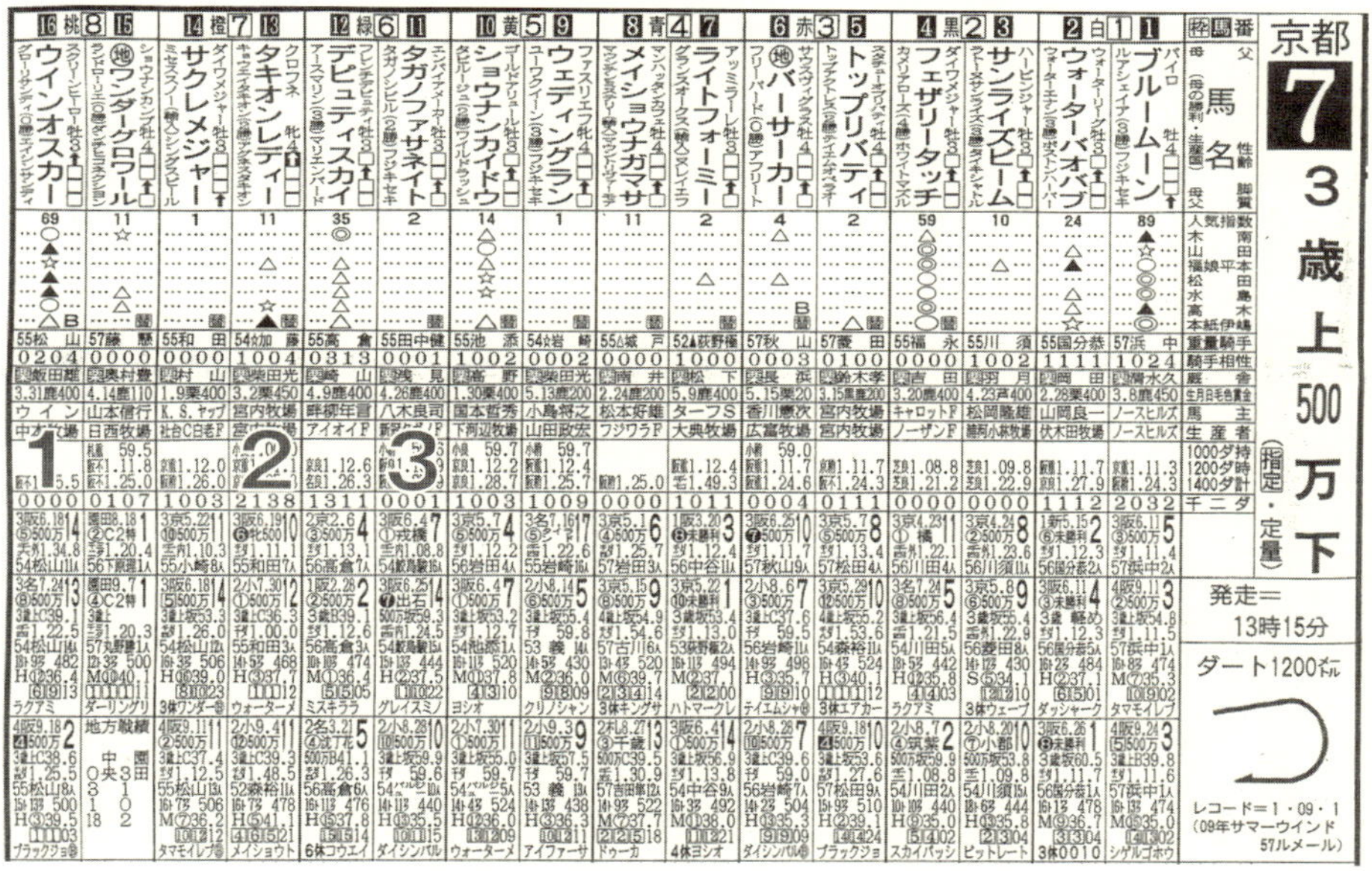

馬番	馬名	性齢	父	母（母の勝利）	母父	人気指数	重量騎手	騎手相性	厩舎	生月日毛色賞金	馬主	生産者
1	ブルームーン	牡4	パイロ	ルアシェイア（3勝）	フジキセキ	89	57浜中	1024	栗清水久	3.8鹿450	ノースヒルズ	ノースヒルズ
2	ウォーターバオバブ	牡3	ウォーターリーグ	ウォーターエナン（3勝）	ボストンハーバー	24	55国分恭	1111	栗岡田	2.28栗400	山岡良一	伏木田牧場
3	サンライズビーム	牡3	ハービンジャー	ラトーヌサンライズ（3勝）	タイキシャトル	10	55川須	1002	栗羽月	4.23芦400	松岡隆雄	[illegible]
4	フェザリータッチ	牡3	ダイワメジャー	カメリアローズ（4勝）	ホワイトマズル	59	55福永	0000	栗吉田	3.20鹿400	キャロットＦ	ノーザンＦ
5	トップリバティ	牡4	スチューデントオブリバティ	トップアクトレス（2勝）	テイエムオペラオー	2	57菱田	0100	栗鈴木孝	3.15栗鹿200	宮内牧場	宮内牧場
6	(地)バーサーカー	牡4	サウスヴィグラス	フリーバード（0勝）	アフリート	4	57秋山	0003	栗長浜	5.15栗20	香川憲次	広富牧場
7	ライトフォーミー	牡3	アッミラーレ	グランスオークス（輸入）	ヌレイエフ	2	52▲荻野極	1000	栗松下	5.9鹿400	ターフＳ	大典牧場
8	メイショウナガマサ	牡4	マンハッタンカフェ	マンデンミステリー（輸入）	デヤウントリザーテ	11	55△城戸	0000	栗南井	2.24鹿200	松本好雄	フジワラＦ
9	ウェディングラン	牝4	ファスリエフ	ユーワクイーン（3勝）	フジキセキ	1	54☆岩崎	0002	栗柴田光	5.13鹿200	小島将之	山田政宏
10	ショウナンカイドウ	牡3	ゴールドアリュール	タピルージュ（2勝）	ワイルドラッシュ	14	55池添	1002	栗高野	1.30鹿400	国本哲秀	下河辺牧場
11	タガノファサネイト	牡3	エンパイアメーカー	タガノシビル（2勝）	フジキセキ	2	55田中健	0001	栗浅見	4.26鹿400	八木良司	新冠タガノＦ
12	デピュティスカイ	牡3	フレンチデピュティ	アースマリン（3勝）	マリエンバード	35	55高倉	0313	栗崎山	4.9鹿400	畔柳年言	アイオイＦ
13	タキオンレディー	牝4	クロフネ	キャライエタキオン（3勝）	アグネスタキオン	11	54☆加藤	1004	栗柴田光	3.2栗450	宮内牧場	宮内牧場
14	サクレメジャー	牡3	ダイワメジャー	ミセスノー（輸入）	シングスピール	1	55和田	0000	栗村山	1.9栗400	K.S.ヤップ	社台Ｃ白老Ｆ
15	(地)ワンダーグロワール	牡4	ショウナンカンプ	ランドローリエ（0勝）	ダンチヒコネクション	11	57藤懸	0000	栗奥村豊	4.14鹿110	山本信行	日西牧場
16	ウインオスカー	牡3	スクリーンヒーロー	グローリーサンディ（0勝）	デインシンサンディ	69	55松山	0204	栗飯田雄	3.31鹿400	ウイン	中本牧場

発走＝13時15分
ダート1200㍍
レコード＝1・09・1（09年サマーウインド 57ルメール）

指数	1	2	3	4	5	6	7	8	9	10	11	12	13	14	15	16
7R	❶	⑯	④	⑫	②	⑩	③	⑧	⑮	⑬	⑥	⑪	⑦	⑭	⑤	⑨
	81	72	65	59	54	53	52	51	50	49	48	47	46	42	41	40

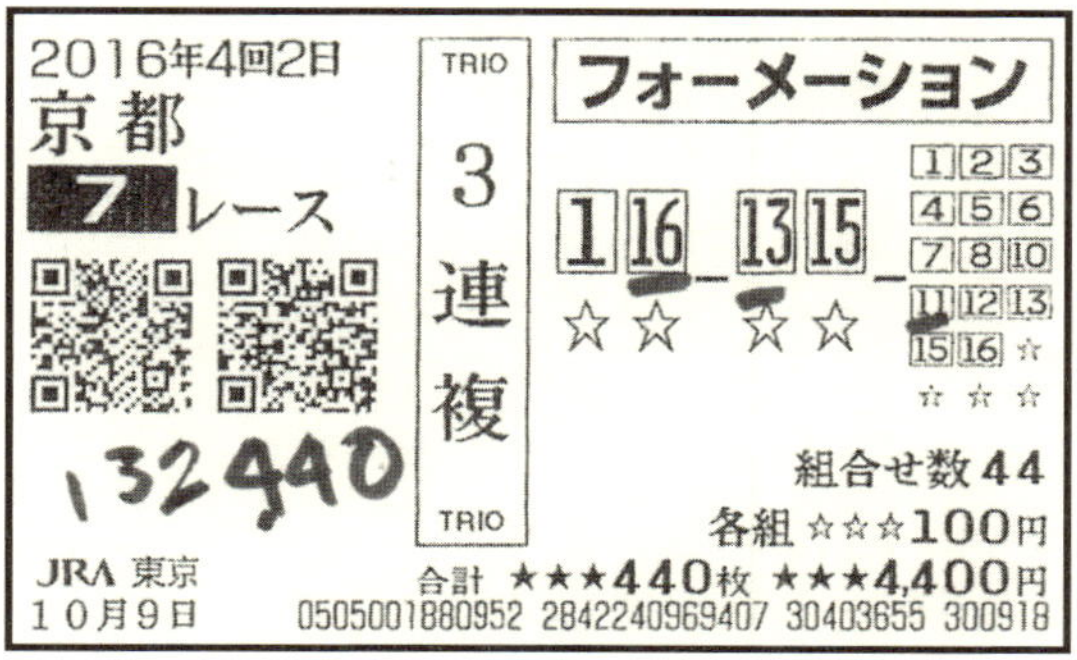

１着⑯ウインオスカー
（２位72・２番人気）
２着⑬タキオンレディー
（10位49・４番人気）
３着⑪タガノファサネイト
（12位47・15番人気）
単⑯330円
複⑯170円　⑬420円　⑪4100円
馬連⑬－⑯2400円
馬単⑯→⑬4080円
３連複⑪⑬⑯132440円
３連単⑯→⑬→⑪421250円

1位79・6位58、57・8位52

●波乱含みレース。6～8位のうち1頭が馬券になるケースが多い
●波乱レースでも指数45以下が3着以内に入るケースはなく絞れる
●PG、裏PGに該当する馬がよく走る。特に6～8位で裏PG該当馬は注意が必要

8位52は波乱サインのひとつ。集計期間内では3連単の平均配当が21万8170円を記録している。

ちなみに同期間内の3連単平均配当は15万4571円。1位の指数に関わらず、8位52となるレースは荒れていることが示された。故・飯田氏が指摘していたように、波乱サインはデータ上からもハッキリと確認できる。

特に1位が79であれば何が起こっても不思議はない状況。ただ、6位が58、57の場合は波乱レースとなることはあっても、絞れるケースが少なくない。12年以降12レースが該当し、9レースが6～8位のうち1頭が馬券になっている。また、45以下の指数の馬が3着以内に入ったことはない。

相手をしっかり見極めるのは難しいナビゲーションだが、PG、裏PG馬は積極的に相手に指名したい。3レース連続して馬券になっているほどだ。

また思い切って、6～8位の中から2頭をピックアップする手もある。12レース中6～8位の馬が2頭以上馬券になったレースは3レースあり、2015年12月27日中山7Rでは、1～3着を独占し3連単31万馬券となった。

▼該当直近5レースの結果

年月日	着順、人気、コンピ他						配当
2015年7月12日	1着馬	イメージガール	2着馬	ナイアガラモンロー	3着馬	ヴァンデミエール	9990円
	人気	3(単勝8.6倍)	人気	5(単勝12.8倍)	人気	12(単勝76.5倍)	81330円
	コンピ	5位(59)	コンピ	6位(58)	コンピ	10位(50)	376580円
2015年8月22日	1着馬	セキショウ	2着馬	エーシンマックス	3着馬	ショウナンバッハ	6550円
	人気	4(単勝8.0倍)	人気	5(単勝9.7倍)	人気	2(単勝3.3倍)	4170円
	コンピ	4位(59)	コンピ	5位(58)	コンピ	3位(60)	28700円
2015年10月18日	1着馬	ジョーアラタ	2着馬	フォルシャー	3着馬	マイネルネーベル	13880円
	人気	1(単勝3.3倍)	人気	11(単勝41.2倍)	人気	7(単勝15.0倍)	20270円
	コンピ	1位(79)	コンピ	8位(52)	コンピ	7位(53)	112190円
2015年12月27日	1着馬	プロレタリアト	2着馬	ディスキーダンス	3着馬	ジューヴルエール	22460円
	人気	11(単勝28.0倍)	人気	2(単勝4.9倍)	人気	8(単勝15.4倍9	35330円
	コンピ	8位(52)	コンピ	6位(57)	コンピ	7位(53)	314380円
2016年12月24日	1着馬	サウンディングベル	2着馬	アイアムビューティー	3着馬	グラスルアー	39480円
	人気	9(単勝43.1倍)	人気	4(単勝6.8倍)	人気	1(単勝3.6倍)	19360円
	コンピ	13位(47)	コンピ	6位(57)	コンピ	1位(79)	197050円

神ってるぜ! 日刊コンピ王

1位78・2位77・2位が4枠

●15レース中13レースで2位が3着以内をキープ。1、2位の同時出現も目立つ
●馬券のカギは5位&6位。当該ナビ6戦連続して、どちらか1頭が馬券になっている
●大穴は突発的に馬券に絡む12位&13位。指数に関わらず要注意

1位78・2位77というレースは、指数が示す通り、差がほとんどないといっていいレース。実際、過去5年の同条件では2位77【29―13―23―42】（複勝率60・7％）が、1位78【20―29―12―46】（同57・0％）をわずかに上回っている。

ここに「2位が4枠」という条件を加えると、2位は【6―2―4―3】（複勝率80％）までハネ上がる。さらに、検証を続けると「1位78・2位77・2位4枠」の3条件を満たすレースは5、6位が強いというのがわかる。

馬券的には、2位を軸に、5位&6位を相手にした3連複、3連単がハマる可能性も高いということだ。

また、大穴馬券を目指すなら12位&13位も見逃せない。頭数、指数に関わらず馬券になって高配当を演出することがあるからだ。

これは2位が飛んだ例だが、2015年3月14日阪神1Rでは1着9位49ヴァローア（9番人気、単勝37・3倍）、2着3位61シゲルゴホウサイ（5番人気、14・7倍）、3着12位46ブリュクベル（10番人気、44・7倍）で決着。3連複59万8850円、3連単457万40円という馬券が飛び出したこともある。

▼該当直近5レースの結果

年月日	着順、人気、コンピ他						配当
2016年1月24日	1着馬	リターントゥジェム	2着馬	グランディフローラ	3着馬	レイトライザー	13620円
	人気	6（単勝19.1倍）	人気	4（単勝7.6倍）	人気	13（単勝90.7倍）	122830円
	コンピ	6位（55）	コンピ	4位（58）	コンピ	10位（46）	572570円
2016年4月9日	1着馬	エンパイアブレイク	2着馬	チカリータ	3着馬	ブルージャーニー	770円
	人気	2（単勝3.1倍）	人気	1（単勝2.4倍）	人気	3（単勝9.1倍）	1140円
	コンピ	2位（77）	コンピ	1位（78）	コンピ	5位（55）	4210円
2016年7月10日	1着馬	サトノオニキス	2着馬	アルビオン	3着馬	スイートメモリーズ	3590円
	人気	1（単勝3.4倍）	人気	6（単勝11.6倍）	人気	2（単勝3.9倍）	2700円
	コンピ	1位（78）	コンピ	5位（54）	コンピ	2位（77）	15210円
2016年8月20日	1着馬	ハヤブサレディゴー	2着馬	アポロリュウセイ	3着馬	マックール	3450円
	人気	1（単勝2.8倍）	人気	6（単勝13.3倍）	人気	2（単勝2.9倍）	1670円
	コンピ	2位（77）	コンピ	5位（56）	コンピ	1位（78）	9910円
2016年12月18日	1着馬	ミスパイロ	2着馬	ショウブノセック	3着馬	バングルバングル	112850円
	人気	4（単勝5.6倍）	人気	12（単勝126.4倍）	人気	2（単勝3.8倍）	46090円
	コンピ	5位（55）	コンピ	13位（42）	コンピ	2位（77）	512630円

1位74・10位50・3位が1枠&牝馬

●該当8レースで3位は【3―3―1―1】（複勝率87・5%）と信頼できる

●9、10位のうち、どちらか1頭が馬券になる確率が高く8レース中6レースで該当

●堅い決着の場合、3位の相手は1位と6位だが、1位は基本的に信用できない

先ほど波乱ナビとして8位52を紹介したが、10位に50が配置されているレースはさらに爆穴が狙える。10位50となったレースは、3連複の平均配当が4万2476円（3連単の平均配当が約29万円）というように、8位52時を上回っているのだ。

中でも1位74・10位50というナビでは、1位の複勝率が35%まで低下する。1位74では集計期間内の総合複勝率が50・1%とあることを考えると、信頼度が激減といっていい。

ここに、「3位が1枠&牝馬」という条件を満たすと、3位は堅軸となる。該当8レース中7レースで3着以内をキープしたのだ。

もともと1位の信頼度が低いため、相手もコンピ低順位（人気薄）馬の台頭が目立つ。中でも9、10位が馬券のキーポイントとなりそう。該当の8レース中6レースで、9、10位の馬のどちらか1頭が馬券になっている。その他の2レースでは1位がしっかりと馬券になったが、そこをあえて狙う必要はないだろう。

狙い目としては3位を1軸目に、2軸目に9、10位、ヒモを総流しした3連複か。

▼該当直近5レースの結果

年月日	着順、人気、コンピ他						配当
2015年2月15日	1着馬	ヒラボクカイザー	2着馬	トワエモア	3着馬	シュピーゲル	4950円
	人気	4（単勝6.1倍）	人気	5（単勝7.6倍）	人気	3（単勝5.1倍）	3940円
	コンピ	6位（54）	コンピ	3位（63）	コンピ	2位（71）	26070円
2015年3月8日	1着馬	マダムウルル	2着馬	ティンパレス	3着馬	タイキアデリナ	1650円
	人気	2（単勝5.8倍）	人気	1（単勝2.6倍）	人気	8（単勝24.3倍）	4190円
	コンピ	3位（63）	コンピ	1位（74）	コンピ	10位（50）	18140円
2015年4月16日	1着馬	プリンセスロック	2着馬	ブリュクベル	3着馬	ミヤビヴィグラス	3300円
	人気	5（単勝7.0倍）	人気	1（単勝3.6倍）	人気	7（単勝23.3倍）	10430円
	コンピ	3位（67）	コンピ	2位（68）	コンピ	10位（50）	43760円
2015年9月19日	1着馬	パワースラッガー	2着馬	マリーズケイ	3着馬	メイショウメイゲツ	5970円
	人気	4（単勝12.4倍）	人気	3（単勝4.6倍）	人気	2（単勝3.9倍）	2940円
	コンピ	6位（54）	コンピ	3位（70）	コンピ	1位（74）	26270円
2015年12月19日	1着馬	インナーアージ	2着馬	ティアーモ	3着馬	アンレール	16200円
	人気	4（単勝7.3倍）	人気	11（単勝26.1倍）	人気	12（単勝31.8倍）	76170円
	コンピ	3位（63）	コンピ	11位（49）	コンピ	9位（51）	359590円

1位73・8位52・10位50

●2016年の1位は【1―3―2―1】という成績で、着外は1回。低指数でも安定パターン
●3、6位が相手の筆頭。1位―3位流しは、配当は堅めでも有力な組み合わせ
●15年以降、1位が飛んだ際は7、11位といった中盤〜低指数が馬券に絡み波乱も

8位52・10位50となる2条件を満たすレースは大荒れもある。3連単の平均配当が約30万4751円というように、それぞれが単独のときよりも、合体したほうが配当は高くなるのだ。

8位52・10位50では1位が90でも信用ができない。複勝率は72・5%まで低下してしまう。1位88の場合はさらに数値は下がり、複勝率は63%しかない。このように上位指数でも、軸が堅いとはいい切れないのだ。

しかし、1位が73の場合はやや様相は異なる。特に16年は【1―3―2―1】という具合で着外が1回のみ。15年以降、1位は【4―4―4―4】という値を示している。着外の4回中2回が4、5着で掲示板には載っている。つまり、高い確率で1位73が激走しているのだ。

1位73ともなると、必ずしも1番人気とは限らないし、もともとの複勝率は低い。集計期間内で1位73の総合複勝率は46・6%しかない。2回に1回は4着以下というのが現実だ。

波乱サインもダブルであり1位73という低指数ならば、馬券から蹴飛ばしたくなるのが人情だが、意外にも堅軸パターンに該当することを忘れてはいけない。

▼該当直近5レースの結果

年月日	着順、人気、コンピ他						配当
2016年4月9日	1着馬	セルリアンラビット	2着馬	コマクサ	3着馬	バイザスコット	12070円
	人気	9（単勝25.4倍）	人気	2（単勝5.6倍）	人気	12（単勝60.6倍）	100560円
	コンピ	6位（54）	コンピ	1位（73）	コンピ	12位（47）	268400円
2016年10月2日	1着馬	スペチアーレ	2着馬	シャインレッド	3着馬	ナンヨーアミーコ	6350円
	人気	1（単勝3.0倍）	人気	6（単勝17.2倍）	人気	3（単勝6.0倍）	9280円
	コンピ	3位（66）	コンピ	8位（52）	コンピ	1位（73）	46900円
2016年10月16日	1着馬	トーホウハニー	2着馬	エナジータウン	3着馬	ヤマニンマンドール	18590円
	人気	3（単勝7.9倍）	人気	10（単勝29.0倍）	人気	4（単勝8.8倍）	28630円
	コンピ	10位（50）	コンピ	12位（48）	コンピ	1位（73）	177060円
2016年10月30日	1着馬	ナンヨーアミーコ	2着馬	リヴィエール	3着馬	ジュエルプラネット	3190円
	人気	3（単勝6.6倍）	人気	2（単勝4.4倍）	人気	4（単勝6.9倍）	3250円
	コンピ	3位（63）	コンピ	1位（73）	コンピ	5位（58）	19220円
2016年11月6日	1着馬	ダノンディーヴァ	2着馬	ヴィルデローゼ	3着馬	ファミーユボヌール	2030円
	人気	1（単勝2.9倍）	人気	4（単勝8.2倍）	人気	8（単勝29.1倍）	7810円
	コンピ	1位（73）	コンピ	3位（67）	コンピ	6位（54）	28550円

1位72・14位46・1位が1番人気

●1位は【3―1―2―1】という成績で着外は1回と、堅実に走っている
●相手も2位が目立ち、1、2位が低指数でも極端な大荒れはない
●1位が着外になったレースを含めて、10位以下が馬券になったことはない

14位46の場合、ほとんどのレースが16頭立て以上ということになる。いわゆる1減並びも多く見られ、波乱サインのひとつといわれている。

8位52・10位50のコンビには負けるものの、14位46となるレースの3連単平均配当は約26万１８７７円という状況で、大荒れの気配を漂わせている。

ＧＩレース史上最高配当となった２０１５年ヴィクトリアＭも14位46だった。同レースでは1位84で1番人気（単勝２・２倍）のヌーヴォレコルトらコンピ上位馬が敗れ、7位53→12位48→18位40で決着。3連単２０７０万馬券となった。ちなみに、8位52・10位50も満たす波乱サインだらけのレースだったのだ。

しかし、前項と同じように1位の指数が低くても堅い場合がある。それがこのナビゲーションだ。1位72で14位46を満たし、かつ1位が1番人気の場合、複軸としては堅くなる。

しかも、相手も2位となるケースが目立っている。1位72の際、総合の複勝率は約49%。2回に1回は飛ぶ計算だが、このパターンであれば着外は1回のみ。低指数&波乱サインでも堅いレースがあることは覚えておきたい。

▼該当直近5レースの結果

年月日	着順、人気、コンピ他						配当
2013年10月6日	1着馬	ウィザーズポケット	2着馬	ファーゴ	3着馬	クローチェ	2420円
	人気	1（単勝4.0倍）	人気	2（単勝4.6倍）	人気	3（単勝5.9倍）	1820円
	コンピ	1位（72）	コンピ	2位（71）	コンピ	3位（63）	8100円
2014年1月12日	1着馬	アイアピール	2着馬	ドラゴンキック	3着馬	コクシブルース	15240円
	人気	8（単勝21.2倍）	人気	1（単勝4.6倍）	人気	9（単勝21.6倍）	23510円
	コンピ	9位（51）	コンピ	1位（72）	コンピ	7位（55）	146540円
2014年8月17日	1着馬	イズモ	2着馬	クリノイーソー	3着馬	スパツィオ	5730円
	人気	1（単勝2.6倍）	人気	6（単勝18.6倍）	人気	4（単勝7.4倍）	9790円
	コンピ	1位（72）	コンピ	8位（53）	コンピ	5位（59）	43030円
2014年9月6日	1着馬	アルティマプリンス	2着馬	エンジェルミディ	3着馬	カレーニナ	2780円
	人気	1（単勝3.1倍）	人気	4（単勝7.9倍）	人気	9（単勝20.6倍）	11480円
	コンピ	1位（72）	コンピ	2位（64）	コンピ	9位（51）	43850円
2016年9月18日	1着馬	メイショウヤクシマ	2着馬	メイショウオルソ	3着馬	ロードグレイス	2830円
	人気	3（6.4倍）	人気	2（単勝5.1倍）	人気	1（単勝3.3倍）	1870円
	コンピ	2位（71）	コンピ	3位（60）	コンピ	1位（72）	9890円

1位69〜66・1位が1枠で3番人気以下

●1位は【2−2−1−12】という成績で、2014年以降馬券になったのはたったの1回
●9位、もしくは指数50、49馬が穴をあける。直近5レースで5頭が馬券圏内に
●指数45以下は消しでOK。17レース中1レースで、2012年に1回馬券になっただけ

1位の指数が60台になることはたまに見受けられるが、1、2番人気に支持されない際はさらに危険だといっていい。

ただでさえ1位の複勝率は50％未満なのに、1位が1枠に入った際の成績は複勝率29・4％と、30％を割ってしまう。13年2月17日フェブラリーSのグレープブランデーの勝利を最後に11連敗中という状況。14年以降で複勝圏内に来たのも16年12月3日のナリタピクシーのみ。それまで7連続で1位が4着以下にコケていたのだ。

1位がコケやすいのはわかっていても相手は難しい。基本的に激走が目立つのが9位。指数でいえば50、49といったところの激走が直近では目立っている。他に数は少ないが、11位が絡むようだと3連複、3連単は高配当なのは間違いない。

1位の指数が低い＝大混戦なのは間違いないが、それでも指数45以下の馬は大苦戦。17レース中1レースでしか馬券になっておらず、12年3月31日阪神10Rで16位40ハートランドノリカ（16番人気、単勝271・4倍）が3着に入って以降、16戦連続して45以下の馬は馬券になっておらず、消しでいいだろう。

▼該当直近5レースの結果

年月日	着順、人気、コンピ他						配当
2015年10月24日	1着馬	ダンシングワンダー	2着馬	デイドリーム	3着馬	ハギノソフィア	3440円
	人気	1（単勝4.5倍）	人気	5（単勝7.9倍）	人気	13（単勝49.7倍）	20270円
	コンピ	6位（59）	コンピ	10位（49）	コンピ	13位（46）	92680円
2015年12月6日	1着馬	グラスアクト	2着馬	ラテールプロミーズ	3着馬	クインズコヌール	43760円
	人気	9（単勝29.6倍）	人気	7（単勝13.0倍）	人気	6（単勝11.3倍）	69520円
	コンピ	9位（50）	コンピ	4位（62）	コンピ	7位（52）	502690円
2016年1月24日	1着馬	グレンツェント	2着馬	ナポレオンズワード	3着馬	セイカエドミザカ	1550円
	人気	3（単勝4.9倍）	人気	1（単勝4.0倍）	人気	6（単勝18.0倍）	6020円
	コンピ	4位（65）	コンピ	2位（67）	コンピ	6位（54）	19350円
2016年5月15日	1着馬	ピュアリーソリッド	2着馬	コウユーココロザシ	3着馬	スペチアーレ	46380円
	人気	9（単勝17.6倍）	人気	12（単勝33.2倍）	人気	6（単勝10.6倍）	101260円
	コンピ	10位（50）	コンピ	11位（49）	コンピ	6位（56）	569100円
2016年12月3日	1着馬	ストンライティング	2着馬	ナリタピクシー	3着馬	シンゼンドリーム	13710円
	人気	9（単勝22.0倍）	人気	3（単勝5.6倍）	人気	10（単勝25.2倍）	38000円
	コンピ	9位（51）	コンピ	1位（69）	コンピ	13位（47）	253430円

1位68位以下・12位46・15頭以下

●指数66が1位または2位なら【3―3―0―1】という成績で連対圏濃厚
●1、2着になるのは、指数66が飛んだ場合でも、8位以内の馬同士による決着ばかり
●9位以下の馬は3着が1回のみで連対例はナシ。指数が低くてもコンピ上位で決まる

1位68以下で12位46ともなると、1減並びが長く続くケースも少なくない。また、1位が必ずしも1番人気とは限らないので混戦模様というのが一般的だ。

頭数が少なければ、大混戦でどの馬にもチャンスが思えるようだが、実際は1位が68以下、12位46で15頭以下のレースは、指数66馬が健闘している。特に66馬が1位または2位であれば、データ上はほぼ連対する。

しかも、過去の7レースで2着以内に9位以下の馬が来たケースはない。10位が一度馬券（3着）になったことがあるだけで、基本的には10位以下は苦戦。オッズが割れているケースが多いので、指数上位馬同士の馬単でも、平気で20倍以上の決着が少なくない。

また、1位の指数が低いため、PGや裏PG馬が出現することも目立つ。そうしたPGや裏PGに該当する馬たちは、どちらの場合でも馬券になるケースがあるので覚えておきたい。1位指数68以下ともなると、下位の馬の一発に期待したくなるのは間違いないが、配当面では意外と堅く収まることも多いのだ。

▼該当直近5レースの結果

年月日	着順、人気、コンピ他						配当
2016年6月25日	1着馬	レイヨンヴェール	2着馬	エグランティエ	3着馬	クイーンズシアター	5810円
	人気	6（単勝8.7倍）	人気	5（単勝7.8倍）	人気	3（単勝7.7倍）	8130円
	コンピ	5位（61）	コンピ	3位（64）	コンピ	4位（63）	45300円
2016年7月9日	1着馬	テラノヴァ	2着馬	ユメノマイホーム	3着馬	アイムウィッシング	2400円
	人気	2（単勝5.3倍）	人気	1（単勝4.1倍）	人気	3（単勝7.5倍）	2590円
	コンピ	6位（58）	コンピ	1位（66）	コンピ	7位（56）	10640円
2016年10月16日	1着馬	ハギノハイブリッド	2着馬	マイネルハニー	3着馬	クラリティスカイ	3520円
	人気	1（単勝5.3倍）	人気	2（単勝5.6倍）	人気	4（単勝7.5倍）	4850円
	コンピ	1位（66）	コンピ	3位（64）	コンピ	5位（60）	22150円
2016年11月13日	1着馬	アームズレングス	2着馬	スクラッタ	3着馬	エグランティエ	8130円
	人気	2（単勝5.2倍）	人気	8（単勝12.8倍）	人気	3（単勝7.0倍）	10450円
	コンピ	1位（66）	コンピ	8位（56）	コンピ	5位（59）	65120円
2016年11月13日	1着馬	ハッピーメモリーズ	2着馬	コスモボアソルテ	3着馬	チャイマックス	7940円
	人気	8（単勝12.8倍）	人気	2（単勝4.7倍）	人気	1（単勝4.6倍）	3820円
	コンピ	4位（64）	コンピ	2位（66）	コンピ	1位（67）	31340円

●直近5年のコンピ1位の指数別成績

指数	着別度数	勝率	連対率	複勝率	
85	164- 94- 58- 143/ 459	35.7%	56.2%	68.8%	複勝率60%超ゾーン
84	440- 240- 167- 400/1247	35.3%	54.5%	67.9%	
83	223- 120- 80- 249/ 672	33.2%	51.0%	62.9%	
82	450- 276- 188- 428/1342	33.5%	54.1%	68.1%	
81	285- 184- 127- 324/ 920	31.0%	51.0%	64.8%	
80	382- 200- 161- 451/1194	32.0%	48.7%	62.2%	
79	244- 178- 139- 388/ 949	25.7%	44.5%	59.1%	複勝率50%超ゾーン
78	272- 227- 141- 491/1131	24.0%	44.1%	56.6%	
77	237- 150- 122- 371/ 880	26.9%	44.0%	57.8%	
76	205- 156- 122- 385/ 868	23.6%	41.6%	55.6%	
75	178- 154- 85- 332/ 749	23.8%	44.3%	55.7%	
74	145- 124- 73- 340/ 682	21.3%	39.4%	50.1%	
73	100- 96- 66- 300/ 562	17.8%	34.9%	46.6%	複勝率40%超ゾーン
72	99- 80- 51- 239/ 469	21.1%	38.2%	49.0%	
71	49- 54- 42- 189/ 334	14.7%	30.8%	43.4%	
70	45- 46- 29- 130/ 250	18.0%	36.4%	48.0%	
69	29- 32- 16- 90/ 167	17.4%	36.5%	46.1%	
68	18- 16- 12- 75/ 121	14.9%	28.1%	38.0%	複勝率低迷ゾーン
67	5- 11- 2- 39/ 57	8.8%	28.1%	31.6%	
66	5- 5- 4- 19/ 33	15.2%	30.3%	42.4%	
65	1- 1- 4- 4/ 10	10.0%	20.0%	60.0%	
64	0- 1- 1- 5/ 7	0.0%	14.3%	28.6%	
63	0- 0- 0- 1/ 1	0.0%	0.0%	0.0%	
62	0- 0- 1- 0/ 1	0.0%	0.0%	100.0%	

ハイパー・ビギナーの方のために――

ハイパーナビゲーションとは、日刊コンピの神様こと飯田雅夫氏が残した馬券術。コンピ1位の指数値や各順位・指数の配列を読み解き、傾向を探すというのが基本だ。

また指数配列を読み解く際に、波乱レースにおける特徴をまとめたのが、いわゆる【波乱サイン】と呼ばれるもの。

本章でも何例か紹介したが、**8位52、10位50、14位46**などが該当する。他にも**1位1枠は危険**というものから、**1減並び**が続いているレースは大混戦というのが、ハイパーナビゲーションの代名詞となっている。

ただ、ハイパーで紹介される各法則は、常に出現するものではない。また、各種データを積み重ねていないと、すぐに傾向が分析できないというウィークポイントがあるのも事実だ。

表は過去5年（2012～16年）の1位指数ごとの着別度数だ。当たり前だが1位指数が高ければ勝率、連対率、複勝率も高くなる。1位が79以下ともなると、複勝率は60％を割り込む。1位が73以下では、複勝率が50％を割り込んでいるのがわかるだろう。

本来は、ここから本章で紹介したように、出現しやすい順位や出現しにくい順位を見極め、馬券に役立てていくというのがハイパーナビゲーションのスタイルだ。低い指数でも消しとならない場合や、高い指数でも馬券圏外に去るパターンなどがある。

こうしてデータは蓄積していないと検証はできないので、せめて1位の指数ごとによる着別度数の違い程度は参考にしてほしい。また、データを分析してみれば傾向が変化しているものもある。

例えば、1位1枠は波乱サインというのは、現状ではやや異なる傾向を示す。1位1枠の複勝率は63・2％あり、枠別成績ではビリではない。むしろ、8枠時のほうが複勝率61・6％と低い。

重賞に限定すれば、1位7、8枠は危険といっていい。重賞における1位7枠の成績は【23―15―7―59】（複勝率43・3％）でダントツで悪い成績だ。8枠も【26―19―12―43】（複勝率57・0％）と低迷している。

一方、重賞の1位1枠は【24―8―4―18】（複勝率66・7％）と、むしろ高い値となる。このあたりはコンピとは直接関係ないが、芝コースであれば馬場も影響していることだろう。大昔に比べ、開催が進んでもインが極端に悪くなることは少ないからだ。

今後、別の機会にこうした傾向が変化しているナビゲーションを紹介することもあるだろう。まずは本項を参考に、ハイパーの一端に触れてもらえれば幸いだ。

後年はデジタル化したが、当初の飯田氏はこうしたノートで分析を重ねていた。

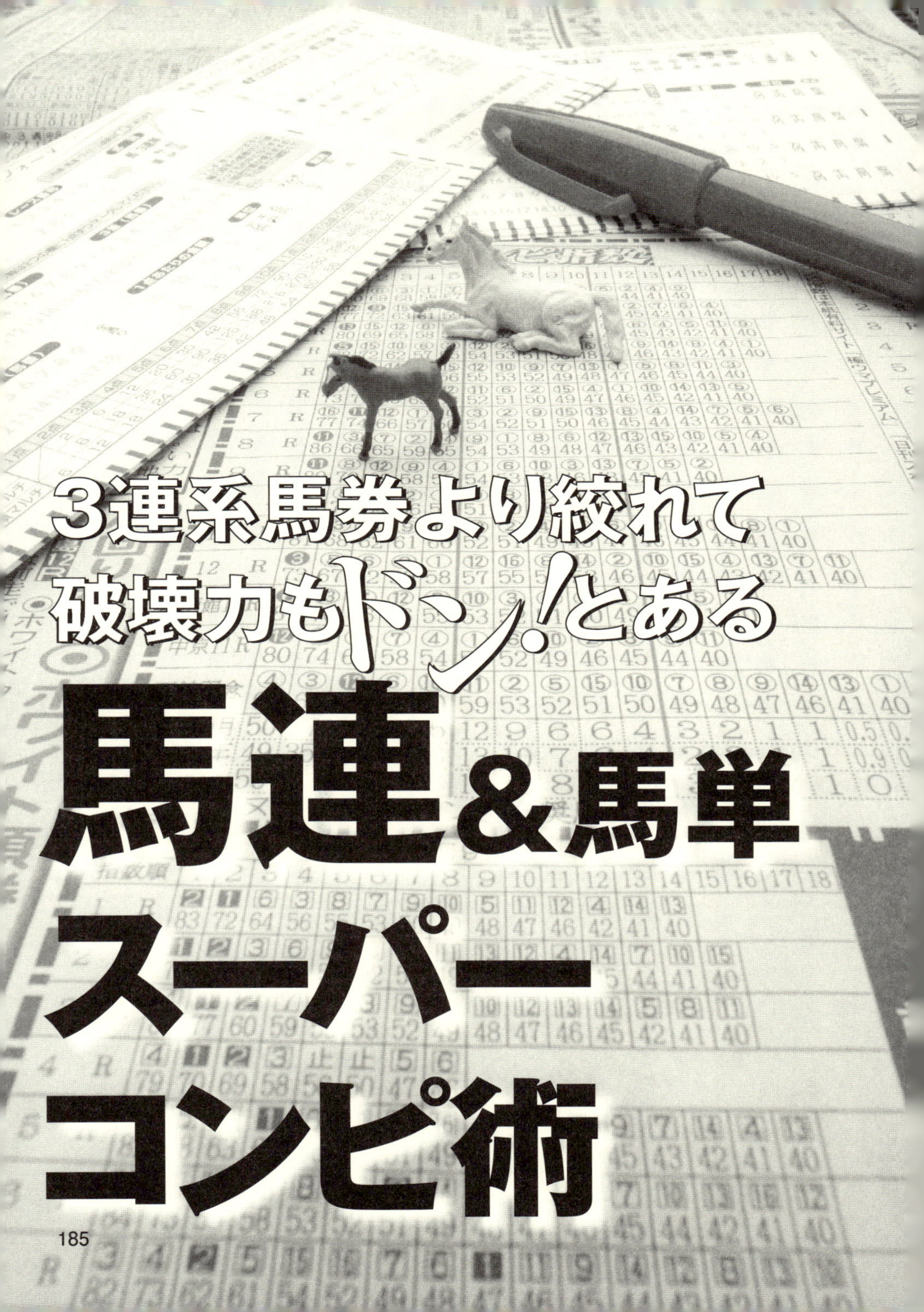

3連系馬券より絞れて破壊力もドン!とある

馬連&馬単スーパーコンピ術

連対率と破壊力のバランスが取れた軸馬を、コンピでセレクト

3連複、3連単といった高配当馬券が飛び出す券種の売り上げはいまだに高いようだが、コンピは馬連、馬単と相性がいい。3着以内の3頭をキッチリと指数だけで選び出すのは困難な場合が確かにある。

故・飯田雅夫氏も後年こそ3連単に専念したが、デビュー作である『飯田式スーパーコンピ馬券術ハイパーナビゲーション』(1999年)の頃は、馬連主体で稼ぎまくっていた。当時の飯田氏の本業はタクシー運転手で、「万馬券タクシードライバー」の異名で写真誌に登場したのが世に出るきっかけだった。

話は逸れたが、日刊コンピから確度の高い軸馬や連対馬を選び出すことができれば、効率よく馬連の高配当を当てるのは簡単といっていいだろう。

またコンピは、その指数ごとにさまざまな特徴がある。前章ラストでも紹介したように、1位90であれば複勝率が高い、1位70台では複勝率が50%や40%台の落ちるといったことだ。

そこで本項では、順位&指数とリアルオッズを比較しながら、馬連、馬単で軸に向いている法則を発表することにしよう。

1位90や88といった値は堅い馬券が必然的に多くなってしまうので、なるべく破壊力のある法則だけを紹介する。なお、断りのないデータは2015年1月5日~16年12月25日のものを使用している。

馬連・馬単で軸にすべきパターン①【1位82…単勝4倍以上~5倍未満】

このくらいのオッズ帯になると、1位だからといって1番人気とは限らない。レースによっては2、3番人気になってしまうことはある。単勝オッズからすると、1位のわりに被っていない人気=危ない人気馬のイメージがあるものの、実態は異なっているのだ。

この条件を満たす1位馬の成績は【5―2―

2－6】という成績で、連対率46・7%、単勝回収率147%、複勝回収率100%を記録している。馬連、馬単ベースなら軸にしても十分いいレベルだ。

1位馬が2着以内に入った際の平均配当は2000円強。均等買いで相手総流しを敢行したとしても、的中すればプラスになる計算だ。

例えば2016年5月1日東京11RスイートピーS。このレースは1着1位82ジェラシー(1番人気、単勝4・0倍)、2着3位58フロムマイハート(3番人気、7・7倍)のワンツー。馬連は2090円(馬単3520円)だった。1位ジェラシーは4・0倍というギリギリの数字ではあるが、締め切り30分前には3・7〜4・2倍前後をウロウロしていた。

このあたりは直前まで悩ましいところではあるが、仮に3倍台でも連対率は40%弱程度の成績を残している。迷ったら購入しなくてもいいし、4倍台になっても不思議はないと思えば購入する手もあるだろう。

また、1位が飛んだ際に有効なのは5〜9位の馬連(馬単)ボックス馬券となる。16年11月6日福島11RみちのくSでは、1着5位54ラズールリッキー(6番人気、10・0倍)、2着7位52ダノンルージュ(7番人気、14・0倍)で、馬連6610円(馬単1万3830円)だった。

馬連・馬単で軸にすべきパターン②
【1位81…2番人気】

該当する1位馬の成績は【16－14－10－22】。連対率48・4%、単複回収率は90%台というもの。ベタに購入していては損してしまうが、1点買いだったら1番人気馬との組み合わせが有効だ。

1位81で2番人気というのは、2位の指数が高く人気が逆転されている状況だろう(3位が1番人気になる際もままあるが)。そのため、1位81が2着をキープする際は、1番人気馬がしっかりと馬券になるケースも少なくない。

2年間で条件にあてはまる62レース中13レー

スが、1―2番人気1点買いによる的中。回収率は95・6%とさすがに100%を割ってしまうが、当該の組み合わせで200円台というド堅い配当の馬券を除外すると、150%近い回収率になる。

といっても、コンピ上位馬同士でしかも人気馬の馬券を買うのはつまらない。少しヒネるのであれば、1位―5位&6位への2点買い。1位81が2番人気ということで、5位&6位へ流すだけでも十分に破壊力がある。

これだと62レース中5レースの的中に留まるが、回収率は115・5%を記録し、ベタ買いしても儲かるのだ。この2点買いで的中した際の平均配当は約2700円。2点買いで27倍の馬券が当たれば問題はないだろう。

2016年11月26日東京7Rでは、1着6位52サンタフェチーフ（6番人気、単勝21・8倍）、2着に1位81ミヤビエンブレム（2番人気、4・2倍）が入り、馬連3650円（馬単9920円）という好配当。ちなみに、枠連で7―7といういわゆるゾロ目決着で、こちらの配当は3930円だった。2点買いで30倍台の馬連が的中すれば、普通は勝てるはずだ。

馬連・馬単で軸にすべきパターン③
【2位79】

特に他の条件を付加しなくても買いたいのが2位79。この指数を見たら、2位を馬連、馬単の軸にして問題ないだろう。1位は必然的に80以上となる。3着以内という意味では、1位と2位ほぼ同じ成績だが、連対数は2位が上なのだ。

●2位79レース成績
・1位【18―6―8―19】
連対率51・0%　単回率97%　複回率80%
・2位【20―8―5―18】
連対率54・9%　単回率114%
複回率87%

1位と2位による決着も多く見られるが、馬連、馬単で狙いたいのは2位を軸にして、7～

9位に流す3点馬券。2位が連対した28レース中8レースで的中し、回収率は１２５％を記録する。7～9位の馬は、頭数次第では人気を落としていることが多いため、意外と好配当になりやすい。

2位の値としては比較的高いが（期間内で2番目、2位で最も高い値は80）、堅い馬券ではなく穴馬券が獲れる場合も少なくないのだ。回収率は下がっても的中を目指すのであれば、10位以下の馬にも流しておくといい。

馬連・馬単で軸にすべきパターン④
【2位63～61…ダート戦】

2位の指数が63～61は一転して、2位の値としては低い部類（期間内で最も低い値は59）。

さらにダート戦に限定すると、2位流しの馬券が妙味ある。該当条件における2位馬の成績は【20－12－21－83】（連対率23・5％）と目立つ値ではないが、単回率１１７％、複回率89％という状況で、馬単であれば儲かることを、そして馬連であれば買い方次第でプラス収支となることを示している。

回収率が高くなるのは、2位の指数値が低いため信頼されていないからだろう。だが、その分、人気薄のケースが多く、連対すればオイシイ馬券を提供しやすい。特に5～8位が相手候補の筆頭。イメージとしては、馬連で30倍前後の配当だ。

２０１６年2月28日中山12Ｒ（ダート１８００ｍ）では、1着2位61フェスティブイル（3番人気、単勝7・3倍）、2着8位52ソルプレーサ（13番人気、70・6倍）で決着。2着ソルプレーサが裏ＳＰＧに該当していたとはいえ、2位と8位の馬連は3万１１０円、馬単4万７６１０円という超配当になっている。

2位が軸になっているため、馬連で万馬券というレースはそれほど多くないのは確かだが、絡めば30～70倍前後の配当が期待できる。

先の中山12Ｒのように、4点買いで3万馬券ともなれば、かなりの利益をもたらすはず。こうした点数でも大きな払い戻しが望めるのが、3連系にはない馬連馬券の強みだろう。

どちらにしても、2位の連対率はそれほど高くはないが、馬連、馬単でも一撃必殺でしとめられるパターンである。

馬連・馬単で軸にすべきパターン⑤
【3位63…単勝オッズ10倍以上〜20倍未満】

この条件を満たした3位の成績は【18—9—12—103】という具合で、連対率は19・0%しかないものの、単回率157%、複回率79%が示すように、馬単であればベタ買いしても儲かる計算だ。

ちなみに、馬連総流しの場合でも回収率は80%ある。さすがに指数40や16位（18頭立てなら18位）が馬券になることは少ないので、3位—1〜13位流し（12点）に絞ると回収率が95・6%まで上昇する。

取材スタッフがこの章を制作するにあたり、検証し的中させたのが2016年11月13日福島9R。軸に選んだのは、もちろん3位63で5番人気（単勝10・8倍）の⑮マリエラだ。

3位63となるレースで、単勝10倍台のオッズは意外と少ないので、見つけたら馬単か馬連流しを敢行する手はあるだろう。ベストは馬単だが、馬連でも指数が極端に低い馬を買わなければプラス収支になるという読みだった。

そこで⑮マリエラから馬連多点流しを敢行。相手にしたのは、次の8頭だ。

①ニシノイナズマ（11位、11番人気、41・6倍）
⑥カゼノカムイ（2位、4番人気、6・5倍）
⑦カイマノア（10位、12番人気、50・0倍）
⑨サラマンカ（6位、10番人気、36・4倍）
⑩オンリーワンスター（4位、2番人気、5・5倍）
⑪テキスタイルアート（1位、1番人気、2・7倍）
⑧ベルベットムーブ（8位、8番人気、21・8倍）
⑬イアペトス（5位、3番人気、6・1倍）

原則11位までが相手で、7位⑭ブレーヴブ

●2016年11月13日・福島９Ｒ（３歳上500万下、ダ1150ｍ）

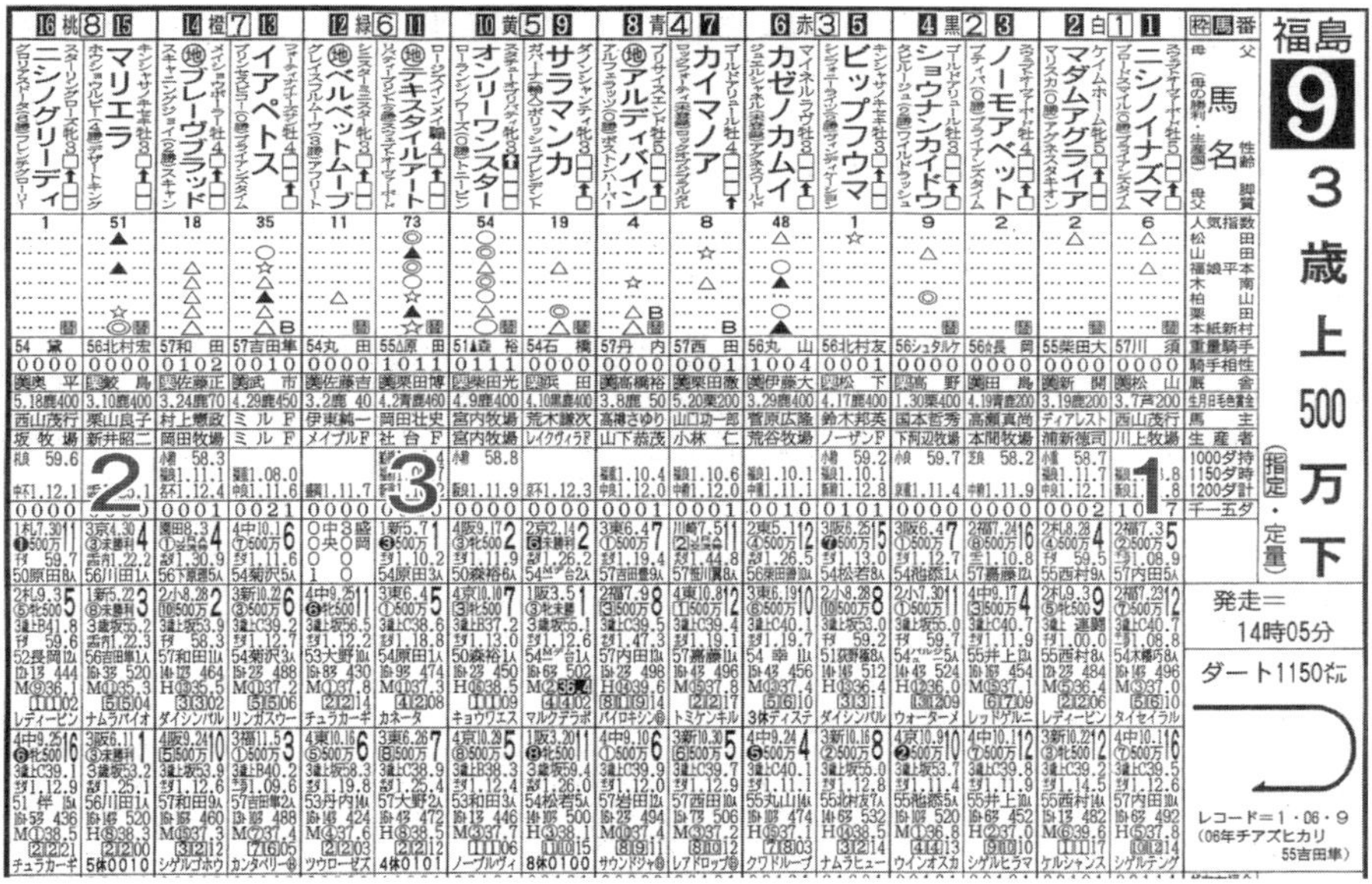

馬番	馬名	重量騎手
1	ニシノイナズマ	57川須
2	マダムアグライア	55柴田大
3	ノーモアベット	56☆長岡
4	ショウナンカイドウ	56シュタルケ
5	ビップフウマ	56北村友
6	カゼノカムイ	56丸山
7	カイマノア	57西田
8	アルディバイン	57丹内
9	サラマンカ	54石橋
10	オンリーワンスター	51▲森裕
11	テキスタイルアート	55△原田
12	ベルベットムーブ	54丸田
13	イアペトス	57吉田隼
14	プレーヴブラッド	57和田
15	マリエラ	56北村宏
16	ニシノグリーディ	54黛

指数	1	2	3	4	5	6	7	8	9	10	11	12	13	14	15	16
9R	⑪	⑥	⑮	⑩	⑬	⑨	⑭	⑫	④	⑦	①	②	⑧	③	⑤	⑯
	76	65	63	62	58	54	53	52	51	50	49	48	47	46	41	40

１着①ニシノイナズマ

（11位49・11番人気）

２着⑮マリエラ

（３位63・５番人気）

３着⑪テキスタイルアート

（１位76・１番人気）

単①4160円

複①1030円　⑮300円　⑪160円

馬連①－⑮35580円

馬単①→⑮64720円

３連複①⑪⑮38750円

３連単①→⑮→⑪476030円

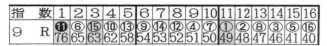

ラッド（6番人気、12・6倍）は、レース検討時に3位流しの馬券で的中レースがゼロ（141レース中）だったため、あえて外した。9位④ショウナンカイドウ（7番人気、19・8倍）も、140レース中1レースしか的中がなく除外した。

ただ、未出現状態や低確率の状態がいつまでも続くとは思えないので、万全を期して買い目に入れておく手はある。入れておいても13位までの流し馬券なら、回収率は95％強あるのだ。

レースは①ニシノイナズマと⑮マリエラの一騎打ち。1着にニシノ、2着にマリエラという順で決着。この場合は、馬連が正解だったということになる。馬連は3万5580円、馬単は6万4720円という配当になった。1着固定であれば外れていた馬券であり、相手の順位と人気を考えるとホゾを噛むことになったはず。

これを300円分的中し、10万6740円を手にすることになった。馬連だけでも破壊力が十分という典型例だ。コンピはこのように馬連、馬単でもオイシイ配当をもたらすことがある。

馬連・馬単で軸にすべきパターン⑥【4位64～62…単勝3倍以上～15倍未満】

意外と実用的で破壊力もあるのが、この条件にハマる際の馬券だ。4位の単勝回収率は109％を超えている。しかもかなりの数が該当し、これからもよく出現するだろう。

この条件の4位馬の成績は【155―109―113―546】。連対率は28・6％となる。特に9、10位は相手としても優秀で、回収率は105・8％を記録する。該当する923レース中16レースの的中に留まってしまうが、的中率はともかくとしても確実にプラスを計上している。

4位を軸にしていれば、指数下位の馬が連対しなくても馬連なら20～30倍というケースは目立つ。50倍以上の配当も珍しくない。5、6位へ2点流せば923レース中53レースで的中し、回収率は98・5％を記録。

少頭数のレースなどをカットしていけば100%を超えるのは間違いないだろうし、5、6位流しは現実的かもしれない。

ちなみに、5、6、9、10位への4点買いだった場合、923レース中69レースの的中となり、回収率は102・1%。的中率のバランス、高配当馬券が得られることを考えると、思い切ってこの4点買いがオススメだ。

その4点買いをした際の馬連的中時における平均配当は5388円。十分にプラス収支となるはず。年間900レース以上の対象レースがあり、データ上は競馬を楽しんだうえで馬券が儲かる。

また特に、4位64〜62で単勝10倍以上〜15倍未満の際は、指数47以上の馬まで馬連、馬単を手広く流す手もある。単複回収率がともに100%を超えるのだ。裏PGや裏SPGに該当していても躊躇なく購入したいところだ。

馬連・馬単で軸にすべきパターン⑦

【5位60〜58…13〜15頭立て】

このパターンにあてはまる5位馬の成績は【18−10−9−69】。連対率26・4%、単回率152%、複回率91%を記録している。となれば、儲けるためには、5位の1着付けの馬単が考えられる。

5位に60〜58というのも、比較的よく見られる指数配列のひとつ。指数60であれば、3〜5位が1減並びになっていたりすることもあるだろう。また、1位指数の値が低く、コンピ上位馬と単勝人気が合致しないケースも多く見られる。

典型的なパターンが2016年10月23日京都10R桂川Sだった。

1位72マルヨバクシン…2番人気（単勝4・6倍）
2位67クードラパン…4番人気（5・6倍）
3位66フィドゥーシア…1番人気（3・8倍）
4位63④ドラゴンストリート…3番人気（5・5倍）

5位59⑩フミノムーン…6番人気（9・3倍）

ここまでコンピの順位と単勝人気順が合致した馬が、1頭もいないのだ。また、5位59で6番人気のフミノムーンの単勝が10倍未満ということからもわかる通り、かなり混戦ムードが漂っていた（13頭中6頭が単勝10倍未満）。

説明したように、こういったレースでは5位の破壊力に賭ける手だ。

結果、1着に5位フミノムーン。2着に9位49（7番人気、25・3倍）デンコウウノ、3着7位52（8番人気、25・5倍）コウエイタケルが入り、馬連は1万2890円、馬単は2万1800円という万馬券決着。頭数のわりには大波乱となった。

1位が72という低指数、かつ5位の値が高めの59というのも荒れるポイントだった。

馬連・馬単で軸にすべきパターン⑧
【6位55〜53…重賞レース】

コンピファンの皆さんは原則、狙っている指数が出れば馬券を買うという方や、あくまでもリアルオッズの代用として使用している方も多いことだろう。

しかし、メインレースしか馬券を購入しないという方も中にはいるはず。そういった方にオススメなのが、この法則だ。

重賞レース（平地）で6位が55〜53となったのは2年間で177レースあった。その際の6位の成績は【11—13—21—132】。連対率は13・6％。着別度数を見ればわかるように、3着に取りこぼしているレースも少なくないのだが、単回率99％、複回率89％という具合で、買い方次第では儲かることを示している。

6位ともなるとオッズ幅も広く、当該条件では単勝4倍〜80倍までの馬が存在した。さすがに6位で50倍以上となるような馬の連対は厳しく、該当7レースを削除すると、連対率は14・1％、単回率103％、複回率93％まで上昇。相手をどこまで広げるのかは難しいが、原則8位以内の7点買いをオススメする。

例えば、２０１６年12月18日阪神11Ｒ朝日杯ＦＳでは8位53（6番人気、単勝14・2倍）サトノアレスが1着、6位55（7番人気、15・8倍）モンドキャンノが2着に入り馬連５９７０円、馬単1万１４３０円となった（本書ＧＩ特集では別の手法で的中＝Ｐ１６８）。

他にも、16年の重賞ではＡＪＣＣ（馬連１８００円）、シルクロードＳ（馬連２４４０円）、東京新聞杯（馬連４６９０円）、共同通信杯（馬連９６５０円）、京王杯ＳＣ（馬連４３８０円）、クイーンＳ（馬連４１２０円）、武蔵野Ｓ（馬連４４９０円）が的中する。紙幅の関係で詳細は省略したが、過去のコンピ指数が確認できる方は検証してみてほしい。

馬連・馬単で軸にすべきパターン⑨

【7位55】

コンピ7位ともなってくると、連対すればオイシイ馬券となるのは間違いない。指数55の7位馬は過去2年間で【24―27―34―２３２】。連対率16・1％、単回率１０７％、複回率98％という具合で、ほぼ軸にしてベタ買いしても儲かる可能性が高い。

特に単勝10倍以上～30倍未満のゾーンに該当すれば、単複回収率はともに１００％を超える。相手次第の面はあるが、とにかく7位55を見かけたら軸にして馬連、馬単を購入してみよう。

典型的な例が、２０１６年12月4日阪神7Ｒ。軸は7位55⑭メイショウカシュウ。8番人気（単勝15・3倍）というように、馬連、馬単で買いの条件を満たしている。

この馬から手広く流したのが的中画像だ（Ｐ１９６）。

⑬アリノマンボは1位90という最高指数だが、これは危険な人気馬の可能性もある。

1位90は単勝1倍台になれば連対率76・1％、複勝率87・5％とかなりの確率で馬券圏内となるが、2倍台のオッズでは連対率は約60％まで激減。複勝率も71・4％程度しかない。1位90のわりに堅いとはいえないのだ。

●2016年12月７日・阪神７Ｒ（３歳上500万下、ダ1800ｍ）

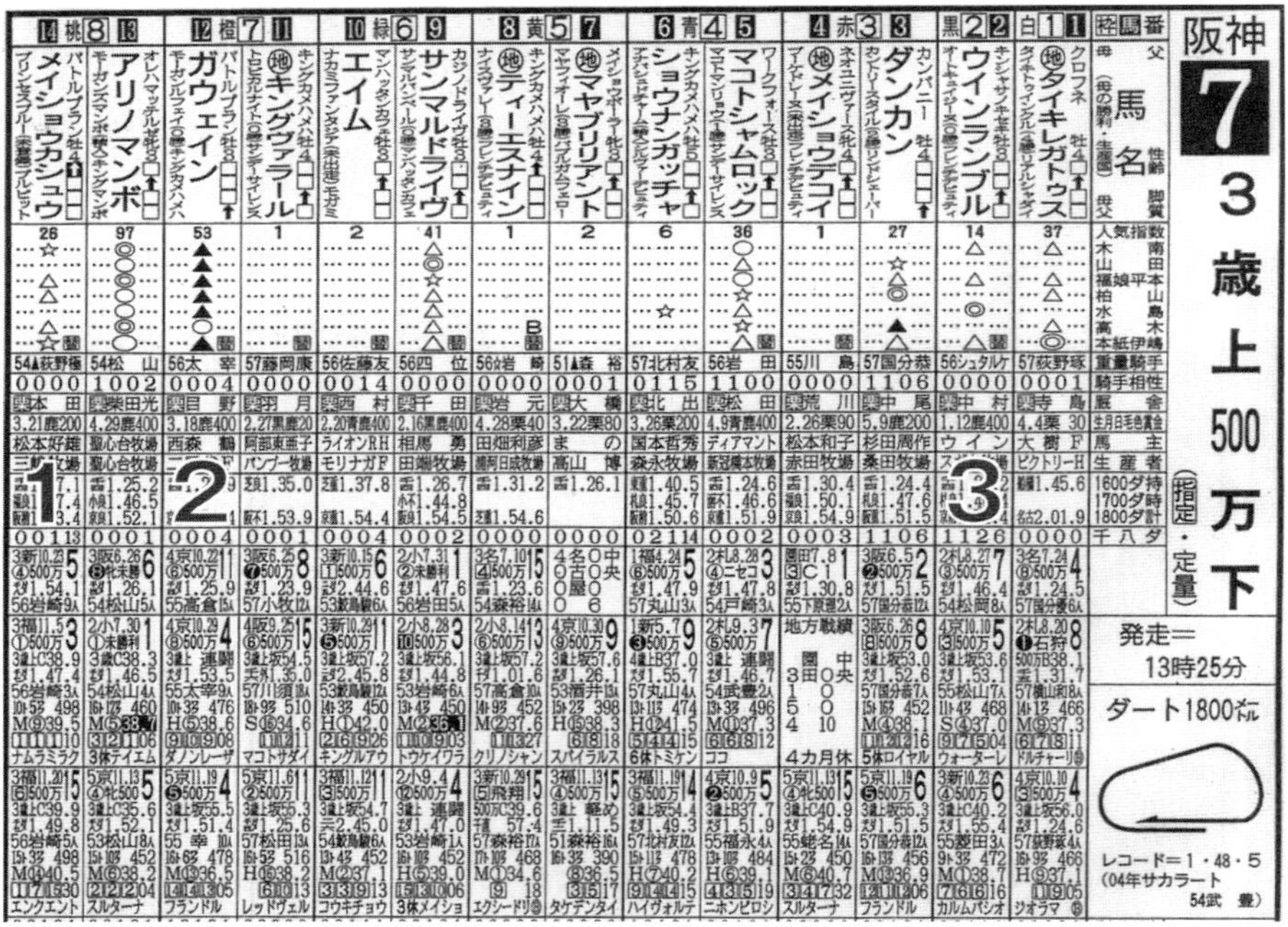

指数	1	2	3	4	5	6	7	8	9	10	11	12	13	14
7R	⑬90	⑫63	⑨59	⑤58	①57	③56	⑭55	②50	⑥48	⑦47	⑩46	⑪42	④41	⑧40

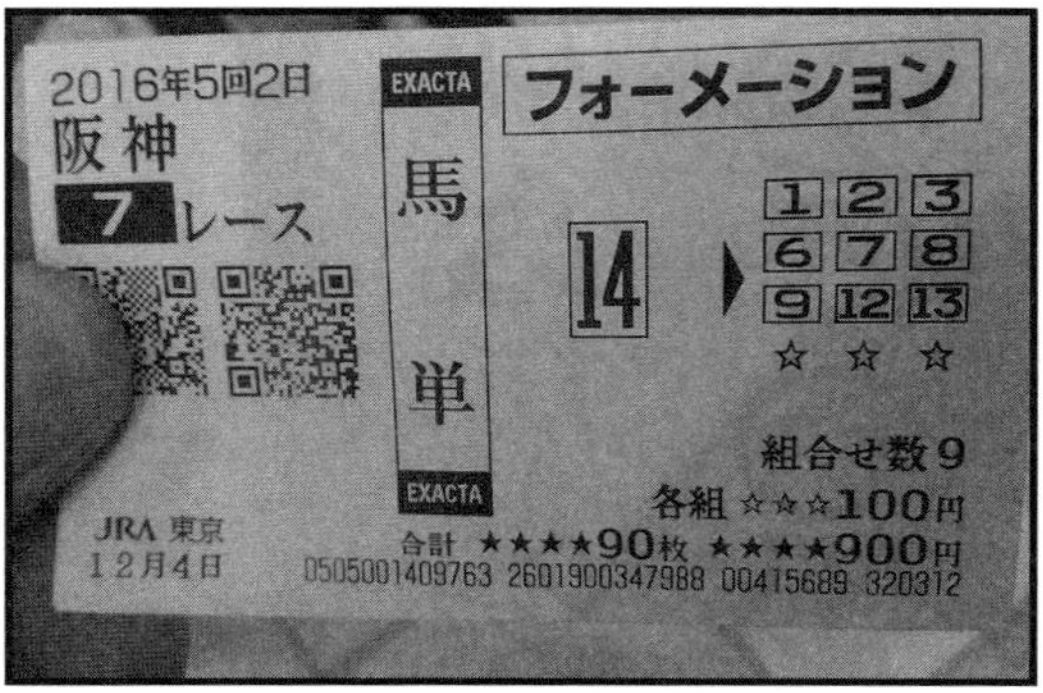

１着⑭メイショウカシュウ

（７位55・８番人気）

２着⑫ガウェイン

（２位63・４番人気）

３着②ウインランブル

（８位50・７番人気）

単⑭1530円

複⑭470円　⑫220円　②350円

馬連⑫－⑭4710円

馬単⑭→⑫9860円

３連複②⑫⑭20380円

３連単⑭→⑫→②113700円

そこで、⑭メイショウカシュウから1位以外の馬で目ぼしいところの順位に流して馬単を購入。1位に目論見通りメイショウが入り、2着に2位63で4番人気（6・7倍）のガウェインが入った。馬連4710円、馬単9860円となり、万馬券には届かなかったものの馬単が的中した。

同じ金額で単勝を購入していたほうが利益は高かったのは間違いないが、3着8位50②ウインランブルがもし2着なら、馬単は2万2680円とハネていた。

絞るか手広く流すかは難しいところだが、7位55のように安定して単勝回収率が高いのであれば、手広く流したほうが思わぬ高配当馬券が獲れることだろう。

馬連・馬単で軸にすべきパターン⑩
【指数49馬を馬連、馬単で軸にする場合】

最後は応用技というべき例を紹介することにしよう。

指数55以下で単複回収率がともに80％を超えるのは49のみだ。指数49馬ともなると、二ケタ人気のド人気薄になっていることもしばしば。うまく活用すれば馬連、馬単で万馬券が面白いように獲れるはずだ。

まず、「指数49馬を軸にしてはいけない条件」を挙げよう。①重賞、②13頭以下、③単勝20倍未満&単勝万馬券馬、④16番人気以下の4点だ。これらをすべてクリアした指数49馬は【73―92―114―2324】という成績。連対率は6・3％と低いながらも単回率103％、複回率は85％を記録する。

特にダート戦に絞ってみると【44―48―69―1269】。連対率こそ6・4％とさほど変わらないものの、単回率118％、複回率91％まで上昇する。

その連対した92レース中、指数49より下の馬を連れてきたのは6レースしかなく、必然的に相手は指数50以上馬に絞られる。49は9～12位に位置していることが多く、総流ししなくて

も、10点程度で馬券が獲れることは珍しくないのだ。
２０１６年12月25日阪神12ＲファイナルＳでは、10位49（12番人気、単勝43・５倍）のタガノエスプレッソが１着。２着に１位80（１番人気、３・４倍）のエイシンバッケンが入り、１番人気馬との組み合わせでも馬連１万２０１０円、馬単２万６７６０円という万馬券決着になっている。
指数49よりも下位の馬を連れてくれれば、馬単で10万円を超えるような馬券になるのは確かだが、49馬の好走する条件さえつかめれば総流ししなくても万馬券が獲れるということだ。

あとがき～シリーズ10冊目にあたって

「私にはコイツさえあればいいんだ」

と、日刊スポーツのコンピ表を指してほほ笑んだ飯田雅夫さん。タクシー業務がたまたま休みだった日曜、東京・東銀座のウインズのそばに自家用車を止め、馬券を買う。2003年くらいの頃だろうか、コンピ・ビギナーの私は助手席に座って、飯田さんの講釈に聞き入っていた。

「飯田さんは騎手で買ったりはしないんですか」

そんな質問をしたとき、「私にはコイツさえ～」という答えが返ってきたのである。実際、当時の飯田さんは武豊騎手くらいしか知らなかったと思う。いわんや、厩舎、血統なんて……。

「でも、そういう要素が全部入って指数が出ているのが、日刊コンピでしょ。だから、コイツを信じていればいいんです。今さら血統を勉強したって迷うだけだからね」

そう語った飯田さんの自信に満ちた顔が、今も忘れられない。

今回、飯田さんのハイパー的手法から、今では古典的ともいえるコンピの波乱サインを検証、さらに新たなナビ（セオリー）を導き出した。もちろん、巻頭の王様ボード＆シートのベースもそこにある。こうした作業がとりも直さず、コンピの神様の遺志を継ぐことになると考えている。

本書シリーズは、08年刊の『史上最強！日刊コンピ攻略大全』からスタートしている（13年刊から「コンピ王」とタイトル固定）。つまり17年刊の本書で10冊目。ここまで続けられたのは、日刊コンピファンの読者の皆さまのおかげとしかいいようがない。本当にありがとうございます！

最後にひとつ。本書シリーズでは一貫して、企画ごとの優劣はつけていない。巻頭のボードの注意書きでも記したが、カテゴリーが異なれば、買い目の候補もまた異なってくる。同じレースのコンピだからといって、同じ答えが出るとは限らない。

ただ、本書はカテゴリー別のデータとその見方・読み方を提供するだけで、その選択は読者の皆さんにお任せしていることを、なにとぞご了承ください。

（本書編集スタッフ・H）

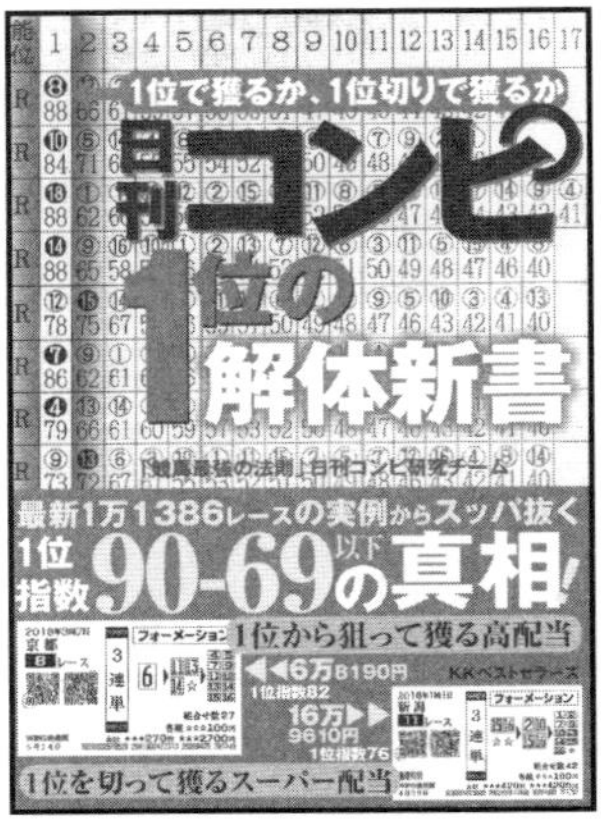

「競馬最強の法則」日刊コンピ研究チーム

年刊本として日刊コンピ最新馬券術アンソロジーを編集刊行（いずれもＫＫベストセラーズ）。2008年『史上最強！日刊コンピ攻略大全』、09年『日刊コンピ大頭脳』、10年『日刊コンピ奇跡の法』、11年『日刊コンピの金賞』、12年『日刊コンピ大宝典』、13年『日刊コンピ王！』、14年『進撃！日刊コンピ王』、15年『一獲千金！日刊コンピ王』、16年『爆万！日刊コンピ王』。他に『日刊コンピ１位の気になる真相！』（競馬ベスト新書）、『日刊コンピ　ハイパーサーチ』、『日刊コンピ ブロックバスター』『日刊コンピ１位の解体新書』。

神《かみ》ってるぜ！日刊《にっかん》コンピ王《おう》

2017年３月５日　初版第一刷発行

著者◎「競《けい》馬《ば》最強《さいきょう》の法則《ほうそく》」日刊《にっかん》コンピ研究《けんきゅう》チーム

発行者◎栗原武夫
発行所◎ＫＫベストセラーズ
〒170 − 8457　東京都豊島区南大塚２丁目29番７号
電話　03 − 5976 − 9121（代表）

印刷◎錦明印刷
製本◎フォーネット社

ISBN978 − 4 − 584 − 13774 − 1　C 0075